Fühl dich und sei frei!

MARIA BACHMANN

Fühl dich und sei frei!

*Der Weg zur Freundschaft
mit dir selbst*

INTEGRAL

Verlagsgruppe Random House FSC-DEU-0100
Das für dieses Buch verwendete
FSC-zertifizierte Papier *Munken Premium*
liefert Arctic Paper Munkedals AB, Schweden.

Integral Verlag
Integral ist ein Verlag der Verlagsgruppe Random House GmbH.

ISBN 978-3-7787-9198-1

Erste Auflage 2008
Copyright © 2008 by Integral Verlag, München,
in der Verlagsgruppe Random House GmbH
Alle Rechte sind vorbehalten. Printed in Germany.
Redaktion: Dr. Juliane Molitor
Einbandgestaltung: Reinert & Partner Werbedesign, München,
unter Verwendung eines Motivs von © ansontsui/Shutterstock
Coverfotos der Autorin: Walter Wehner
Herstellung: Gabriele Kutscha
Gesetzt aus der Garamond bei Leingärtner, Nabburg
Druck und Bindung: GGP Media GmbH, Pößneck

Inhalt

1 **Sammeln Sie die Herzen?** 13
Gemeinsam sind wir stark – oder etwa nicht? 16
Muss ich mich ändern, damit sich etwas verändert? 19
Bewusst fühlen, wie geht das? 21
Die guten ins Töpfchen – und die schlechten? 29

2 **Denken, bewerten, ausleben –
oder unterdrücken?** 35
Bewertet und in eine Schublade gesteckt 40
Schwärmende Gedanken 46
Ich verstehe, doch was habe ich davon? 48
Ich bin nun mal ein emotionaler Mensch 53
Der rationale Verstand –
Möchtegernchef oder Freund und Helfer? 63
Drama, Drama, Drama 78

3 **Fühlen für Anfänger** 83
Freies Spiel mit der Zwangsjacke der Gedanken 86
Ich kann nicht anders – oder doch? 90
Wieso nicht mal was Neues? 96

Widerspenstige Gefühle? 99

Gefühlte Temperatur: heiß 104

Die »bösen« Worte:
Projektion, Verdrängung und Erwartung 111

Schenk deiner Sehnsucht ein Lächeln 115

Ich fühl mich super – und genieße es! 120

Bitte keine Hirngrütze! 126

Keine Zeit zum Fühlen 132

Das Flüstern der Gefühle 135

Das Lotterleben der Gefühle 142

Das Geheimnis des freundlichen Trübsinns 147

Die Heimkehr 150

4 Der Kopf lernt mit 155

Spirituelle Fallen 158

Bilderbuchbeziehungen 162

Vom Überspringen der Gefühle 166

Die Himmelfahrt unserer Probleme 169

Die Anspannungsstrategie des Körpers 175

Fühlen ist keine Arbeit 178

Die Liste der »unerledigten« Gefühle 180

Liebenswerte Angsthasen 182

Die Zeit der »weißen Flächen« 187

Das klare Nein – ein Ja zu mir 193

Verrück dich doch mal! 196

Was nun? 200

Was ich will 202

5	Es menschelt sehr	209
	Fühlbar? – Dankbar!	210
	Geduld ist Gold	213
	Erwarte das Beste	216
	Helfen? – Aber gern!	221
	Fähnchen im Wind	224
	Fehler sind menschlich	229
	»Ich mach' mir die Welt, wie sie mir gefällt«	231
	Der Kartonkrimi	234
	Die Kehrseite der Medaille	235
	Keine Angst vor »schlechten« Gefühlen	238
	Die Leute, die »Gesellschaft« und andere Phantome	243
	Intim sein, aber mit wem?	250

6	Leben in Hülle und Fülle	255
	Schnaufend durch Dick und Dünn	256
	Fühlen beflügelt	258
	Lass dich anschauen	264
	Zeig dich, wie du bist	268
	Schmerz lass nach!	271
	Nicht schlappmachen!	275
	Bin ich zu Hause?	279
	Ich will nicht nett sein	282
	Das Ende vom Anfang	283

Whisper words of wisdom: Let it be.
Beatles

Für meine Mutter

Jeder will glücklich sein. Diejenigen, die entdeckt haben, wie man glücklich ist – und es werden immer mehr – sagen, es sei so einfach, dass es oft übersehen wird. Es ist uns zu unspektakulär. Wir suchen lieber nach etwas Kompliziertem oder machen das Glück von der Erfüllung unserer Wünsche abhängig. Selbst glückliche Menschen schweben nicht ständig grinsend wie die Honigkuchenpferde durch die Gegend. Auch sie werden von Herausforderungen nicht verschont. Doch sie nehmen die Hürden, wie sie kommen. Es muss also etwas geben, das mich zufrieden und frei macht, und zwar unabhängig davon, ob das Leben mir ständig Glücksmomente beschert oder mich auch durch einige Täler wandern lässt.

Ich wurde neugierig und suchte sehnsüchtig nach einem Rezept für diese Art von Glück. Meine Sehnsucht zeigte mir Werkzeuge, die uns allen jederzeit und überall zur Verfügung stehen und die wir nutzen können, um ein Leben zu führen, in dem wir weder auf den Höhenflügen der Freude entwurzelt werden noch in Panik geraten, wenn wir schwere Zeiten durchmachen und Abgründe kennen lernen müssen. Bei diesen Werkzeugen handelt es sich um unsere Gefühle. Sie begleiten uns auf der Reise zu uns selbst, zeigen uns Wege in die Freiheit und bieten uns ihre ehrlich gemeinte Freundschaft an. Lassen wir uns endlich drauf ein!

1 Sammeln Sie die Herzen?

Ich stehe an der Kasse des Supermarkts am Bahnhof. Vor mir eine lange Schlange. Ungeduldig ist nicht der richtige Ausdruck für meine Stimmung, eher mies gelaunt. Es geht einfach nicht voran und ich habe es eilig. Muss zum Zug und will nur eine einzige Flasche Wasser bezahlen. Die anderen Leute haben ihre Wägen voll. »Storno!« höre ich über den Lautsprecher. Ach du meine Güte. Das muss eine Auszubildende sein, die sich nicht auskennt mit der Kasse. Auf jeden Fall geht jetzt gar nichts mehr voran. »Das kann dauern« sagt jemand vor mir. Die Schlange wird immer länger, aber was hinter mir passiert, interessiert mich ja nicht. Nach mir die Sintflut!

Ein Verkäufer kommt, es wird an der Kasse herumgefuchtelt. Ich bin versucht, meine Flasche Wasser heimlich irgendwo abzulegen und zu flüchten. Aber da habe ich schon im Vorfeld ein schlechtes Gewissen, weil man das nicht macht und ich es nicht ertragen könnte, wenn mich jemand dabei beobachtet. Ich müsste sie schon wieder da hinstellen, wo ich sie hergeholt habe. Aber das wäre zu weit weg. Genauso gut kann ich weiter in der Schlage warten. In achtzehn Minuten geht mein Zug. Wenn ich in sechs Minuten drankomme, schaffe ich ihn noch.

»Darf ich kurz vor, ich hab nur das?« fragt eine Frau mit einem Schokoriegel in der Hand. Sie tut genau das, was ich nie wagen würde. Und ehe ich mich versehe, hat sie sich vor mich gestellt und lässt mich auf ihren breiten, kariert gemusterten Rücken glotzen. Ich platze fast vor Wut. In mir tobt ein Hurrikan von der Brust bis zum Bauch. Ich lasse mir zu viel gefallen. Ich würde mich nie trauen, mich vorzudrängeln. Die Leute haben keinen Respekt, die Welt ist ungerecht. Und ich habe nicht mal den Mut, mich dagegen zu wehren, obwohl es gerechtfertigt wäre! Ich bin zu gutmütig. Kein Wunder, dass andere besser durchs Leben kommen als ich. Ich bin vom Leben benachteiligt, sogar im Supermarkt. Ich bin ein Versager! In elf Minuten geht mein Zug.

Nach einer Weile, sagen wir einer Ewigkeit, komme ich endlich dran. Der jungen Kassiererin steht der Schweiß auf der Stirn. Als ich genauer hinsehe, bemerke ich, dass sie zittert. Aber sie lässt sich nichts anmerken. Sie ruft ins Mikrofon: »Zweite Kasse bitte.« Jetzt, wo ich dran bin, stürzen alle zur zweiten Kasse. Hinter mir ist gähnende Leere und alles geht schneller. Ich will mich gerade wieder aufregen – Wieso hat sie erst jetzt jemanden zur zweiten Kasse gerufen? – da sehe ich, wie sie mich ansieht und ihr holprig eine Frage über die Lippen kommt: »Sammeln Sie die Herzen?« Sie reißt ein kleines, selbstklebendes Sammelherz von der Rolle, für das man, wenn man genug davon hat und ein paar Euro zuzahlt, ein Kochtopf- oder Messerset bekommt. Es ist ihr peinlich, mich das fragen zu müssen. Ich spüre plötzlich eine große Sympathie für diese junge Frau. »Stressig, was?« sage ich.

»Mein erster Arbeitstag« murmelt sie und senkt den Blick auf das Sammelherz. Auf einmal sehe ich die ganze Situation mit anderen Augen. Ruhe nach dem Sturm. Ich werde den Zug schaffen und stehe vor einer Verkäuferin, die mich fragen muss, ob ich die Herzen sammle. »Nein, ich sammle die Herzen nicht«, antworte ich und mein eigenes Herz wird ganz groß. Ich lächle sie an. Sie korrigiert sich: »Oh. Die kriegt man auch erst ab einem Einkaufswert von fünf Euro, Entschuldigung.« Jetzt grinst sie mich verschmitzt an und ich sage: »Macht nichts.« Ich gehe beschwingt zum Zug, singe leise zum Takt meiner Schritte: Sammeln Sie die Herzen, sammeln Sie die Herzen … Ob ich mir wohl mal ein neues Kochtopfset leisten sollte?

Können wir uns unsere Stimmungen aussuchen? Oder sind wir ihnen ausgeliefert? Wie kommt es, dass wir mal so, mal so fühlen? Der Mensch ist unberechenbar! Gefühle beflügeln uns, machen uns wahnsinnig, sie motivieren uns, bringen uns zum Lachen, sie rühren uns, entflammen in uns Leidenschaft, lassen uns in Mitgefühl baden, sie quälen uns, stürzen uns von einer Krise in die nächste, sie lassen uns zweifeln und verzweifeln, sie lassen uns lieben, machen uns glücklich und unglücklich. Selbst wenn wir uns als pragmatisch oder unemotional bezeichnen würden, sind wir voll von ihnen, denn sie haben unzählige Gesichter. Wenn sie sich gut anfühlen, möchten wir sie so lang wie möglich behalten. Wenn sie uns schlecht fühlen lassen, wollen wir sie so schnell wie möglich loswerden. Sie machen uns zu dem einzigartigen Menschen, der wir sind, und es sieht so aus, als ob sie unser gesamtes Leben bestimmen. Sie verlassen uns nie, stehen uns zur Seite, um uns sicher durch den Lebensdschungel zu navigieren. So gesehen, könnten wir sie eigentlich als Freunde ansehen. Aber behandeln wir unsere Gefühle auch freundschaftlich? Erlauben wir uns überhaupt, sie zu fühlen?

Als ich anfing, mir solche Fragen zu stellen, hatte ich schon alles Mögliche ausprobiert. Ich hatte Therapeuten aufgesucht,

Selbsthilfe-Bücher gelesen, positiv und negativ gedacht und mir die Welt rosarot zu reden versucht. Ich hatte wochenlang geschwiegen, um meine wahre innere Stimme zu hören. Ich hatte meditiert und dann wieder nicht. Später habe ich spirituelle Lehrer aufgesucht, denen ich immer noch unendlich dankbar bin. Ich habe mein Glück im Scheinwerferlicht des Erfolgs gesucht und gefunden. Und dann habe ich festgestellt, wie vergänglich dieses Glück ist. Nichts konnte mich komplett glücklich machen. Immer fehlte etwas, aber ich wusste nicht was …

Gemeinsam sind wir stark – oder etwa nicht?

Wann immer ich Probleme hatte, suchte ich das Gespräch mit Freunden und war froh, wenn ich erfuhr, dass es ihnen genauso ging wie mir. Auch sie kannten Einsamkeit, Trauer, Leere, Verzweiflung. Auch ihnen war das Gefühl, nicht dazu zu gehören oder ungerecht behandelt zu werden, nicht fremd. Wenn ich der Ansicht war, dass jemand meine Empfindungen und Beobachtungen teilte, dass mein Gegenüber »genauso fühlte wie ich«, war ich vorübergehend zufrieden. Dass ich mich gemeinsam mit jemandem über die Ungerechtigkeit des Lebens beschweren konnte, gab mir Halt. Ich fühlte mich verstanden und nicht mehr allein.

Auf diese Weise hielt ich mich permanent in einer Art »Unzufriedenheitsspirale«. Es war, als säße ein uniformiertes Beschwerdemännchen in meinem Kopf, das pflichtbewusst alles aufzählte, was in meinem Leben nicht gut war. Und wenn wirklich mal alles gut war, machte es freiwillig Überstunden und suchte und fand ein paar neue Probleme. Irgendeinen

Grund, unzufrieden zu sein, gibt es immer. Und in den Köpfen der anderen sitzen genau die gleichen Beschwerdemännchen, die ebenfalls Überstunden machen, bis sie genügend Gründe gefunden haben, reichlich Trübsal zu blasen: »Wieso habe ich nur eine Wohnung und kein Haus?« – »Ich habe immer Pech mit meinen Männern!« – »Ich werde zu schlecht bezahlt, obwohl ich so viel ackere.« – »Ich bin zu dick.« – »Ich bin vom Leben benachteiligt.« Manchmal ist die Botschaft des Beschwerdemannes im Kopf so subtil, dass wir nicht einmal hören, was er uns zuflüstert. Wir fühlen uns einfach grundlos ungut. Spätestens dann stellen sich auch körperliche Symptome ein, die unseren Zustand noch unterstreichen: Herzklopfen, Magendrücken, ein zugeschnürter Hals, ein hohles Gefühl im Bauch. Wir fühlen uns, als läge ein Stein auf unserer Brust, als trügen wir eine Rüstung um den Brustkorb oder ein schweres Paket auf den Schultern – und das jahrelang. Wir werden von Fressanfällen oder Appetitlosigkeit gequält, von aggressiver Unruhe, Konzentrationsschwäche und vielem mehr. In der Unzufriedenheitsspirale wird jedes Problem so lange wiedergekäut, bis sich ein anderes Problem findet, das noch besser dafür sorgt, dass man nicht auf die Idee kommt, irgendwann aus dem Kreislauf des Leidens auszusteigen. Im Notfall kann man sich ja immer noch darüber beklagen, dass das alte Problem viel besser war als das neue, an das man sich erst noch gewöhnen muss.

Unser Denken scheint auf das Finden von Fehlern und Mängeln programmiert. Ohne geht es offenbar nicht. Da kann man nichts machen, *denken* wir und trösten uns damit, dass es anderen auch so geht. *Gemeinsam sind wir stark*, selbst auf die Gefahr hin, dass es uns allen schlecht geht. Das ist auch der Grund, warum so viele Menschen die Tendenz haben, sich mit denen zusammenzutun, die auf eine ähnlich jammervolle Geschichte zurückblicken. Man ist weitgehend einer Meinung, muss sich mit nichts konfrontieren, was man nicht sehen möchte, und kann sich in aller Ruhe weiter beklagen.

Das läuft in der Regel so lange gut, bis es dem anderen plötzlich aus unerfindlichen Gründen besser geht als einem selbst und man das Gefühl hat: Der hat was kapiert, was ich offenbar nicht mitgekriegt habe. Vielleicht hat jener den Beschwerdemann in seinem Gehirn spontan an die Luft gesetzt oder ihm die Lizenz zum Beschweren entzogen. Auf jeden Fall hat man plötzlich kein gemeinsames Leid mehr, das man teilen könnte, und dann fehlt einem was. Nicht selten brechen Beziehungen an dem Punkt auseinander, wo man sich nicht mehr gegenseitig in seinem Unglück bestätigt.

Während ich mich einerseits oft besser fühlte, wenn ich mit Freunden über meine Probleme sprach, hatte ich andererseits mindestens ebenso häufig den Eindruck, dass sie überhaupt nicht verstehen konnten, was ich fühlte, so anschaulich ich auch davon berichtete. Es war, als lebte ich in einer Welt, die meinem jeweiligen Gegenüber völlig fremd war und deren Landkarte niemand lesen konnte. Umgekehrt war es wohl auch so, dass ich das, was meine Freunde mir beschrieben, nur so weit verstand, wie ich es durch die Brille meiner eigenen Wahrnehmung aufnehmen und verarbeiten konnte. Ich konnte gar nicht wissen, wie es ihnen wirklich geht und wie sich das, was sie mir zu beschreiben versuchten, für sie anfühlte.

Wie es im Innern eines anderen Menschen wirklich aussieht, weiß keiner. Man ist ja schon froh, wenn jemand etwas »Ähnliches« kennt und man sich mutig darauf einigen kann, dass man das Gleiche meint, auch wenn es dafür nicht den geringsten Beweis gibt.

Ich persönlich kam irgendwann zu dem Schluss, dass keiner einen anderen wirklich verstehen kann und es einem Lottogewinn gleicht, wenn man an jemanden gerät, der einen zumindest nicht permanent missversteht. Mit den Gefühlen ist es genauso. Kann ich wissen, wie ein anderer seine Traurigkeit wahrnimmt? Niemals. Fazit: Letztendlich bin ich immer allein mit dem, was ich denke und empfinde.

Muss ich mich ändern, damit sich etwas verändert?

Ich sah mich also auf mich selbst zurückgeworfen mit all meinen Stimmungen, die zwischen Fröhlichkeit und latenter Unzufriedenheit hin und her schwankten und sich manchmal sogar zu regelrechten Depressionen ausweiteten. Heute würde ich sagen, dass ich zu jener Zeit meilenweit von mir selbst entfernt war. Ich war getrieben von einer Unruhe, die kein Innehalten zuließ. Ständig befürchtete ich, das Leben da draußen zu verpassen, konnte aber auch nicht daran teilnehmen, weil ich viel zu unruhig war. Ich war in einem Teufelskreis gefangen. Irgendwann half auch kein Telefonat mit vertrauten Freunden mehr, keine Therapie, kein äußerer Erfolg, kein positives Denken, keine Tarotkarte. Nicht mal Beten konnte mich mehr erlösen. All das waren zwar Hilfen und sie konnten mir sogar kurzfristig Erleichterung verschaffen, aber letztlich ähnelten sie einem Pflaster, das man auf eine verschmutzte Wunde klebt, ohne diese vorher zu reinigen. Meine Stimmungen vermochten sie nicht langfristig zu verändern. Doch genau das war mein wichtigstes Bestreben: Ich wollte mich ändern, und zwar so, dass es mir gut ging. Heute weiß ich: *Man muss sich nicht ändern, damit sich etwas verändert.*

Allmählich stellte sich eine Frage, die mir für dieses Überlebensexperiment als sehr wichtig erschien: Wie kann ich mit mir selbst in dauerhaftem Frieden sein, *egal*, was in meinem Leben geschieht? Ich wollte so gern aufhören, mich selbst und andere zu verurteilen und zu bekämpfen. Meine Unzufriedenheit verhinderte nämlich, dass ich das Leben führen konnte, das ich leben wollte. Ich kam einfach nicht dazu, glücklich zu sein, weil die Unzufriedenheit stets zwischen mir und meinem Glück stand. Immer gab es irgendetwas, das mir nicht gelingen wollte. Immer hatte ich, was ich nicht wollte, und sehnte mich nach etwas, das ich nicht hatte. Selbst der Erfolg, der sich einstellte, war nicht der richtige Erfolg.

Und dabei ist es so einfach: Es gibt nämlich gar kein *»Jetzt hab ich's aber geschafft«*. Das mag für ergebnisfixierte Menschen enttäuschend klingen. Es gibt nämlich keinen Wettbewerb zu gewinnen und kein Ziel zu erreichen. Dafür ist es aber auch nicht anstrengend und kostet nichts. Vielmehr sind wir alle jeden Tag, jede Stunde, jede Minute und jede Sekunde aufgefordert, aufmerksam zu sein, bei uns zu bleiben, hinzuschauen – und zu fühlen. Und je mehr ich hinschaue und fühle, umso wohler fühle ich mich in meiner Haut.

Unsere Gefühle wollen vor allem gesehen und richtig verstanden werden. Sie fordern Mitgefühl. Sie wollen aus dem Kerker der Verdrängung frei gelassen und in den Alltag eingeladen werden. Unsere Gefühle wollen da sein dürfen. Und wenn wir sie da sein lassen und uns nicht dafür verurteilen, dass wir sie haben, sind sie bereits integriert. Wir müssen sie weder unterdrücken noch müssen wir ihnen gezwungenermaßen nachgeben und uns zu ihrem Spielball machen. *Gefühle wollen Freundschaft mit dem, der sie fühlt, und zwar für immer.* Wenn dies der Fall ist, kommt stets genau der Impuls, der uns das Richtige tun lässt und die Lösung für die jeweilige Situation hervorbringen kann.

Dann stellt sich jener Frieden ein, der nicht unbedingt eine Veränderung im Außen braucht, aber sehr wohl eine Änderung bewirken kann. Das ist dann eine Veränderung, die uns voll und ganz entspricht.

Gefühle wollen geliebt werden, und zwar ausnahmslos. Und wenn wir es schaffen, sie wirklich *alle* zu lieben, merken wir sehr schnell, was richtig und falsch für uns ist. Doch wie schafft man es, seine Gefühle zu lieben?

Bewusst fühlen, wie geht das?

Bislang haben wir unsere Gefühle miserabel behandelt. Wie jemand, der sich – unfähig, ein Frühstücksei zuzubereiten – trotzig beschwert: »Ich habe dieses Ei mindestens eine Stunde lang gekocht und es ist immer noch nicht weich.« Genauso kochen wir unsere Gefühle hart und verstehen nur selten etwas von ihrer wahren Natur.

Wir fühlen immer irgendetwas. Selbst, wenn wir nichts fühlen, fühlen wir, dass wir nichts fühlen. Aber wie geht dieses Fühlen vonstatten? Und wie können wir bewusster fühlen?

Wenn ich meine Hand aus Versehen auf eine heiße Herdplatte gelegt habe, ziehe ich sie sofort wieder weg, weil es heiß ist. Das fühle ich unmittelbar. Der Zusatz aus der Verstandesregion, »weil ich keine Verbrennungen haben will«, ist überflüssig. Wenn die Herdplatte sich aber langsam erwärmt, während meine Hand darauf liegt, muss ich genau hinspüren, um festzustellen, bis wohin es noch angenehm ist und ab wann es unangenehm wird. Da braucht es mehr Aufmerksamkeit. Geht es noch oder wird es mir zu heiß? Ich muss mein »Denken« förmlich in die Handfläche verschieben. Ich muss mit den Poren denken, mit der Haut. Ich öffne die Poren, indem ich sie entspanne. Dann kann ich die Empfindung hereinlassen.

※ ※ ※

Erlebnis: Sinnliche Reise zu den Dingen

Lege die Hand auf eine Tischplatte. Wie fühlt sie sich an? Rau? Kalt oder glatt? Hölzern, gläsern? Spüre es in der Handfläche, in den Fingern. Denke nicht darüber nach. *Gib deinen Poren die Erlaubnis sich zu öffnen und die Empfindung, die da ist, entgegenzunehmen.* Lass sie spüren. Vielleicht wollen sie zuerst nicht spüren. Dann hilft es nicht zu befehlen. Viel besser ist es zu entspannen.

Achte darauf, wie sich dein Empfinden ändert. Wenn du die Hand entspannst, kann es sein, dass sich der restliche Körper gleich mit entspannt. Er nutzt die seltene Gelegenheit! Interessiere dich dafür, wie deine Hand etwas wahrnimmt. Sie tut das, seit du lebst. Urteile nicht über das, was du gerade tust. Höre nicht auf den Besserwisser im Kopf und gestatte dir den Luxus, einmal auf andere Weise in Kontakt mit deinem eigenen Fühlen zu kommen.

Berühre einen anderen Gegenstand: ein Wasserglas, einen Stift, ein Buch, ein Stück Brot. Oder halte deine Hand unter fließendes Wasser und genieße es, während das Wasser darüber rinnt. Schenke dieser Empfindung deine wohlwollende Zuwendung. Spüre, wie deine Fingerspitzen wahrnehmen. Merkst du, wie sensibel und feinsinnig dieses Hinspüren ist? So funktioniert der ganze Körper. Er hat die Fähigkeit, alles zu fühlen und auszukosten, wenn wir es ihm erlauben. Gestatte dir, im Laufe des

Tages immer mal wieder eine »sinnliche Reise« zu den Dingen zu machen, die du berührst, indem du sie mit freundlicher Aufmerksamkeit fühlst. So bekommst du mit der Zeit einen fühlbaren Zugang zu deinem Körper.

Leider gehen wir so gut wie nie mit dieser offenen, freundlichen Aufmerksamkeit durchs Leben, sondern verschließen uns eher, weil wir uns vor Angriffen schützen wollen. Wir befinden uns zum Beispiel im Gespräch mit Leuten. Jemand gibt ein Stichwort, und plötzlich fühlen wir etwas, das uns unangenehm ist – wir fühlen uns eingeschüchtert, vielleicht misstrauisch oder provoziert. Wir nehmen zunächst nur einen Anflug dieses Gefühls wahr, und schon meldet sich der denkende Kollege in unserem Kopf und will diese Situation für uns retten. Er sagt beispielsweise, dass wir uns zu angreifbar machen mit dieser Schüchternheit. Und wenn das einer mitkriegt, könnte es gefährlich werden. Er ist der Meinung, wir sollten das Gefühl tunlichst verstecken und so tun, als wäre nichts. Er ermutigt uns sogar, dieses Gefühl zu überspielen und möglichst schnell mit einer ganz grandiosen Replik aufzuwarten. Er meint, so könnten wir punkten. Dann sei das Gegenüber beeindruckt von uns und alles sei wieder paletti. Wir befolgen seine Ratschläge, und das schüchterne oder misstrauische Gefühl ist weg – auf Nimmerwiedersehen, wie wir glauben.

Genau das Gleiche machen wir mit den angenehmen Gefühlen. Freude steigt in uns auf, doch statt sie voll und ganz zu genießen, geht unser kritisches Denken sofort dazwischen und findet Gründe, wieso wir uns zurückhalten sollten: »Freu dich nicht zu früh! Hochmut kommt vor dem Fall!« Und schon sind die Schotten wieder dicht und unsere Lebensfreude ist entsprechend gedämpft. »Macht nichts!«, sagt unser kritischer Mann im Kopf, »Es ist besser, sich zurückzuhalten. Man weiß nie, wie es ausgeht. Ich will dich nur davor bewahren, dass du später enttäuscht bist.«

Wenn ich darüber nachdenke, ob das, was ich fühle, richtig oder falsch ist, kann ich nicht fühlen, weil ich durch mein Denken abgelenkt bin. Das heißt nun nicht, dass wir unsere Gedanken unterdrücken oder gar auslöschen sollten. Die Gedanken dürfen da sein, aber ich halte nicht an ihnen fest, indem ich sie allzu wichtig nehme und ihnen meine gesamte Aufmerksamkeit schenke. »Das ist langweilig. Ich weiß es besser. Ich sollte eigentlich was andres machen.« Der kritisch denkende Kollege im Oberstübchen hat immer was zu sagen. Das ist okay! Aber nicht, wenn wir es nicht wollen. *Ich bin der Boss, nicht mein Denken.*

Unser denkender Kollege im Kopf darf jetzt mal etwas Neues ausprobieren. Natürlich wird er heftig dagegen rebellieren, aber wir sagen ihm: »Junge, du hast bis jetzt immer den Chef gespielt. Jetzt machen wir es mal andersrum. Das ist mehr als gerecht.« Dazu fällt ihm vor Schreck erst mal nichts ein. Solche Worte kennt er von uns nicht. Wir nutzen seine Sprachlosigkeit, um unsere Aufmerksamkeit von ihm abzuwenden. Wir sagen ihm höflich, dass er mal pausieren darf. Er darf ruhig weiter denken, aber bitte draußen im Garten. Wir hören ihm nicht mehr zu, sondern achten mehr und mehr auf die Empfindung beispielsweise in unserer Hand. Anfangs fühlt sie sich vielleicht nach »nichts« an, aber nach kurzer Zeit wird sie »lebendig«. Sie kribbelt, sie pulsiert. Sie hat eine bestimmte Temperatur, sie nimmt etwas wahr. Ich fühle meine Hautoberfläche, die Arme, die Beine, die Füße, den Bauch, die Brust, den Rücken, den Hals, den Kopf. Wie fühlt es sich an, die Hautoberfläche wahrzunehmen? Kann ich damit sein? Ich werde empfindsam für meinen Körper, der mich so selbstverständlich am Leben hält. Mit dem freundlichen Empfinden für mich selbst kann ich in meiner Vorstellung in das Körperinnere gelangen.

Erlebnis: dem Körper einen Besuch abstatten

Sitze oder liege bequem an einem Ort, wo du ungestört bist. Schließe die Augen und gönne dir eine kleine Erkundungsreise in dein Körperinneres. Lass dein gewohntes Denken und Analysieren draußen und wende dich dir selbst zu. Wo zieht es dich mit deiner Aufmerksamkeit hin? Fühlst du Spannungen in deinem Körper? Verkrampfungen? Geh mit deinen inneren Augen dort hin. Diese Anspannungen wolltest du bislang immer loswerden und vermeiden. Schenke ihnen heute deine wohlwollende Zuwendung, indem du direkt dort hinspürst. Verweile mit deinem wärmenden Blick bei dieser Empfindung und erlaube ihr da zu sein. Sie hört vielleicht zum ersten Mal, dass sie willkommen ist. Spüre, wie sich diese Stelle durch deine liebevolle Aufmerksamkeit ein wenig beruhigt. Atme langsam und ruhig in diese Empfindung, als wolltest du ihr helfen sich zu entspannen. Wie fühlt es sich jetzt im Moment an? Lass deine Hautoberfläche los.

Besuche auch andere Regionen deines Körpers: die Arme, den Bauch, die Herzgegend und fühle, wie sich dein Herz von innen anfühlt. Geht das? Betrachte es mit liebendem Blick. Merkst du, wie es sich entspannt und deine Zuwendung freudig entgegennimmt? Geh so auch zu deinen Lungen und umwehe sie in deiner Vorstellung mit deinem befreienden Atem. Spüre, wie sie im Inneren aufatmen. Wie fühlt sich deine Leber an, wie dein Magen? Deine Nieren, deine Blase, deine Geschlechtsorgane, deine Verdauungsorgane? Du musst nicht einmal wissen, wo genau welches Organ sitzt. Es reicht, wenn du deinen inneren Raum liebevoll erwanderst und dir erlaubst, das zu fühlen, was da gefühlt werden möchte. Gehe zu den Bereichen, zu denen es dich hinzieht. Verweile an den Stellen, die deine Aufmerksamkeit brauchen. Stell dir vor, dass du dein Wohlwollen und deine Freundlichkeit dorthin strömen lässt. Ruhe dich dort aus, solange du willst, mit allem, was du empfindest. Dann recke und strecke dich, atme ein paar Mal tief ein und auf und öffne langsam die Augen.

Während ich mein Körperinneres fühle, achte ich nicht auf die vorbeirasenden Gedanken, die weiterhin nach meiner Aufmerksamkeit heischen. Ich könnte zum Beispiel sagen: »Hallo, ihr lieben Gedanken, ihr habt sicher wichtige Dinge zu sagen. Ich komme nachher zu euch zurück. Entspannt euch, ich muss mal eben was fühlen. Das könnte selbst für euch interessant werden.« Du wirst sehen, dass sich die Gedanken mit der Zeit an diese Art der Ansprache gewöhnen. Sie kommen aber auch damit klar, dass man ihnen wortlos die Aufmerksamkeit entzieht.

Wir dürfen dem Körper ruhig erlauben, unsere Aufmerksamkeit dorthin zu lenken, wo sie gerade am nötigsten gebraucht wird. Am Anfang spielt er seine Rolle als Reiseführer vielleicht noch etwas zögerlich, aber unsere Zuwendung wird ihn ermutigen. Kann ich einfach sein mit diesem Fühlen, das vielleicht im Augenblick keine sonderlichen Regungen auslöst? Was passiert, wenn ich mich ein wenig tiefer in den Körper begebe? Wo zieht es mich hin mit meiner Aufmerksamkeit?

In die Brustregion zum Beispiel ... Wenn ich dort verweile und weiter ruhig atme, fühlt es sich ein wenig schwer an. Eigenartig. Ich stelle fest, dass es dort ein wenig düster ist, als läge ein kleines Gewicht auf diesem Bereich. Jetzt fühlt es sich an wie ein Stein. Ich weiß nicht, wo er herkommt, dieser Stein, aber ich lasse ihn da sein, mit seinem ganzen Gewicht. Ich atme weiter und wende mich diesem Stein liebevoll zu. Ich lasse dem Empfinden, das auftaucht, alle Freiheit. Ich stelle mir zum Beispiel vor, dass ein kühler oder warmer Windhauch diese Empfindung zärtlich umweht. Oder ich nehme die Empfindung, den Stein, in meiner Vorstellung liebevoll in die Arme wie ein Kind, das getröstet werden möchte. Ich bleibe einfach bei dem, was sich gerade wie auch immer anfühlt, und werde dabei immer freundlicher. Ich erlaube dieser Empfindung, da zu bleiben. Ich gebe ihr Platz in meiner Brust, will sie nicht loswerden, halte sie aber auch nicht fest. Ich bin ganz geduldig und bei der Sache. Es kann sein, dass sich dieses Gefühl der Schwere – das ich hier als Beispiel nehme – allmählich verändert, dass es leichter wird. Ich bleibe einfach weiter dabei.

Es könnte aber auch sein, dass plötzlich Traurigkeit auftaucht oder ein anderes Empfinden, das gar nicht benannt werden kann und auch völlig unerwartet kommt, weil es bisher verschüttet war. Dann »beatme« ich dieses Gefühl, wie auch immer es jetzt ist, ganz leicht und mit voller Aufmerksamkeit. Ich merke, wie sich etwas beruhigt, wie ich wacher werde, durchlässiger ... Lebenstauglicher womöglich?

Im Nachhinein sucht der denkende Kollege im Kopf alle möglichen plausiblen Erklärungen für das, was ich da gefühlt habe. Wo kommt es her? Was hat es zu bedeuten? Er will am liebsten gleich Schlüsse für die Zukunft daraus ziehen und ein Verhaltensprogramm daraus ableiten. Aber das ist nicht nötig. Wichtig ist, dass ich gefühlt habe, was da war. Der ganze Körper, den ich bewohne, wird mehr »ich.« In diesem freundschaftlichen Empfinden komme ich bei mir an. Es stärkt mich von innen und macht mich präsent im Außen. Präsenz ist für einen Schauspieler das tägliche Brot und manche, vor allem Berufsanfänger, missverstehen Präsenz als etwas, was sie *tun* sollen: »Sei präsent!« Präsenz kann man nicht machen. Präsent kann man nur *sein,* und es bedeutet, »da« zu sein, wo man gerade ist. Ein präsenter Schauspieler hat einen Teil seiner Aufmerksamkeit immer bei sich, in seinem Körper, bei seinen Empfindungen. Er lebt auf der Bühne oder vor der Kamera nicht vom Kopf aus, sondern ganzkörperlich. Er hat »*alle* seine Sinne beisammen«, selbst wenn er einen Verrückten spielt. Die Augen sind wach, selbst wenn er einen Schläfrigen spielt, der gleich vom Stuhl kippt. Ein guter Mime weiß, was er tut, während die Rolle, die er spielt, nicht weiß, was als Nächstes kommt. Wo Präsentsein für einen Schauspieler aus beruflichen Gründen unerlässlich ist, ist es für uns andere eine wunderbare Chance, uns lebendiger wahrzunehmen und unsere Lebensqualität zu verbessern.

Wir sind im Körper präsent, wenn wir bemerken, wie unser Körper reagiert. Wir spüren, was er braucht und was ihm guttut. Manchmal will er nur einen freundlichen inneren Blick aus dem Augenwinkel, um uns dann zu signalisieren: »Alles okay, bin für dich da.« Es ist inspirierend, diesen Körper zu bewohnen und zu fühlen, weil wir in ihm leben und lieben. Die Alternative wäre, dass wir ihn bis zu unserem letzten Tag mit uns herumschleppen, ihm zürnen, wenn er schlappmacht, und ihn am Ende nicht einmal näher kennen gelernt haben. Das wäre schade, wo er doch unser engster Freund ist, der uns niemals die Partnerschaft kündigt.

Die guten ins Töpfchen – und die schlechten …?

»Gute« Gefühle wollen wir alle haben, »schlechte« eher nicht. Also bedienen wir uns verschiedener Methoden, um die sogenannten »schlechten« Gefühle möglichst schnell zu entsorgen. Die meisten dieser Entsorgungsmethoden scheinen zunächst auch durchaus zu funktionieren: Die »schlechten« Gefühle sind erst mal weg. Wie schön! Leider merken wir im Eifer des Gefechts meist gar nicht, was wir da tun: Wir verdrängen die unangenehmen Gefühle und glauben, sie dann nicht mehr fühlen zu müssen. Oft glauben wir sogar, »schlechte« Gefühle könnten allein dadurch zum Verschwinden gebracht werden, dass wir uns einer Sache widmen, die spannender ist als das Fühlen dessen, was gerade gefühlt werden will.

Verdrängen kann natürlich auch sinnvoll und nützlich sein. Es leistet uns zum Beispiel gute Dienste, wenn es darum geht, unser Überleben zu sichern und Krisen zu bewältigen. Es ist ein Schutzmechanismus, ohne den wir viele einschneidende Ereignisse und Veränderungen gar nicht bewerkstelligen könnten. Als eine Art »Überlebenspolizei« kann es uns mit zielsicherem Instinkt um die Hürden manövrieren, die das Leben uns in den Weg stellt. Wenn wir auf unser bisheriges Leben zurückblicken, werden wir sicher alle feststellen, dass es bislang durchaus notwendig und sinnvoll war, *nicht* so ganz genau auf all das zu schauen, was wir da von uns weggeschoben haben. Es gibt also keinen Grund, diesen Schutzmechanismus zu verteufeln, nur weil es uns jetzt möglich ist, die Augen ein wenig weiter aufzumachen und die Dinge so zu sehen, wie sie wirklich sind und waren. Und doch haben wir erst jetzt Gelegenheit, diesen Mechanismus, auf den wir bislang keinen Einfluss zu haben glaubten, zu entmystifizieren und Meister unseres Lebens zu werden.

Auf Dauer bringt uns das Verdrängen nämlich nicht weiter, denn *verdrängte Gefühle sind wie Stehaufmännchen.* Resistent gegenüber jeder Taktik sie loszuwerden, tauchen sie bei der nächsten Gelegenheit mit dem gleichen oder einem ähnlichen Gesicht wieder auf und machen dann meist noch vehementer auf sich aufmerksam:»Hallo, hier ist dein Gefühl von Leistungsdruck. Kennst du mich noch? Du hast mich doch eben erst abwimmeln wollen, als du dich so bequem vor den Fernseher gefläzt hast. Aber wie du siehst, bin ich immer noch da. Ich habe gewartet, bis der Spielfilm aus ist.« *Gefühle wollen nicht, dass man sie loswird, sondern, dass man sie sieht.* Deshalb funktioniert»positives Denken« nicht. Es funktioniert nicht, weil vor dem, was wir gern positiv sehen würden, eine Barriere aus verdrängten oder nicht gesehenen Gefühlen steht. Die verhindert, dass wir das, was wir gern positiv erfahren würden, auch wirklich so erfahren können. Es ist nur ein isoliertes Spiel innerhalb der Gehirnwindungen und berührt nicht unser Innerstes.

Johannes fristet schon seit Jahren ein trauriges Single-Dasein. Nach außen hin tut er, als ginge es ihm bestens und setzt sein freundlichstes Lächeln auf. Nicht selten auch, um sich mögliche spontane weibliche Bekanntschaften nicht zu verscherzen. Ja, er will eine Frau. Sie muss nicht mal aussehen wie Angelina Jolie, nein, das würde ihn überfordern. Johannes ist bescheiden. Er will eine, die ihn so liebt, wie er ist, und die sich nicht davon abschrecken lässt, dass er jede Woche»Wer wird Millionär?« im Fernsehen guckt. Er will eine, die mit ihm in Urlaub fährt. Die ihm auch mal ein Hemd bügelt. Das dürfte nicht zu viel verlangt sein. Wenn doch, wäre er sogar bereit, weiterhin selbst zu bügeln. Sie sollte begehrenswert sein und gern über seine Witze lachen. Nun hat Johannes die Technik des erfolgreichen Wünschens und Visualisierens kennengelernt. Er hat Bücher gelesen und Seminare besucht, deren Seminarleiter aussahen, als wären ihre Wünsche bis in alle Ewigkeit im Voraus erfüllt worden. Er visualisiert seine Traumfrau und sagt:»Ich habe eine wunderbare Freundin, die mich liebt.« Er fühlt sich wohl bei diesem Gedanken, sieht die Freundin schon vor sich, lässt den Wunsch ins Universum entschwinden und vertraut darauf, dass er in Erfüllung geht. So weit, so gut. Sein Freund unterstützt ihn:»Johannes, du hast jetzt wirklich mal eine richtig gute Frau verdient!« Und beide nicken synchron. Nun weiß Johannes eines nicht: Er ist unbewusst fest davon überzeugt, dass er eine solche Liebe – die Mischung aus Angelina Jolie und der etwas fülligen Bedienung mit der süßen Zahnlücke aus dem Café – gar nicht verdient hat. Er sagt zwar zehnmal täglich»Ich bin es wert, geliebt zu werden« und glaubt es auch. Sogar sein Therapeut und seine Mutter glauben es. Dennoch hat er die unbewusste Einstellung:»Ich bin es nicht wert, geliebt zu werden.« Und diese Einstellung arbeitet konsequent gegen die Erfüllung seines Wunsches. Das weiß er aber nicht, weil er nur seinen wohl formulierten Gedanken über sich glaubt. Er fühlt nicht in sich hinein – er denkt! Und er denkt, dass er fühlt! Damit ist er sich und seinen eigenen Empfindungen fremd. Die Mischung aus Angelina und der süßen Zahnlückenbedienung rückt in weite Ferne.

Während er sich in die Vorstellung hineinsteigert, wie toll es in Zukunft sein wird, wenn die Traumfrau erst da ist, fühlt er sogar, wie es dann sein wird. Er schwärmt seinem Freund vor:»Ich mache alles richtig, ich fühle sie schon. Ich fühle, wie es sich anfühlt, wenn sie da ist!« Dabei kümmert er sich aber nicht um sein altes Gefühl in seinem Inneren, das ihm sagen will: »Ich bin es *nicht* wert, geliebt zu werden.« Dieses Gefühl wird so lange inkognito durch sein Leben spazieren und ihn in seinem Bestreben sabotieren, bis er es endlich spürt und liebevoll in die Arme nimmt. Bis dahin wird sich sein Wunsch wahrscheinlich nicht erwartungsgemäß erfüllen, weil der Weg zu dem, was er sich wünscht, blockiert ist. Bis dahin wird er immer wieder resignieren und die »blöden Weiber« beschuldigen, die nicht merken, was für einen toleranten, liebevollen, humorvollen und leidenschaftlichen Partner sie sich mit ihm durch die Lappen gehen lassen.

Wir haben keine Garantie dafür, dass unsere Wünsche in Erfüllung gehen. Aber wenn es sein soll und sie sich erfüllen, dann nur, weil wir es ganz und gar wollen, mit jeder Zelle sozusagen. Wir wünschen dann nicht nur mit dem Kopf, der ja lediglich als Übersetzer unseres wahren Bestrebens fungiert. So ein Wunsch fühlt sich an, als sei er gar kein Wunsch mehr, sondern bereits in Erfüllung gegangen. Da nagt kein Zweifel, da sind keine Rechtfertigungen oder Erklärungen mehr nötig. Im Grunde ist es auch kein Wunsch mehr, sondern bereits Tatsache, weil die Dinge einfach ohne Anstrengung von allein passieren. Mühelos. Wenn wir mit dem ganzen Körper »wünschen«, können unsere Wünsche Wirklichkeit werden – und nur dann, nicht etwa, wenn der intelligente Denkapparat in unserem Kopf es allein für richtig hält. Der weiß nämlich meist gar nicht, was das Beste für uns ist. Wünsche werden zu Wirklichkeit, wenn wir »im Fluss« sind: wenn der Kopf sich mit dem Bauch gut angefreundet hat. Wer im Fluss ist, will nichts anderes, als das, was er hat. Weil es nichts gibt, was sich besser anfühlen könnte, als komplett einverstanden mit sich selbst zu sein.

Oft habe ich mit Freunden das Spiel gemacht, in dem jeder erzählt, was er sich wünscht. Ich sagte dann zum Beispiel:

»Ich wünsche mir eine mehrstöckige Villa am Starnberger See mit direktem Zugang zum Wasser.«

»Wie fühlt sich das an?«, wurde ich gefragt.

»Super!«

Meine Mitspieler schauten mich zweifelnd an: »Glauben wir dir nicht.«

»Doch, doch, das hätte ich gern. Und eine Haushälterin dazu.«

»Glauben wir dir noch weniger.«

Als ich in mich hineinspürte, konnte ich es fühlen: Mein Wunsch war nicht in völliger Übereinstimmung mit mir und meinem Körper. Etwas sträubte sich dagegen, aber es war so fein, dass ich es nur als leichte Anspannung spürte. Ich stellte fest, dass ich eigentlich keine Lust darauf hatte, dass eine fremde Person mir mein Essen kocht, und ich wollte mich auch nicht ständig um irgendwelche reparaturbedürftigen Zäune oder Überwachungskameras kümmern müssen, die mir sicherstellen sollten, dass meine tolle Villa einbruchsicher ist. Die Wahrheit war: Nur mein Denken wollte, dass ich mir die Villa wünsche!

Man sieht es einem Menschen an, ob sein Wunsch für ihn stimmt oder nicht. Wenn er stimmt, sagt der ganze Körper mit jeder einzelnen Zelle »ja« und die Augen strahlen. Dann geht von dem betreffenden Menschen ein Selbstverständnis aus, das keinen Zweifel aufkommen lässt. Der Körper lügt nie. Und wir bekommen immer das, was wir brauchen, weil wir bewusst oder unbewusst danach verlangen. Wenn uns das nicht gefällt, brauchen wir uns bloß unsere Meinungen, Urteile und Überzeugungen anzusehen.

2 Denken, bewerten, ausleben – oder unterdrücken?

Seit ich mein Auto besaß, quietschten selbst bei starkem Regen die Scheibenwischer. Es störte mich gewaltig. Ich brachte das Auto in die Werkstatt, wo die Wischerblätter erneuert wurden. Doch als ich das Fahrzeug abholte, quietschten sie immer noch. Sogar noch mehr. Sie schrammten über die Scheibe, dass sich das Gummi verbog. Wenn ich das Radio beim Fahren laut stellte, hörte ich es zwar kaum, aber ich fahre nun mal gern ohne Musik und fühlte mich nun praktisch gezwungen, bei Regen die Boxen dröhnen zu lassen, damit ich vom Lärm der quietschenden Wischer verschont blieb. Irgendwann half auch die laute Musik nicht mehr. Das Geholpere der defekten Scheibenwischer bohrte sich so penetrant in meine Ohren, dass mir Hören und Sehen verging. Ich spürte, wie sich mein Herzschlag beschleunigte, als sich der Beschwerde-Kollege in meinem Kopf zu Wort meldete und der Autowerkstatt die Schuld zuschob: »Die haben die Wischer kaputt gemacht!« Es ging noch weiter: »Ich werde schlecht behandelt! Die respektieren mich nicht! Ich muss denen die Meinung sagen.« Und schließlich: »Immer habe ich Probleme mit dem Auto!«

Mittlerweile atmete ich so schwer, als hätte man mir einen Pflasterstein auf die Brust gelegt, während die Scheibenwischer in aller Unschuld weiter vor sich hin quäkten. Ich brodelte innerlich und malte mir aus, wie lange es nun wieder dauern würde, dieses Dilemma zu beheben. Als ich wieder in der Werkstatt vorstellig wurde, regnete es nicht mehr. Ich wollte den Mangel am Scheibenwischer demonstrieren, aber mit Scheibenwischwasser und selbst auf trockener Scheibe liefen die Wischerblätter einwandfrei hin und her, als mache es ihnen Spaß, mich zum Narren zu halten. Der Automechaniker sah mich fragend an. Ich interpretierte einen kleinen Vorwurf in seinen Blick und kam mir vor wie eine Lügnerin, als ich trotzig sagte: »Das war aber vorhin anders!« Sofort schaltete sich der Kollege in meinem Kopf zu und steuerte eine Idee bei: »Der glaubt, ich bin eine gelangweilte Frau, die sich gern mal Abwechslung in einer Autowerkstatt sucht, weil sie sonst nichts zu tun hat.« Das schien mir glaubwürdig. Sofort wurde mein Tonfall leicht aggressiv und der Automechaniker behandelte mich tatsächlich ein wenig so, als sei ich nicht ganz normal. Er versprach, nach dem Rechten zu sehen. Stunden später holte ich mein Auto wieder ab und man versicherte mir, der Schaden sei nun behoben. Doch beim nächsten Regen knarrte und holperte der Wischer erneut. Da schlich sich der irrwitzige Verdacht bei mir ein, dass die Leute von der Werkstatt vielleicht gar nichts an meinem Fahrzeug unternommen hatten! Wahrscheinlich hatten sie mich die ganze Zeit angelogen. Ich befürchtete nun, man würde mir wieder nicht glauben, wenn ich noch einmal mit dem gleichen Problem ankäme. Und wie peinlich das dann wäre, weil quietschende Scheibenwischblätter eigentlich ja gar kein »richtiges« Problem sind, im Gegensatz zu einer defekten Bremse. Die Aufregung gipfelte darin, dass ich inzwischen schon selbst das Gefühl hatte, als würde ich mir das Wischergeräusch nur einbilden, obwohl es ganz deutlich zu hören war.

Ich demonstrierte es einer Freundin, um ganz sicher zu gehen. Sie sagte: »Ja, es quietscht abscheulich.« Als ich ein weiteres Mal zur Werkstatt fuhr, sagten sie mir, ich müsse dann kommen, wenn es regnet. Im Moment könne man das Problem nicht finden. Ich nickte, aber eigentlich explodierte ich fast. Wegen eines Scheibenwischerproblems musste ich nun meine gesamte Wochenplanung umstellen – falls es regnen sollte! Ich kreiste komplett in der Unzufriedenheitsspirale, die für mich noch eine Umdrehung extra einschob, damit es sich auch lohnte.

Irgendwann sagte ich mir: »Nun mach mal halblang. Stopp! Ist das überhaupt wahr, was ich da denke?« – und beschloss, aus der mich immer weiter treibenden Gedankenkette auszusteigen.

Das Aussteigen aus der Gedankenkette ist der erste Schritt zu einer enormen Verbesserung eines jeden Zustandes, in dem wir uns nicht wohl fühlen und mit dem wir zu kämpfen haben. Wir glauben den an uns zerrenden Gedanken einfach nicht mehr! In der oben beschriebenen Situation versuchte ich, mich selbst zu sehen: wie ich aus Angst vor Unglaubwürdigkeit und Ablehnung unter Druck stand, wie hilflos ich darin war und mich deshalb verpflichtet fühlte, mich zu wehren, ja, um mich zu schlagen, damit die Gerechtigkeit siegen konnte. Weil ich prophylaktisch an Ungerechtigkeit glaubte. Ich sah eindeutig, wie wütend ich war und wie genervt. Ich stieg aus diesen Gedanken aus und beobachtete von »außen« das wild gewordene Karussell in meinem Kopf. Aus der Gedankenkette auszusteigen, bringt enorme Erleichterung. Die gesamte Situation erscheint in einem anderen, helleren Licht. Wir regen uns nicht mehr auf, müssen uns nicht mehr rechtfertigen, sind entspannter und sagen und tun nur das, was zu sagen und zu tun ist. Dem nervenaufreibenden Drama – sei es groß oder klein – wird die Grundlage genommen, die einzig und allein in dem festen Glauben daran besteht, dass diese Gedanken wahr sind.

Damit dies überhaupt geschehen kann, müssen wir jedoch zunächst auf die Idee kommen, unsere Gedanken zu hinterfragen: »Ist das wirklich so? Vielleicht war es früher einmal so, aber entspricht es immer noch der Realität? Vielleicht gäbe es eine andere Sichtweise, die mich weniger aufregen würde, die ich aber gar nicht zulasse, weil ich nicht daran gewöhnt bin.«

Wir hören auf unsere eigenen Gedanken, als seien sie der Garant für die Wirklichkeit. Wir folgen ihnen wie ein Hund seinem Herrchen, lassen uns von ihnen bestimmen und wundern uns dann, wieso wir nicht glücklich sind. Wir haben dem kritisch analysierenden Kollegen in unserem Kopf eine Führungsposition gegeben, in der er vollkommen überfordert ist.

Es wird Zeit, dass wir selbst die Kontrolle über unser Denken übernehmen und der Chef unseres Lebens werden. Dann können wir mitten in einer belastenden Situation jederzeit eine andere Haltung einnehmen, die uns die Dinge sofort mit ganz anderen Augen sehen lässt.

Erlebnis: Der Betrachter sieht, was ich denke

Setze dich an einem Ort, wo du ungestört bist, bequem hin. Beschließe, dich jetzt nur um dich selbst zu kümmern. Beobachte deinen Atem, wie er ruhig ein- und ausströmt. Er lässt dich nie allein. Atme mehrmals ganz entspannt ein und aus.

Wenn du dich um etwas sorgst, wenn dir etwas Kummer bereitet, schenke diesen quälenden Gedanken deine Aufmerksamkeit. Denkst du immerzu das gleiche? Bemerke, dass sie in dir kreisen wie eine alte Schallplatte. Oder springen deine Gedanken von einem Thema zum andern? Siehst du, wie wichtig sie dir erscheinen? Stelle fest, dass du diese Gedanken als wirklich empfindest. Du kennst sie schon lange und bist ihnen stets treu gefolgt, weil du geglaubt hast, sie helfen dir. Sie hielten dich in der Abwärtsspirale der Unzufriedenheit. Merkst du, dass es immer die gleichen Unruhe stiftenden Gedanken sind, die sich hier im Kreis drehen? Jetzt siehst du sie mit anderen Augen und merkst, dass du bislang immer »gedacht worden bist.«

Deine Grübelroutine sucht nach einer Lösung und lässt dich nicht in Ruhe. Jetzt kannst du sehen, dass du denkst. Du wirst zum aufmerksamen Betrachter deiner Gedanken. Beurteile sie nicht. Erlaube ihnen, so zu sein, wie sie sind. Atme langsam und ruhig weiter. Genieße die Tatsache, dass du dich beim Denken betrachtest. Merkst du, wie leicht das ist? Vielleicht kannst du erkennen, dass du dich schon ganz lange von deinen herummäkelnden Gedanken hast bestimmen lassen. Betrachte dich liebevoll und stelle sanft fest, dass du diesen zweifelnden oder urteilenden Gedanken immer Glauben geschenkt hast. Und während du das feststellst, wird dir auch klar, dass du jederzeit zum Betrachter werden kannst, der die laufende Maschinerie in deinem Kopf beobachtet. So verändert sich die alte Denkroutine und verliert ihre Macht über dich. Als Betrachter bist du frei. Als Betrachter hast du einen klaren Blick – wie ein Adler, der im frei schwebenden Flug das weite Feld überschaut. Als Betrachter urteilst du nicht, weder über dich selbst noch über andere. Wohlwollend blickst du auf alles, was du in dir wahrnimmst. Entspannung und Wohlbehagen stellen sich ein, weil du deine Gedanken so sein lässt, wie sie sind. Du erkennst, dass du nicht deine ausfernden Gedanken bist. Du kannst sie beobachten und freundlich auf sie schauen, als stündest du neben ihnen. Du bist der Zeuge deines Denkens, doch nicht der Denker.

Bewertet und in eine Schublade gesteckt

Der Betrachter in uns sieht, was wir denken: sämtliche Mutmaßungen und alles, womit wir uns selbst verurteilen, unsere ganze Ratlosigkeit. Er sieht aber auch die Urteile, die wir über andere fällen, weil sie unserer Meinung nach etwas verbockt haben und eigentlich dafür bezahlen müssten. Es liegt jedoch nicht in seinem Interesse, in Richtig und Falsch einzuteilen oder zu bewerten. Er ist einfach nur da, steht uns zur Seite und sieht die Dinge, wie sie sind, als würde er sich einen Film ansehen: »Aha, das geschieht gerade!« Er zieht keine Schlüsse daraus. Er ist unparteiisch.

In unserem Alltag ist meist genau das Gegenteil angesagt: »Bilde dir eine Meinung! Beziehe Stellung. Finde die Vor- und Nachteile. Argumentiere, sonst wirst du über den Tisch gezogen.« Wir halten das Bewerten für lebenswichtig. Wenn wir keine Stellung beziehen, so glauben wir, seien wir rückgratlose Nichtswisser. Das bringt uns manchmal sogar dazu, irgendeine Haltung einzunehmen, die uns gar nicht entspricht.

Andererseits sehen wir uns auch ständig mit Bewertungen von außen konfrontiert. Wenn in einer Firma eine Stelle neu zu besetzen ist, nimmt man den Kandidaten, der die bessere Einschätzung, die höhere Bewertung vom Chef bekommen hat. Wenn ein Schauspieler seine Rolle im Theater vorspricht, muss er sich bewerten lassen. Fernsehsender haben das Bewerten im ganz großen Stil entdeckt. Egal, ob es um Koch- oder um Flirtkünste, um Tanz- oder um Gesangstalent geht – wir sehen einfach gern Gewinner gewinnen und Verlierer verlieren.

Wer kennt das nicht: Man wird von anderen bewertet und fühlt sich plötzlich in eine ganz bestimmte Schublade gesteckt? Vor vielen Jahren machte ich einen Werbespot, der mit dem Satz »Dann klappt's auch mit dem Nachbarn« in die Fernsehgeschichte einging. Weil es damals ungewöhnlich war, dass ein Werbespot so spontan und improvisiert wirkte, dachten die Zuschauer, ich sei keine Schauspielerin, sondern eine »ganz normale« junge Frau, die von der Straße weg vor eine Fernsehkamera gezerrt worden war. Es sah aus, als würde ich fröhlich aus dem Nähkästchen über mich und meinen Nachbarn plaudern. Niemand kam darauf, dass dies eine perfekt vorbereitete Szene war. Die Leute sprachen mich auf der Straße an: »Na, klappt's jetzt mit dem Nachbarn?« oder: »Wie geht's dem Nachbarn?« Anfangs freute ich mich, gab Autogramme und glaubte, nun sei ich ein Star. Doch mit der Zeit gingen mir diese Bemerkungen ziemlich auf den Geist, auch wenn sie nett gemeint waren. Es wurde eng in der Schublade, in die ich mich gesteckt sah. Ich fühlte mich auf eine Rolle reduziert, die ich ja nur ein einziges Mal im Filmstudio gespielt hatte. Ich konnte einfach nichts dagegen tun, dass alle dachten, ich sei so wie diese Frau im Fernsehen.

Doch egal, ob man ein bekanntes Gesicht hat – so schnell man bekannt wird, so schnell kann man auch wieder in Vergessenheit geraten – wir alle werden nach unserem beruflichen und gesellschaftlichen Status bewertet. In Zeiten, in denen ich keine Arbeit hatte, war es schwierig entspannt zu bleiben, wenn erfolgreiche Kollegen mir in Partylaune die berühmte Frage stellten: »Und was machst du so?« Es gab ein unausgesprochenes Gesetz und das hieß: »Sei wichtig.« Man war fein raus, wenn man tatsächlich gerade ein super Filmprojekt hinter sich hatte. Schwieriger wurde es, wenn dies nicht der Fall war. Oft hörte man Antworten wie: »Bevor der Vertrag nicht unterschrieben ist, sage ich nichts« oder »Bei mir sind gerade noch ein paar spannende Projekte in der Pipeline.« All dies diente dazu sich interessanter zu machen, doch meist bestand die »Pipeline« aus unbezahlten Rechnungen und einem Sack voller Existenzangst. Die Antwort, die am meisten hermacht – doch dafür braucht man Übung und ein Pokerface – ist: »Ich nehme mir grad 'ne Auszeit.« Kaum einer kommt auf die Idee zu sagen: »Ich gehe zurzeit putzen« oder: »Ich komme gerade aus der Entzugsklinik.« Wir haben uns regelrecht auf das Spiel eingeschossen, jemand sein zu wollen und uns dafür bewerten zu lassen. Ja, wir bestärken uns sogar gegenseitig, dieses Spiel weiter zu spielen, damit keiner auf die Idee kommt, wir seien lebensuntauglich. Wer nichts darstellt, ist für uns uninteressant. Auf diese Weise gehen wir in die Falle unserer eigenen Beurteilungsgewohnheiten. So, wie wir andere bewerten, bewerten wir uns selbst. Wir sind also ständig damit beschäftigt, ein ansprechendes Bild von uns abzuliefern, sonst fallen wir durch unser eigenes Bewertungsraster.

Eine Freundin von mir ist Richterin, und weil sie nicht ständig gefragt werden will, ob sie schon einmal einen Mörder verurteilt habe, macht sie sich einen Spaß daraus, mit den Bewertungsprinzipien der anderen zu spielen. Wenn sie beispielsweise auf einer Zugfahrt angesprochen und gefragt wird, was sie beruflich macht, antwortet sie häufig stolz: »Ich bin Bedienung bei einer großen Fastfoodkette.« Danach hat sie ganz schnell ihre Ruhe.

Niemand möchte gern in eine Schublade gesteckt werden, und doch ist es genau das, was wir ständig mit anderen machen. Ich erinnere mich an Dreharbeiten, in denen ich es mit einem sehr unsicheren Kollegen zu tun hatte. Da ich schon einige Drehtage hinter mit hatte, war ich bereits »eingespielt«, im Gegensatz zu ihm. Ich dachte mir: »Wieso besetzen die einen lausigen Statisten für diese Rolle und keinen gestandenen Schauspieler?«

Einige Tage später ging ich ins Theater und sah einen Schauspieler in einer Hauptrolle auf der riesigen Bühne im ausverkauften Haus. Er war umwerfend stark und zog mich in seinen Bann. Am Ende des Stücks, als er stehende Ovationen bekam, dämmerte es mir plötzlich: Es war der Kollege, mit dem ich gedreht hatte! Wir bewerten mit einer Power, als ginge es darum, eine Million zu gewinnen – für die schlechteste Eigenschaft, die wir an einem anderen Menschen finden können. Oder für die beste. »Rosemarie ist immer so seltsam«, sagen wir vielleicht. Und schon ist Rosemarie in der Schublade. Da kann sie machen, was sie will – wir werden immer finden, dass sie seltsam ist. Für die Hintergründe, warum sie so ist, interessieren wir uns meist weniger. Ein Mensch scheint ohne ansprechendes Etikett uninteressant. Tatsache ist aber, dass er ohne die Beurteilung dessen, was er darstellt oder darstellen sollte, erst richtig ansprechend wird. Denn erst dann wird sichtbar, wer er wirklich ist. Das heißt nicht, dass ich mich mit jedem gleich anfreunden muss, der mir nicht gefällt. Vielmehr kann ich mir meine Gedanken über Rosemarie oder sonst wen mit ein wenig Abstand ansehen und überprüfen, ob es überhaupt der Realität entspricht, was ich da denke, statt diese Vermutungen ungeprüft durchgehen zu lassen. Wahrscheinlich entdecke ich dann, dass Rosemarie einfach so ist, wie sie ist. Egal, wie ich sie finde. Sie braucht mein Urteil nicht, um so zu sein, wie sie ohnehin schon immer war.

Wenn ich den inneren Betrachter nach vorn treten lasse und mich von seiner Position aus betrachte, ohne mich und meine Gedanken zu bewerten, kann ich die Situation viel entspannter sehen. Ich lehne mich beispielsweise zurück und stelle fest: »So fühlt sich das an? Aha.« Ich sehe plötzlich klarer und verbeiße mich nicht länger in Argumente, die vorher in Stein gemeißelt schienen, so wichtig waren sie. Fast amüsiert sage ich: »Ach, so denke ich also über Rosemarie« oder: »Das glaube ich über mich selbst, interessant.« Oder: »Diese Vermutungen habe ich über meinen Steuerberater, spektakulär!« Ohne mich und meine Gedanken und Meinungen zu interpretieren, kann ich mich entspannen. Es ist mehr wert, nicht zu bewerten! *Der freundliche Betrachter in uns macht es uns möglich, unsere Gedanken als Gedanken zu erkennen.* Er sieht die Situation, wie sie ist. Und wenn wir das genauso sehen können, haben wir einen leichten Zugang zu unseren Gefühlen.

Erlebnis: Der Betrachter sieht, was ich fühle

Zieh dich an einen gemütlichen Ort zurück und setze oder lege dich bequem hin. Atme ruhig ein und aus und genieße, dass du dir jetzt Zeit für dich nimmst.
Geh mit deiner Aufmerksamkeit in das Innere deines Körpers. Wie fühlt es sich an? Spürst du eine Enge im Brustkorb oder Verspannungen im Nacken? Fühle deinen Bauch. Ist er entspannt oder verkrampft?
Mache nichts mit diesem Gefühl. Bewerte es nicht. Lass alles so, wie es ist. Sei der Betrachter deiner inneren Zustände. Merkst

du, dass es in dir pulsiert und lebt? Wenn du mit freundlicher Aufmerksamkeit in dein Körperinneres spürst und nicht auf deine Gedanken hörst, wirst du merken, dass da etwas ist, was dich bewegt: Emotionen. Am ehesten merkst du es, wenn dich etwas sehr stark beschäftigt. Vielleicht spürst du aufkommende Ungeduld, weil du angeblich nichts fühlst. Oder Aggressionen, Abwehr oder Langeweile. Oder Angst, etwas falsch zu machen. Oder Unruhe, weil du eigentlich gar nichts fühlen willst. Du kannst all diese Empfindungen genauso beobachten wie deine Gedanken. Wo sitzen sie? Wie fühlen sie sich an? Interpretiere sie nicht, sie dürfen sich so anfühlen. Gib ihnen Raum in deinem Körper und nimm sie einfach nur mit weichem Blick wahr. Jede Empfindung freut sich, wenn sie endlich einmal gesehen wird. Schau sie an, ohne sie als richtig oder falsch zu bezeichnen. Du kannst mit deinen inneren Augen sehen, dass du etwas fühlst. Du betrachtest dieses Gefühl mit weichem Blick, wie es da ist und sich vielleicht bewegt oder verändert. Lass zu, dass es deinen warmen Blick genießt. Werde sein Partner.

Jetzt siehst du, dass du nicht diese Empfindung bist, was auch immer es ist. Du bist nicht diese Traurigkeit, diese Ungeduld, dieser Ärger. Du bist nicht die Unsicherheit oder die Angst. Du bist der Betrachter, der diese Emotion mitfühlend anschaut, während sie sich in dir ausruht oder bewegt. Entspanne dich in diesem Sehen und bemerke, wie befriedigend es ist. Öffne dann langsam die Augen.

Während wir mit den freundlichen Augen des Betrachters auf unsere Gedanken blicken, verlangsamt sich die Gedankenmühle im Kopf und wir können aus der Achterbahn der Unzufriedenheit aussteigen. Wann immer wir unsere gefühlsmäßigen Empfindungen im Körper wahrnehmen, ohne sie zu beurteilen, bekommen wir einen direkten Zugang zu uns selbst. Diese Tür zu uns selbst war vorher hinter unseren eingefahrenen Urteilen und den Schreckensszenarien des Denkens verborgen. Wir konnten sie gar nicht sehen, obwohl die Empfindungen eindringlich um Aufmerksamkeit gebeten haben. Sie haben uns sogar Adrenalinschübe, Magengrummeln und Krankheiten geschickt, um ein wenig Zuwendung zu bekommen – ohne Erfolg. Nun nimmt unsere freundliche Begegnung mit den Gefühlen den Stress aus unseren Schwierigkeiten. Wir fühlen uns friedlicher. Unser Blickwinkel verändert sich und wir schätzen die Sachlage anders ein. Wir werden frei zu handeln und können gut geerdet die nächsten Schritte wagen.

Schwärmende Gedanken

Nadine steht auf dem Markt vor dem Gemüsestand. Sie kauft für das Abendessen ein, zu dem sie ihren neuen Arbeitskollegen Stefan eingeladen hat. Sie möchte ihm seinen Beginn in der neuen Stadt erleichtern. Sie kann sich nicht entscheiden, welchen Salat sie nehmen soll: Ob er wohl Rucola mag? Oder Kopfsalat? … Ich koche einfach so, wie ich immer koche … Ich hätte Fernsehköchin werden sollen. Bislang war jeder von meinen Kochkünsten begeistert … Gott sei Dank bin ich Walter los, so ein Freak, der hat sich nur von Junkfood ernährt und Müll geredet … Apropos Müll – ich muss dringend die Garage ausmisten … Wenn das Leo sieht, gibt es wieder Ärger … Der alte Ordnungsfanatiker. Wer hat denn die

Winterreifen nicht in den Keller transportiert? Er! Aber immer den Boss spielen … Wenn der Neue ein Macho ist, na dann gute Nacht. Hab gar keine Lust, gleich für den zu kochen. Der muss sich erst mal beweisen … Ich sag ihm ab, ich bin doch nicht die Caritas … Ich könnte die alte Bettwäsche dem Roten Kreuz bringen … dann wäre auch wieder mehr Platz im Schrank … Ob dieser Hosenanzug noch im Schaufenster hängt? Zu teuer … Das rote Kleid hab ich lang nicht mehr angehabt … Ich muss abnehmen … Mist, gestern hat sich der Fitnessstudiovertrag automatisch um ein Jahr verlängert, obwohl ich gar nicht hingehe, Schweinerei … Ich weiß gar nicht, ob Stefan Vegetarier ist … ein Kalbsschnitzel kommt mir nicht ins Haus, die armen Kälbchen … Ich muss dringend ins Tierheim, vielleicht schaff' ich mir doch noch eine Katze an … Ich darf die Allergietabletten nicht vergessen, die Pollen fliegen wieder … Blumen muss ich auch noch kaufen … Wann hat Leo mir eigentlich zum letzten Mal Blumen mitgebracht …?

Der Geruch eines Nagellacks erinnert uns daran, wie wir als Kind heimlich den Henkel der Lieblingstasse unserer Mutter zusammengeklebt haben und beim Meditieren denken wir an das tolle Sitzkissen im Möbelladen, das viel besser ist, als das, auf dem wir sitzen. Wir assoziieren ständig, ziehen Vergleiche, wägen ab. Unsere umherschweifenden Gedanken gleichen einem Mückenschwarm, der uns belästigt. Wir wedeln zwar ab und zu mal ein paar Mücken weg, aber schon sind fünfzig andere da und summen uns die Ohren voll. Solange wir um uns schlagen, ihr Summen für bare Münze nehmen und ständig darauf reagieren, sind wir ziemlich gestresst. Mit ein wenig Abstand und einem neugierig beobachtenden Blick fällt uns dann auf, dass diese sprunghaften Gedankenassoziationen einfach nur »Lärm« sind, ein Einheitsgeräusch, von dem wir uns ganz selbstverständlich dirigieren lassen. Wieso eigentlich? Unsere umherschweifenden Gedanken geben uns die Möglichkeit kreativ zu sein und Spaß mit ihnen zu haben. *Gedanken sind das Salz in der Suppe des Lebens, aber nicht die Suppe selbst.* Sie sind das Potenzial für unseren persönlichen Ausdruck und nichts, was jetzt, wo wir sie als Lärm entlarvt haben, bekämpft oder abgestellt werden müsste. Wie wäre es, wenn wir eine andere Einstellung zu ihnen gewinnen könnten? Wir könnten sie nicht mehr so ernst nehmen, sondern als interessante Spielgefährten entdecken, wenn sie auftauchen. Dann müssen wir einfach nur noch grinsen, wenn uns beim Haarefönen das Motorengeräusch vom Auto unserer ersten großen Liebe Pierre einfällt. Aber wir brauchen deswegen nicht mehr seine Telefonnummer in Frankreich ausfindig zu machen oder unsere jetzige Beziehung in Frage zu stellen, weil mit Pierre damals alles viel besser war.

Ich verstehe, doch was habe ich davon?

Isabell hat einen cholerischen Chef, der sie einmal pro Woche zur Schnecke macht. Ausgerechnet bei dem, was sie macht, findet er immer einen Fehler, und dann brüllt er los. Anfangs dachte sie großzügig, ihr Chef dürfe auch mal einen schlechten Tag haben. Inzwischen lässt sie sich schon wegen eines Reizmagens behandeln, so dünnhäutig und gestresst ist sie an ihrem Arbeitsplatz. Auf dem Betriebsausflug erfährt sie, dass ihr Chef eine extrem schlimme Kindheit gehabt haben muss. Man munkelt, er sei als Kind geschlagen worden und ohne Eltern im Heim aufgewachsen. »Er hat sich von ganz unten hochgearbeitet und es ist unerklärlich, wie er es mit dieser Vergangenheit überhaupt so weit bringen konnte«, flüstert die Arbeitskollegin aus der andern Abteilung bewundernd. »Du hast ja auch nichts mit ihm zu tun«, mault Isabell. Dennoch hat sie aufgrund dieser Insiderinformation nun fast schon ein schlechtes Gewissen, dass sie in letzter Zeit so wenig Verständnis für ihren vom Leben gebeutelten Chef hatte. Weil sie ein guter Mensch sein will, ist sie ab jetzt mehr denn je bemüht, alles zu seiner vollsten Zufriedenheit zu machen und ihm keinen Grund für einen Ausraster mehr zu geben. »Er ist gestraft genug«, sagt sie sich. Und wenn er doch wieder eine Kritiksalve auf ihr ablädt, hat sie immer eine Erklärung: Er macht das sicher nicht absichtlich. Seine schreckliche Kindheit ist daran schuld, dass er so ist. Sie *versteht* jetzt, wieso er cholerisch ist. Das Magengeschwür, das sie inzwischen hat, verschwindet dadurch leider nicht. Im Gegenteil, es wird immer schlimmer.

Jahrelang haben wir versucht, uns mit wortreichen Erklärungen aus schmerzlichen und konfrontierenden Lebenssituationen herauszumogeln: »Er war früher drogenabhängig, deshalb ist er so unzuverlässig.« – »Sie war jahrelang so einsam, deshalb redet sie so viel.« Unser Denkapparat hat immer eine gute Erklärung parat, wieso wir uns fügen oder warum wir uns wehren sollten. Aber es nützt uns nichts, dass wir *verstehen,* wieso ein anderer so ist, wie er ist, oder warum wir so reagieren, wie wir es tun. Solange das Erkennen nur auf der Denkebene stattfindet, bleibt die Erkenntnis im Kopf und verkümmert. Mein Gefühl wird sie nicht ändern. Ich habe jetzt lediglich eine *Erklärung,* wieso die Sache so ist. Doch wie gelangen Erkenntnisse auf die Gefühlsebene?

Nehmen wir das Beispiel des unfreundlichen Arbeitgebers. Isabell kann seine Problematik zwar durchaus verstehen, aber es tut ihr dennoch weh, so herablassend behandelt zu werden. Sie fühlt sich trotz ihres Verstehens, als wäre da etwas nicht ganz bereinigt. Es ist noch immer ein Kompromiss, den sie da eingeht, denn schließlich kann sie sich doch fragen: Was hat es denn mit mir zu tun, dass mein Chef diese Vergangenheit hatte? Wieso soll ich das ausbaden? Es nützt also nichts, die Situation des anderen zu verstehen und derweil die eigenen Empfindungen zu unterdrücken, um nicht aufzufallen. Die Gefühle, die durch das Verhalten des andern ausgelöst werden, lassen sich schwer beschwichtigen. Denn sie haben Botschaften für uns. Wenn wir nach innen fühlen und zu spüren beginnen, was sich in unserem Körper abspielt, macht das Denken mit seinen Erklärungen erst mal Pause. *Gefühle lassen sich nicht verstehen. Gefühle lassen sich nur fühlen.* Sie lassen sich auch nicht für jemand anderen fühlen. Selbst wenn ich mit jemand anderem mitfühle, handelt es sich um meine Gefühle, die sich in meinem Körper abspielen. Ich kann auch nicht für die Vergangenheit fühlen, rückwirkend sozusagen, sondern nur in dem Moment, in dem die Gefühle gerade da sind: jetzt!

Wir müssen nicht unsere gesamte Vergangenheit aufarbeiten, damit es uns heute besser geht. Natürlich kann es helfen, eine traumatische Situation von damals in der Vorstellung wiederaufleben zu lassen, die Gefühle von damals wahrzunehmen und die Sache zu durchschauen. Aber selbst dann finden die Wahrnehmungen nur jetzt statt.

Ich habe verschiedene Therapien gemacht und bin immer wieder an einen Punkt geraten, an dem mir kein Therapeut mehr helfen konnte: Letztendlich ist man auf sich allein zurückgeworfen. Die Ratlosigkeit, die sich dadurch einstellte, half mir, nach einer optimalen Lösung für alle Katastrophen, Probleme und Problemchen zu suchen. Ich wollte nicht mehr von jemandem abhängig sein, der mir helfen sollte und es dann doch nur bedingt konnte. Bei genauerem Hinsehen bemerkte ich, dass das permanente innere »Nagen« und Zerren mir einen Schatz zeigen wollte, der für mich die Lösung war. Als Erstes entdeckte ich die Überzeugungen, die mich davon abhielten, diesen Schatz zu finden.

Die anderen sind schuld

Wenn sie nur mehr auf mich einginge ... Wenn mein Chef mich mehr verstehen würde ... Wenn mein Mann endlich pünktlich käme ... Wenn meine Schwiegermutter mich nicht dauernd anrufen würde ... Wenn mein Freund Humor hätte, *dann* ginge es mir besser.

Die Umstände sind schuld

Wenn ich nicht so eine schreckliche Kindheit gehabt hätte ... Wenn ich mehr Geld hätte ... Wenn ich erfolgreicher wäre ... Wenn ich einen Liebhaber hätte ... Wenn ich doch nur Kinder hätte ... Wenn ich diese berufliche Chance bekommen hätte, *dann* wäre alles gut.

Das Universum ist schuld

Wenn ich nicht diesen angeborenen Zwang zum Perfektionismus hätte ... Wenn ich nicht schon von Geburt an so faul gewesen wäre ... Wenn ich nicht so anspruchsvoll wäre ... Wenn ich nicht immer diesen plötzlichen Drang zum Geldausgeben hätte ... Wenn ich mich nicht immer so schuldig fühlen würde, *dann* wäre alles besser.

Ich bin schuld

Ich bin der letzte Versager! Bei mir ist Hopfen und Malz verloren! Ich bin beziehungsunfähig! Ich konnte noch nie mit Geld umgehen! Ich schaffe es einfach nicht, glücklich zu sein! Ich bringe jedem nur Unglück. Kein Wunder, dass ich so allein bin.

Wenn wir die Umwelt, unsere Mitmenschen und sogar uns selbst durch diese Augen sehen, müssen wir einfach unzufrieden sein, denn Beweise liegen vor und dabei handelt es sich um Fakten: Ich habe den Liebhaber nicht. Ich habe einen nervigen Schwiegervater. Meine Chefin ist ungerecht. Ich hatte eine traurige Kindheit. Ich bin arbeitslos. Ich bin überarbeitet. Das sind Tatsachen, aber das eigentlich Interessante ist, was hinter diesen Tatsachen steckt. Um das sehen zu können, brauchen wir jenen weichen Blick, der sich von der unbefriedigenden Beweislage im Außen ab- und einem ganz neuen Schauen zuwendet, einem Schauen nach innen, in uns selbst hinein. Ich muss für einen Moment aufhören, darüber nachzudenken, wie ungerecht das Leben zu mir ist. *Ich darf den Unsinn, dass ich arm dran bin, einfach nicht mehr glauben.* Wir sind nicht vom Leben benachteiligt. Niemals! Das will uns nur unser kluger Assistent im Gehirn permanent unterjubeln, und meist ist er auch noch erfolgreich damit. Es braucht ein entschlossenes Innehalten, um überhaupt wahrnehmen zu können, was mir die leise Stimme in meinem eigenen Innern, die bislang immer überhört wurde, zuflüstern will. Sage: Halt, jetzt reicht es! Und sage es noch einmal, am besten laut, wenn du dann eher auf dich selbst hörst. Und dann werde still.

Wenn wir still werden, können wir fühlen. Dann werden wir zum unbestechlichen Betrachter und können an der Wurzel des Übels hören, sehen und erfahren, was uns wirklich fehlt. Die Umwelt, der andere oder die Umstände tun uns also einen Gefallen, wenn sie uns mit allem, was uns so stört, an unsere vernachlässigten Gefühle erinnern, die unablässig nach liebevoller Aufmerksamkeit schreien. Sobald wir das sehen können, ist das Übel plötzlich nur noch ein harmloses, bittendes Etwas, das uns den Weg in die Befreiung zeigen will.

Ich bin nun mal ein emotionaler Mensch

Zu Beginn meiner beruflichen Karriere als Schauspielerin war ich sehr häufig auf irgendwelchen Medienevents, wie den Filmfestspielen in Berlin. Jeden Tag eine andere wichtige Veranstaltung, an der man unbedingt teilnehmen musste. Interviews, Gespräche, Networking. Man könnte ja wichtige Kontakte knüpfen und wenn nicht, wäre es doch immerhin möglich, dass George Clooney in der Reihe vor einem im Premierenkino sitzt und man einen Hauch seines Eau de Toilette in die Nase bekommt. Oder dass man Meryl Streep auf der Damentoilette antrifft und feststellt, dass sie zwar nicht jünger, aber als Schauspielerin auf der Leinwand immer besser wird, was einem in dieser schönheitsorientieren Branche durchaus Mut machen kann.

An einem dieser Abende gab es mal wieder eine Filmpremiere mit einem langen roten Teppich vor dem Kino. Um die Absperrung scharten sich Autogrammjäger, Fans des Hauptdarstellers – ich glaube, es war Arnold Schwarzenegger – und bestimmt an die hundert Fotografen. Ich schritt in High Heels und passendem Kleid, einem Hauch von Nichts, bei Eiseskälte über den roten Teppich und die Presseleute riefen meinen Namen. Man schaut, wie gewünscht, hierhin und dorthin, lächelt dabei und bringt die nette Pose. Besser noch eine verführerische oder ungewöhnliche. Das würde die Chancen, in die *Bunte* oder *Gala* zu kommen, deutlich erhöhen. Ich machte alles mit und spürte, wie sich in diesem wahnsinnigen Blitzlichtgewitter mein Adrenalinspiegel erhöhte. Es war wie eine Dusche im Sternenstaub. Ich fühlte mich ganz und gar lebendig. Natürlich erkannte ich diese Inszenierung damals nicht als solche, sondern identifizierte mich damit. Ich nahm das Spiel ernst. Es gab mir Halt und Bestätigung. »Wenn die mich wollen, bin ich wichtig!« Und welcher Schauspieler am Beginn seiner Karriere will nicht wichtig sein? Nach solchen Events fühlte ich mich allerdings immer wie ein Kürbis zu Halloween: von innen ausgehöhlt, einsam. Warum war ich nicht glücklich, wo doch alles gut gelaufen war?

Wenn ich meine Gefühle nicht auslebe, bin ich nicht ich selbst und nicht wirklich lebendig. Viele Menschen sind dieser Meinung und auch ich gehörte lange dazu. Ich fühlte mich praktisch verpflichtet, nach dem Gutdünken meiner jeweiligen Gefühlslage zu leben. Meine Gefühle machen mich aus! Und überall fühlte ich mich bestätigt: »Hör auf dein Gefühl!« Was das wirklich heißt, nämlich das Gefühl erst einmal zu *hören*, hatte ich nicht verstanden. Ich geriet in Abhängigkeit von meiner eigenen Begeisterungsfähigkeit und von den hohen Ausschlägen meines Gefühlsbarometers: himmelhoch jauchzend, zu Tode betrübt. Natürlich hatte ich auch Erklärungen dafür: »Mit diesem Aszendenten muss ich so sein. Sorry. – Von Schauspielern wird erwartet, dass sie so sind. Das ölt ihre Spielfähigkeit.« Es war mir nicht möglich, einen Gang herunterzuschalten. Wenn ich meine Gefühle nicht mehr in dieser Weise auslebte, so befürchtete ich, würde es bald nichts

mehr geben, was mich ausmachte. Ich war der festen Überzeugung: Ich *bin* meine Gefühle. Dass ich auch aus der Ferne auf meine Gefühle blicken kann, war mir nicht bekannt.
Außerdem hatte ich Angst vor der Leere, vor der Bedeutungs-
losigkeit, die sich breit machen könnte, wenn kein extremes
Gefühl mehr da war, das mir Leben pur signalisierte. Ich
musste also immer dafür sorgen, dass mein Adrenalinspiegel
ziemlich hoch war, sei es durch Arbeit, Partys oder Leute.

Menschen, die in meinen Augen ärmer an Gefühlen waren
als ich, bezeichnete ich insgeheim als scheintot und wollte
nichts mit ihnen zu tun haben. Dabei fiel mir zunächst gar
nicht auf, dass meine Art zu leben überaus anstrengend war.
Ich wunderte mich nur ab und zu, warum mir so wenig Energie zur Verfügung stand. Meine Lebenskraft verpuffte, weil
mich meine extremen Gefühlsregungen permanent auf Trab
hielten, abgesehen davon, dass sie auch für die Menschen,
die mit mir lebten, ganz schön herausfordernd sein konnten.
Gut, es wurde niemals langweilig, aber es war auch eine ziem-
liche Arbeit, den Emotionsmotor ständig hochtourig laufen
zu lassen, und das alles nur, um dem drohenden Scheintod
zu entfliehen. Freiheit stellte ich mir anders vor.

Mir war damals nicht klar, dass mitten in dieser inneren
Einsamkeit Frieden zu finden war, ja, dass gerade dieses Gefühl ein wunderbares Erlebnis sein konnte.

Einsamkeit, Ärger, Scham, Ängstlichkeit, Mutlosigkeit, Zweifel, Zorn, Unsicherheit, Resignation, Ungeduld, Ohnmacht
oder das Gefühl, es nie zu schaffen … Wenn solche Empfindungen vor deiner Tür stehen, dürfen sie dann herein? Oder
neigst du dazu, sie zu verscheuchen und mit allen möglichen
Ablenkungen zu verdrängen? Das nützt nichts, denn schon
bald werden sie wieder aufkreuzen. Sie verkleiden sich gern
als innere Düsternis oder Sinnlosigkeit, die bis in die Glieder

hineinfährt, als Müdigkeit, Antriebslosigkeit und Schwermut. »Ich bin mies drauf«, sagen wir dann. Wie ist es bei dir? Wenn die Emotionen vor deiner Tür stehen, inmitten von beruflichen oder persönlichen Anforderungen, merkst du dann überhaupt, dass sie da sind? Du bemerkst sie, wenn du aufhörst, darüber nachzudenken. Drehe deinen grüblerischen Gedanken liebevoll den Saft ab und höre konsequent nicht mehr hin. Von welcher Empfindung ahnst du, dass du sie nicht haben willst? Lade das Gefühl ein, das dir jetzt am nächsten ist und bereits angeklopft hat.

Erlebnis: Eine Empfindung einladen

Nimm dir Zeit und mache es dir bequem. Sitze oder liege und schließe die Augen. Entscheide dich, den nörgelnden Gedanken in deinem Kopf ein paar Minuten lang keine Aufmerksamkeit zu schenken. Wenn sie dich dennoch ablenken und davon überzeugen wollen, dass das, was du hier machst, Blödsinn ist, höre einfach nicht auf sie. Du versuchst etwas Neues.
Steige aus dem Gedankenkarussell aus. Fühle in deinen Körper hinein – achtsam und freundlich. Atme sanft ein und aus und öffne dich der Empfindung, die du so gern versteckst. Wo sitzt sie? Gehe in deiner Vorstellung dort hin und lade sie ein. Sage ihr, dass sie heute willkommen ist. Werde zum liebevollen Betrachter deiner Befindlichkeit.
Was auch immer auftaucht, will gefühlt werden. Suche nichts anderes. Das ist die Empfindung, die jetzt deine Aufmerksamkeit braucht. Fühlt sie sich drückend an? Dumpf? Ist es Schmerz? Fühlt sie sich neutral an? Oder leer? Erwarte nichts. Beeinflusse deine Empfindung nicht. Bleibe in deiner einladenden Haltung. Schau der Empfindung interessiert zu, ohne sie zum Weggehen

zu zwingen. Ist sie eher ein dunkler Druck oder ein flirrendes Ziehen im Herzen? Macht sie dich unruhig oder will sie dich aufrütteln? Du gibst ihr den Raum, den sie nie hatte und in dem sie sich ausruhen darf. Trage sie wie eine flaumige Daunenfeder, so zart. Wenn sie sich eher hart anfühlt, so beatme sie sanft. Hauche ihr in deiner Vorstellung Zärtlichkeit ein. Halte sie nicht fest, lass sie frei. Erlaube ihr, sich auszubreiten und zu verändern, wie sie will.

Wenn der Denker im Kopf seinen Kommentar abgeben will, beobachte auch ihn mit ruhigem Blick, aber höre nicht auf ihn. Du hast gerade Besseres zu tun. Du kümmerst dich um einen alten, verstoßenen Freund: deine momentane Empfindung. Steigere dich nicht hinein. Bewerte sie nicht. Sei einfach stur in deiner stetigen, wohlwollenden Aufmerksamkeit. Vielleicht verändert sich die Empfindung. Sie ist dankbar, dass sie bei dir willkommen ist, und kann sich entspannen. Du bist nicht diese Empfindung, du fühlst sie nur.

Wenn die Empfindung stärker wird, lass es zu. Wenn sie eine andere Empfindung hervorruft, erlaube auch dieser, da zu sein. Wahrscheinlich hat sie lange warten müssen, bis du ihr erlaubt hast aufzutauchen. Jetzt traut sie sich ... Umgarne diese Empfindung mit Wohlwollen, wie eine sanfte Brise. Beobachte, wie sie deine Zuwendung erfreut annimmt. Ruhe stellt sich ein. Du versöhnst dich mit dem ungeliebten Gefühl, das dir das Leben schwer gemacht hat, weil du es nicht sehen wolltest. Bleibe eine Weile in dieser inneren Stille und genieße. Breite dich in dieser angenehmen Erfahrung aus. Atme ein paar Mal ein und aus. Öffne dann langsam die Augen. Spüre, wie du dir selbst nähergekommen bist. Erinnere dich, dass du jederzeit an diesen Ort zurückkehren kannst.

Sturheit hat nach unseren gängigen Beurteilungskriterien einen penetranten, negativen Beigeschmack. Mit sturen Leuten ist nicht gut Kirschen essen. Sie sind unflexibel, gebärden sich wie Trotzböcke und rauben uns den letzten Nerv, bis sie haben, was sie wollen. Doch wenn wir mit unseren inneren Augen betrachten wollen, was in uns geschieht; wenn wir uns diesen Empfindungen freundlich annähern und sie ohne jeden Widerstand fühlen wollen, brauchen wir genau diese konsequente Sturheit. Da können wir uns von unseren störrischen Zeitgenossen eine Scheibe abschneiden, vor allem, wenn uns die Gedanken hartnäckig in die Leidensschleife locken wollen. In diesem Fall ist Sturheit etwas Gutes. Du bist stur, weil du nicht länger der Kasper in deinem Gedankentheater sein willst. Du bist konsequent und bleibst ohne Wenn und Aber bei deiner Empfindung, weil du weißt, dass das Ende deiner Grübeleien hier ist und eben nicht im Kopf. Wenn du durch das achtsame Erfahren deiner Gefühle Ruhe findest, stellt sich der klare Gedanke, nach dem du suchst, von selbst ein, tut sich die bessere Möglichkeit auf, zeigt sich die einfachere Lösung, so die Zeit dafür reif ist. All das kommt außerhalb des Gedankentumults zu uns – aus dem Bauch sozusagen. Der Bauch liebt es, wenn wir ihm endlich einmal zuhören. Er wünscht sich, wir würden das immer tun, denn schließlich kennt er uns am besten und hat stets die einfachsten Antworten parat. Aber leider wird er meist nicht gehört und muss miterleben, wie wir uns vom cleveren Kopf überreden lassen. Dann zieht er sich kläglich zurück, weil er sich nicht akzeptiert vorkommt.

Vom Feind zum Freund – ein Katzensprung

Ich stehe im vollen Aufzug. Als ich einstieg, war er leer und ich dachte:»Sei mal faul und spar dir die Treppen.« Aber nun ist dieser Aufzug rappelvoll. Ich wurde von dieser italienischen Reisegruppe ganz nach hinten gedrängt, dahin, von wo aus man nachher als Allerletzter aussteigt. Und nun schließt sich die Tür, langsam, fast geräuschlos, aber endgültig. Mein Todesurteil. Denn ich habe Platzangst in vollen Aufzügen. Ich habe eine Aufzugphobie und könnte mich ohrfeigen, dass ich nun hier drin stehe. Gleich werde ich sterben. Das achte Stockwerk werde ich nicht mehr lebend erreichen. Ich fange an, folgendes Mantra zu wiederholen:»Ich fühle mich sicher und es geht mir gut, ich fühl mich sicher und es geht mir gut.« Ich glaube es ganz fest, während sich der Fahrstuhl in Bewegung setzt. Es geht mir aber nicht gut. Und sicher fühle ich mich auch nicht. Der Mann vor mir hat am Abend zuvor mindestens drei Knollen Knoblauch gegessen und der Dame neben ihm hat man eine ganze Flasche Chanel Nummer fünf über die Bluse gekippt. Ich bemerke den Schweiß auf meiner Stirn und sage mir, dass ich vielleicht ganz sicher gesund und munter oben wieder aussteigen werde. Ich sage mir, dass ich im Notfall in Ohnmacht falle und gar nicht merke, wenn ich wegen Sauerstoffmangels ersticke. Ich beruhige mich, dass ich sicher nicht die Einzige sein würde, die an einer Aufzugfahrt stirbt, wenn sie alle andern überleben. Aber meine positiven Gedanken nützen nichts. Also lenke ich mich ab und fange an, die Knöpfe am Jackett des knoblauchverseuchten Herrn zu zählen. Es hilft. Aber nur kurz. Ich tröste mich mit der letzten überstandenen Aufzugfahrt vor ein paar Wochen, aber auch diese Taktik hält nicht lange vor, weil meine Aufzugsangst den Trick inzwischen als solchen erkannt hat und sich veralbert, statt gesehen fühlt. Ich muss mir einen neuen Trick überlegen. Denn jedes Mal packt mich die gleiche Panik, weil ich das, was mich ängstigt, nicht direkt angehe, sondern schlichtweg vermeide und mit positiven Gedanken zudecke. Ich will die Beklemmung und die Angst »überwinden«. Um sie beim nächsten Mal wieder und wieder zu »überwinden«. Was, wenn ich gar nichts überwinden muss?

Wenn ich im Aufzug Panik bekomme, wenn ich den Schweiß bemerke, der auf meine Stirn tritt, kann ich auch einfach *mit dieser Angst sein*. Das heißt, ich versuche nicht, sie mit positiven Gedanken zu beschwichtigen, sondern betrachte sie als jemanden, der mein Freund werden könnte. Ich atme ganz ruhig und sage vielleicht sogar: »Hallo Aufzugsangst, da bist du ja wieder. Schau, wir beide schaffen das bis zum letzten Stockwerk. Ich lass dich nicht allein, ich bin bei dir. Du willst mich warnen, dass diese Fahrt nicht gut für mich ist. Du hast vielleicht mal schlechte Erfahrungen gemacht. Aber guck mal, wir fahren, es ist alles gut. Ich bin bei dir, ich fühle dich ganz.« Dadurch verändert sich tatsächlich etwas. Die Angst wird nicht verdrängt, sondern gesehen, und zwar pur. Ich überspiele sie nicht und hänge ihr keine dramatische Geschichte über stundenlang festsitzende Aufzüge an, genauso wenig, wie ich versuche, ihr weiszumachen, dass es vollkommen »unnötig« ist, ängstlich zu sein.

Ich kann das Gefühl auch ganz ohne inneren Dialog fühlen, als wollte ich es liebevoll und sanft wiegen wie ein kleines Kind. Ich atme langsam und sanft hinein. Ich lasse das Gefühl da sein, wie es ist. Ich gestehe ihm freiwillig den Raum zu, den es ohnehin schon einnimmt. Wenn das möglich ist, kann ich mich sogar darin entspannen. Mit ein wenig

Übung klappt die Kontaktaufnahme immer besser. Doch das Wichtigste: Ich bin zart und wohlwollend und habe »Verständnis« für dieses bislang verdrängte Gefühl, als wäre ich seine Mutter und es mein kleines, verängstigtes Kind. Dadurch fühlt es sich angenommen und kann sich beruhigen. *In dem Moment, in dem das Gefühl auftaucht, packe ich es zärtlich am Schlafittchen. Es muss nicht lang betteln, es kriegt meine Zuwendung.* Es darf so groß sein, wie es will. Ich darf es freilassen, während ich ängstlich in diesem Aufzug stehe. Das passiert alles in mir. Ich merke, welche Wogen sich da bewegen: aufgeregtes Vibrieren, Ängstlichkeit, Herzklopfen, Hoffen, dass die Fahrt bald zu Ende ist. Wenn ein anderer Aufzugfahrer mit mir redet und ich fähig bin zu antworten, bleibe ich, während ich spreche, mit meiner Aufmerksamkeit bei meinen Empfindungen. Sobald ich merke, dass ich nur noch denke, führe ich meine Aufmerksamkeit wieder sanft zu dem Gefühl in meinem Körper zurück. Das erleichternde Ergebnis: Ich bin mir selbst viel näher! Statt die Angst in mir wüten zu lassen und ihr die Leitung über mich zu geben, womit sie total überfordert wäre, bin ich mit ihr. Es ist, als würde ich mich selbst an die Hand nehmen. Das löst ein warmes, friedliches Gefühl in mir aus. Ich spüre sogar Kraft und Wohlwollen mir selbst gegenüber, Großzügigkeit und Liebe. So freunde ich mich mit mir selbst an und mit meinen Gefühlsgefährten, die alle auftauchen dürfen, wenn sie wollen. *Dann muss ich nicht mehr positiv denken, dann* bin *ich positiv.* Mir selbst gegenüber. Und das macht einen Riesenunterschied. Ich möchte sogar noch weiter gehen und sagen: Dann ist es egal, ob ich mich als positiv oder negativ wahrnehme, denn jede Beurteilung fällt weg. Ich bin einfach. Punkt. Und der angenehmste Nebeneffekt: Die Angst kann mit der Zeit völlig verschwinden.

Anfangs irritierte mich dieser Umgang mit Gefühlen. Ich dachte:»Na, das muss doch jetzt besser werden. Wäre ja gelacht, wenn ich das nicht hinkriege.« Und ich schob die Gefühlefühlerei mit einem kräftigen Willensakt an, sagte forsch ein überfreundliches Ja zu der Ohnmacht, die ich gerade fühlte, und pushte das Ganze mit ein bisschen Zeitdruck und entsprechender Ungeduld. Ich steigerte mich regelrecht hinein, fühlte alles klar und deutlich und wunderte mich, wieso es nicht funktionierte. Wo war die Ruhe? Die Lösung? Nichts! Dann warf ich die Flinte ins Korn und sagte:»Das ist alles kompletter Blödsinn, reine Zeitverschwendung, Beschäftigungstherapie für Psycho-Freaks. Emotionale Warmduscherei.«

Unsere Gefühle lassen sich von keinem Trick der Welt hinters Licht führen. Sie lassen sich auch nicht durch gedankliches Engagement manipulieren, das darauf abzielt, sie zum Verschwinden zu bringen. Wir brauchen uns nicht in unsere Empfindungen hineinzusteigern, achtsames Annähern genügt. Sie brauchen Zärtlichkeit und Bewegungsfreiheit. Kein Festhalten, kein Einengen, kein Vorantreiben. Nicht mal Loslassen. Nur Lassen. Dann wird die positive Veränderung auf der Stelle spürbar.

»Aber ich werde zum Tier, wenn ich meinen Ärger wirklich fühle. Und das will ich niemandem zumuten.« Den Ärger wirklich zu fühlen, heißt nicht notwendigerweise, mit Tellern und Stühlen um sich zu werfen. Wir müssen auch nicht bis an die Zähne bewaffnet zur Arbeit gehen, nur weil wir es uns gestatten, uns mit unserer Versagensangst bekannt zu machen. Es sind nur unsere Gedanken, die uns zu solchen Eskapaden anregen. Sie sagen:»Um Gottes Willen, jetzt will er seine Wut fühlen! Alles klar, Jungs, verbarrikadiert euch. Schafft Gründe ran, die seine Wut logisch untermauern. Lasst ihn an den ein

Meter langen Kratzer im Lack seines neuen Porsche Cabrios denken. Das wird ein Fest!«

Wut fühlen heißt nicht, Wut denken, sondern fühlen – ohne die Erklärungen und Beweise des überkritischen Denkers im Kopf, der eine spannende Geschichte daraus machen will. »Aber dann unterdrücke ich mein individuelles Naturell.« Wirklich? Oder verbergen sich hinter dem, was wir »Naturell« nennen, nur jene alten Verhaltensweisen, die wir von uns kennen, seit wir *denken* können? Wenn wir uns so verhalten, meinen wir zu wissen, wo wir mit uns selbst dran sind, nach dem Motto: *Never change a winning team.* Aber so viel gibt es mit dieser Strategie gar nicht zu gewinnen, denn der Preis für die angebliche Sicherheit ist hoch. Wir bezahlen nämlich in Naturalien – mit unserer Lebensfreude, unserer Spontaneität, unserer Gesundheit. Doch es gibt noch eine ganz andere Seite in uns, die wir bislang versteckt gehalten haben. Wir könnten uns selbst überraschen und uns in die verborgenen Gefilde unseres Soseins vorwagen. Teller können wir dann immer noch zerdeppern, wenn es uns Spaß macht. Unsere alten Verhaltensweisen stehen wie eh und je bei Fuß und können es kaum erwarten, uns wieder zu Diensten zu sein.

Der rationale Verstand – Möchtegernchef oder Freund und Helfer?

Viele sind der Überzeugung, sie seien nur sie selbst, wenn sie ihre Gefühle nicht zeigen und unterm Deckel halten. Meist sind sie sich dessen nicht einmal bewusst. Sie fühlen einfach nichts. Da steckt kein böses Verschulden dahinter. Zu irgendeiner Zeit war es absolut sinnvoll, nicht zu fühlen. Sicher war es sogar lebensnotwendig. Vielleicht ist das heute noch so. Auf emotionaler Sparflamme zu kochen gibt Menschen das Gefühl, vor Angriffen geschützt zu sein, denen sie sich sonst hilflos ausgeliefert fühlen. Was sich hinter dem Nichtfühlen versteckt, wissen sie manchmal gar nicht. Dazu müsste man hinschauen, und das könnte Zeit kosten, unangenehm sein, verunsichern und das sichere Lebensgerüst bedrohen. Auch bei mir fand irgendwann ein Wechsel ins andere Extrem statt. Während ich meine Gefühle vorher ausgelebt hatte, war ich nun der Meinung, ich sollte sie lieber zurückhalten, weil sie sich als gefährlich gebärden könnten, wenn ich sie rauslasse. »Hör bloß nicht auf deine Gefühle!« war mein neues Motto. Ich wollte Ziele erreichen, stark sein und in der Männerwelt mithalten können. Und dabei störten zu viele Gefühle. Ich wollte auch nicht mehr zu durchschaubar sein. Deshalb machte ich dicht, verdrängte viele meiner Wahrnehmungen und überdeckte sie mit Sachlichkeit und einem pfeilgraden Fokus. In dieser Zeit war ich sehr leistungsorientiert und recht erfolgreich. Keine Frage, es lässt sich auch mit einem Schutzwall gut leben, denn erstens gewöhnt man sich an alles und zweitens stellt man sich, wenn man so lebt, keiner Situation, die dieses fragile Gerüst beeinträchtigen könnte. Fragt sich nur, wie lange man dabei glücklich ist und wie lange gesund. Frei fühlte ich mich immer noch nicht, denn ich war auf meinen inneren Schutzpanzer angewiesen, und dessen Instandhaltung raubte mir viel Kraft. Und es fühlte sich kalt darin an, als ginge ich in Wollsocken auf Eis. Auch diese Art zu leben empfand ich als befremdend und mindestens ebenso anstrengend wie das Ausleben der Gefühle.

So mancher emotionale Abgrund kann durch Verdrängen kurzfristig weggemogelt werden, und dabei ist es egal, ob dies bewusst oder unbewusst geschieht. Aber er ist dennoch da und wartet. Er hat ja Zeit. Er wartet auf die nicht vorher-sehbare Lücke; darauf, dass wir einmal nicht gewappnet sind. Dann öffnet er sich, und all die Ängste, die in seinem Schlund verborgen sind, werden offenbar: die Angst, nicht geliebt zu sein; die Angst vor zu viel Liebe; die Angst, ungeschützt zu sein; die Angst, es niemals zu schaffen, und schließlich die Angst vor dem Tod. Vor der meinen wir uns am meisten schützen zu müssen, denn sie können wir am wenigsten kont-rollieren.

Unerwünschte Gefühle kommen uns häufig wie eine un-durchdringbare Masse vor; wie etwas, wovon wir nicht wissen, wie wir damit umgehen sollen, weil es so unberechenbar wirkt. Gefühle lassen sich nicht kontrollieren oder abstellen, selbst wenn wir es noch so sehr wollen. Sie sind einfach da, und zwar so lange, bis sie gefühlt und gesehen werden. Wer-den Gefühle unterdrückt, tauchen sie woanders wieder auf, wie quengelige Kinder, die mit allen Mitteln die Aufmerk-samkeit ihrer Eltern einfordern. Manchmal verschwinden sie auch wieder, ganz wie es ihnen passt. Oder sie verändern sich, und das sehr schnell und unvorhersehbar. Emotionen – die inneren Bewegungen – sind eine Welt für sich und es ist ein Abenteuer, ihnen zuzuschauen. Dieses Abenteuer be-ginnt damit, dass ich wahrnehme, wie meine Befindlich-keit jetzt im Augenblick ist. Ich muss nicht einmal eine Tür aufmachen, um zu schauen, was dahinter ist. Ich muss nicht spitzfindig sein oder psychologisch geschult. Ich brauche einfach nur zu sein, wie ich gerade bin. Das reicht vollkom-men aus.

❊ ❊ ❊

Erlebnis: Den Alltag betrachten

Du kannst jederzeit zum Betrachter deiner Befindlichkeit werden. Schaue heute im Laufe des Tages immer wieder mit wohlwollendem Blick auf dich selbst und beobachte, wie du dich in alltäglichen Situationen fühlst, wie du agierst und reagierst.

Wie fühlst du dich, wenn du morgens aufstehst? Wie schnell verändert sich deine Laune durch Einflüsse von außen? Kannst du sehen, wie Kleinigkeiten – beispielsweise ein guter Kaffee oder scheußliches Wetter – deine Gemütslage sofort beeinflussen? Bewerte keine deiner Reaktionen und Befindlichkeiten, sondern registriere sie mit dir zugewandter Aufmerksamkeit:»Aha, so reagiere ich da.« –»Ich sehe, wie sehr mich das freut.« –»Ich merke, wie mich das aufregt.«

Registriere, wie du dich auf dem Weg zur Arbeit fühlst, beim Einkaufen, beim Essen mit anderen, beim Putzen, beim Alleinsein; bei einer Arbeit, die dir Spaß macht, und bei einer, die du nicht magst. Merkst du, dass du auf bestimmte Menschen mit innerer Anspannung reagierst? Und dass andere ein Wohlgefühl in dir auslösen? Der Kollege in deinem Kopf möchte dies sofort beurteilen und diese Menschen in»richtige« und»falsche« einteilen. Höre nicht auf ihn. Lass alles, was du wahrnimmst, so stehen, wie es jetzt ist.

Vielleicht wirst du neugierig auf das, was sich in dir abspielt:»Ach, das ist ja interessant, dass ich so bin und so reagiere.« Fang an, dich mehr und mehr für dich selbst zu interessieren, ohne dich als besonders gut oder besonders schlecht anzusehen. Du bist, wie du bist, und das ist perfekt.

Mit der Zeit bemerkst du, wo und wann du stärkere Empfindungen wahrnimmst und auf welche Weise du sie verdrängst: mit Ablenkung, mit Essen, mit Arbeit … Registriere auch, wann vorgefertigte Meinungen und Urteile über dich selbst und die Menschen in deinem Umfeld auftauchen: »Dieser Idiot wieder!« – »Ach, das wird doch eh nichts.« Kehre, nachdem du ins Beurteilen abgeschweift bist, immer wieder zu deinem beobachtenden Sehen zurück und bleibe neugierig auf dich. Sei der warmherzige Betrachter deiner Gedanken und deiner Befindlichkeit. Erinnere dich, wenn möglich, täglich daran, dich für deine Gefühle und Verhaltensweisen zu interessieren, ohne dich hineinzusteigern. Es ist leicht, wenn du dich nicht von der alten Gedankenkette einspannen lässt. Es gibt dir Kraft und energetisiert dich. Und anschließend fühlst du dich nicht erschöpft, sondern präsent.

Wenn wir aufgrund unserer Beobachtungen im Alltag festgestellt haben, dass wir manche unserer Empfindungen wegsperren, weil wir sie lieber nicht haben wollen, gehen wir bereits mit Siebenmeilenstiefeln vorwärts und werden sehr schnell merken, dass unser Kollege im Kopf noch viel mehr auf Lager hat, was wir bislang übersehen haben. Er spielt sich unter anderem als Richter auf und bewertet Situationen, in denen wir uns befinden, nach seinem Gutdünken als »gut« oder »schlecht«, »richtig« oder »falsch«, sodass wir, wenn wir ihm glauben, erst recht nicht an unsere Gefühle herankommen. Und genau das will er auch gar nicht. Sein Anliegen ist, uns vor dem Fühlen zu bewahren, denn das würde seine Daseinsberechtigung als Regisseur unserer Lebensinszenierung in Frage stellen. Auf einmal wird uns klar, warum wir so viel in »gut« oder »schlecht« einteilen müssen. Das gibt uns eine vermeintliche Sicherheit, eine Art Geländer, an dem wir uns entlanghangeln können. Wenn wir doch nur wüssten, dass dieses Geländer nur eine gedankliche Erfindung ist und wir uns seit eh und je freihändig und problemlos durchs Leben navigieren!

Wer denkt denn da?

Der Denkapparat in unserem Kopf ist eine Art Computer. Er spuckt nur aus, womit er programmiert wurde. Alles auf Anfrage! Solange wir ihn fragen und ihm zuhören, gibt er uns Informationen. Wir dürfen sortieren und auswählen, was uns brauchbar oder nicht geeignet scheint. Der Verstand bietet uns Grütze genauso an wie Gold. Steht bei ihm alles fein säuberlich unter »G«. Er lässt uns entscheiden, was wir besser finden. Für ihn ist alles gleich. Von dem, was wir als brauchbar akzeptieren, gibt er uns gern mehr. Wir können aber unmöglich erwarten, dass er von allein weiß, dass wir lieber den Goldbarren hätten. Auch aussichtslos, ihn zum Fühlen zu bewegen. Das wäre genauso, als würde ich von meinem Auto verlangen, dass es mir einen Kuchen bäckt. Da kann ich es anflehen und ihm zehnmal das Kuchenrezept vorlesen, es sagt nur: »Kuchenbacken ist nicht, Gasgeben schon.«

Immer wieder glauben wir fälschlicherweise, der rationale Verstand hätte das Sagen in unserem Leben und sei allein für unser Wohl zuständig. Deshalb glauben wir vorbehaltlos alles, was er uns erzählt. Doch ehrlich gesagt überfordern wir diese Denkmaschine maßlos, wenn wir erwarten, sie könne für uns entscheiden, was uns guttut und was nicht. Das rationale Verstandessystem hätte lieber, dass jemand ihm die Entscheidungen in der Führungsetage abnimmt, und hat auch schon einige Anträge bei uns gestellt, die wir aber meist ganz rüde abgelehnt haben: »Mach du, ich will nicht.« Aber woher soll der Denkapparat wissen, was gut für uns ist? Seine Funktion ist es, uns tatkräftig bei der Umsetzung dessen zu unterstützen, was *wir* fühlen, tief innen wissen, wollen und brauchen. Er schickt uns für alles Argumente dafür und dagegen. Er kann nicht selbstständig entscheiden, was das Bessere für uns ist. Da er aber oft den Eindruck hat, dass bei uns keiner zu Hause ist, der das tut, weil wir nichts fühlen wollen oder Angst vor unseren Empfindungen haben, ist er förmlich gezwungen, selbst das Ruder auf dem Schiff zu übernehmen, bevor es zu sinken beginnt. Er ist ein Held, der sein letztes Hemd für uns gibt, wenn wir es wollen. Doch je mehr wir ihm die Führung übergeben, umso mehr geraten wir außer Balance. Dem Denkapparat fehlt das Gegengewicht: der fühlende Bauch, den er dringend für seine Navigation braucht. Weil er es so gut mit uns meint, schickt er uns einen »Möchtegernchef«. Dieser vertritt Aspekte unseres Denkens, die sich in unserer Vergangenheit und durch unsere Lebenserfahrung am stärksten eingeprägt haben. Die sich immer wiederholenden, kreisenden Gedanken hängen dann wie Kletten an uns: Wir können an gar nichts anderes mehr denken als an die Zukunftsangst, die Schulden, den Liebeskummer oder die Ungerechtigkeit, die uns widerfahren. Der Möchtegernchef hat liebend gern das Sagen, solange er keine anderen Anweisungen von uns bekommt. Er brennt nur darauf, die Rolle des Lebensnavigators für uns zu übernehmen. Er predigt mir so lange, dass ich zu dick bin, bis ich es glaube oder ihm sage: »Ich hab's gehört, mein Lieber.« Und dann esse ich entschlossen weniger Schokolade oder ich entscheide, dass ich mich mag, egal, ob ich dick oder dünn bin, was mein Essverhalten plötzlich zum Positiven beeinflusst. Wir haben einfach vergessen, dass wir selbst jener Chef sind, nach dem wir die ganze Zeit Ausschau halten. Doch woher kommt dieser Gehilfe, der uns jetzt so oft zum Verhängnis wird und in die Leidens- und Beschwerdespirale manövriert?

In der Vergangenheit haben wir viel erlebt, was schmerzlich war und worauf wir lieber verzichtet hätten. Wir sind in Situationen geraten, in denen wir bis ins Mark verletzt wurden. Unsere empfindliche Kinderseele wurde so manches Mal durch den Fleischwolf gedreht, weil das Großwerden nun mal kein Zuckerschlecken ist. All das tat so weh, dass es besser war, diese schmerzlichen Empfindungen nicht zu fühlen und so zu tun, als gäbe es sie gar nicht. Es war die einzige Möglichkeit, unser Überleben zu sichern und halbwegs frohgemut erwachsen zu werden. Wir haben uns automatisch von diesen verletzenden Gefühlen abgeschottet, ohne es zu bemerken. Danach ging es uns wieder gut und es ließ sich besser leben. Wir zogen logische Schlüsse aus unseren Erfahrungen und leiteten bestimmte Strategien daraus ab: »Nicht folgen bringt Schläge.« – »Sich über etwas zu freuen ruft den Neid der Freunde hervor.« – »Nicht brav sein bedeutet, nie mehr geliebt zu werden.« – »Sich klein zu machen und zu verstecken bedeutet, gemocht zu werden und nicht gefährdet zu sein.« – »Nichts zu wollen heißt, eher akzeptiert zu werden.« »Nur wer laut brüllt, wird gehört« – »Sich prügeln bedeutet, der Stärkere zu sein.« – »Wer lustige Sprüche drauf hat, gewinnt die Anerkennung der anderen.«

Um in Zukunft vor Situationen gewappnet zu sein, in denen wir uns hilflos und ausgeliefert fühlen müssen, haben wir angefangen, das einmal Gelernte und als logisch richtig Erkannte immer anzuwenden. Und tatsächlich: Wir gerieten immer seltener in Situationen, in denen wir verletzt wurden. Unsere Strategie hatte sich als erfolgreich erwiesen. Also glaubten wir weiterhin unseren Erfahrungen und leiteten immer neue Strategien daraus ab, die uns auch in der Zukunft vor Schmerz schützen sollten. Und so geschah es. Eine Zwiebelschicht nach der andern legte sich wie ein Schutzwall um unser Herz. Nach und nach wurden wir anders, als wir gewesen waren – und merkten es noch nicht einmal. Unbewusst tauschten wir unsere Unschuld und unsere Freiheit gegen die angebliche Sicherheit, nicht mehr verletzt zu werden. Das konnte doch keiner ahnen!

Jetzt, als Erwachsene entdecken wir auf einmal: Hier stimmt was nicht. Ich fühle mich gefangen in meiner eigenen Haut. Ich kriege keine Luft, ich drehe mich im Kreis. Ich fühle mich vom Leben betrogen. Wieso habe ich immer die gleichen Probleme? Wieso zieht sich immer ein ähnlicher Schmerz durch mein Leben? Mit den Jahren haben sich die Strategien, die uns als Kinder vor Verletzung bewahrten, immer mehr verfestigt und sind sogar noch »gewachsen.« Neue Urteile darüber, wie die Welt ist oder sein sollte, wie wir sind oder sein sollten, sind dazu gekommen. Und wir haben sie alle geglaubt. Diese Denkweisen haben sich verselbstständigt, um uns auch weiterhin vor dem Fühlen unangenehmer Empfindungen zu bewahren. Es war auch keiner da, der sich verantwortlich gefühlt hätte, diesen Mechanismus zu korrigieren. Sie wurden zu Denkprogrammen, die uns von unseren Wurzeln abgekoppelt haben und die sich heute noch immer in uns abspielen, als hielten wir die Repeat-Taste jahrelang gedrückt. Keiner hat uns gesagt, wie es anders geht, nicht einmal unsere Eltern, denn die wussten es ja selbst nicht. Wir befinden uns also immer noch im Gedankenmodus unserer Vergangenheit, aus dem wir mit Leibeskräften auch noch den letzten Fingerhut voll Lebenssaft zutzeln, wie den Brät aus einer Münchener Weißwurst. Zu hinterfragen, ob das, was wir damals glaubten, wirklich stimmt, ob es überhaupt noch gilt, oder ob es uns – als wären wir noch Kinder – nur vor beängstigenden Gefühlen schützen soll, liegt uns so fern wie der entfernteste Planet.

Unser Denken zu hinterfragen bedroht unser altes Denksystem. Der Möchtegernchef sagt: »Bisher war ich gut genug. Jetzt soll ich abdanken? Nein!« Er mag den frischen Wind nicht, der ihm entgegenweht, wenn wir ihn nicht mehr als Retter unseres Lebens ansehen. Er ist sich sicher, dass wir ohne ihn zugrunde gehen. In seinen Augen ist es ein großer Fehler, sich mit seinen Gefühlen, statt mit ihm zu beschäftigen. Er setzt gute Gründe dagegen, wettert gegen eine Veränderung, will die Stellung halten. Er meint, wenn wir ihn aufgeben, sterben wir. Er beurteilt, verurteilt, analysiert und versucht einfach alles, um unsere Aufmerksamkeit zu behalten. Er will nicht, dass wir fühlen, denn das hat früher wehgetan. Er will uns vor »uns selbst« und unserer unentdeckten Lebendigkeit schützen. Der Möchtegernchef hat Angst, die Kontrolle über uns zu verlieren. Und er wird sie verlieren, wenn wir uns aus unseren Verstrickungen befreien.

Was er nicht weiß: Indem er die Kontrolle über uns verliert, wandelt er sich. Er wird demütig, wenn er erkennt, dass wir das Ruder unseres Lebens endlich selbst in die Hand nehmen. Je mehr wir uns erlauben, unsere Empfindungen anzunehmen, statt sie wie früher vor uns und anderen zu verstecken, umso deutlicher wird, was unser eigentliches Anliegen ist, und umso freudiger wird der Denkapparat seine neue Rolle als engagierter Diener unserer gefundenen Wahrheit spielen. *Die Wahrheit ist, woraus das entspringt, was für uns tief im Inneren stimmt. Sie hat nichts mit dem ständig um sich selbst kreisenden Gedankenkarussell zu tun.*

Mit der Zeit wird uns unser Denken mehr und mehr darin unterstützen, unsere Ziele zu verwirklichen, unsere Träume zu realisieren und Wege einzuschlagen, die ganz im Sinne dessen sind, was für uns richtig ist. Wir überlassen unsere Entscheidungen nicht mehr dem Ersatzregisseur, sondern übernehmen selbst die Regie unserer Lebensinszenierung.

Jetzt ist der Moment für einen Neuanfang gekommen, doch bis unser Denken mit all seinen Fähigkeiten wirklich zum unterstützenden Gefährten wird, der uns auf unseren Wegen ins Neuland sicher führt, braucht es unsere stetige Geduld. Wir haben uns dermaßen an die bewertenden Stimmen in unserem Kopf gewöhnt, dass es erst mal ungewohnt ist, uns nicht länger von ihnen bestimmen zu lassen oder gar vor ihnen zu kuschen.

Ich gehe spazieren und denke an nichts Böses. Da kommt ein großer, gefährlich aussehender Hund auf mich zu gerannt. Ich bekomme Angst und denke noch: »Der wird doch wohl nicht zu mir kommen wollen!« Aber da ist er schon, springt wie wild an mir hoch, bellt und wedelt. Der Besitzer kommt gemächlich hinterher, die Hundeleine schleift harmlos am Boden. Er bemerkt meine Panikattacke nicht und sagt leichthin: »Der macht nichts, der will nur spielen.« Für mich sieht es aus, als wolle er mich auffressen. »Der ist noch jung«, setzt er hinzu.

Er pfeift die Bestie zurück, nimmt sie an die Leine, ich werde nicht lebendigen Leibes zerfleischt. Auf einmal sieht der Hund ganz harmlos aus. Solange ich den Hund nicht kenne, weiß ich nicht, dass er nur »spielen« wollte! Genauso geht es uns mit unseren Gedanken. Es macht keinen Sinn vor ihnen wegzulaufen oder ihnen hörig zu werden – sie wollen nichts als spielen.

Wann immer ich merke, dass die Gedanken die Oberhand zu gewinnen drohen, kann ich mich direkt fragen: Wer ist der Boss? – Ich! Nicht mein Denken, nicht der aktionistische Möchtegernchef, der auf die neue Art, wie ich ihn behandle, etwas pikiert reagieren mag. Pfeif deine ausufernden Gedanken mit ihren Bewertungen und Urteilen zurück wie einen noch nicht erzogenen Hund.

Den Möchtegernchef erziehen

Der Möchtegernchef in unserem Kopf sieht sich als Richter über Gut und Böse. Weil er uns vor weiteren Verletzungen und Katastrophen bewahren will, urteilt er eifrig vor sich hin und macht ständig irgendwen zum Sündenbock. Er schlägt um sich und zeigt mit dem Finger auf uns selbst und andere: »Sie war's!« Oder: »Ich war's. Ich bin schlecht!« Wenn ihm gar nichts mehr einfällt, war es eben der liebe Gott, der so ungerecht ist. Er macht auch gern mal Überstunden, denn er will uns ja unterstützen.

Und so kann es passieren, dass sich die mehrspurige Autobahn, auf der wir unsere Erdenreise zurücklegen, in ein Einbahnsträßchen oder sogar eine Sackgasse verwandelt, in der wir dann festsitzen und entsetzt um Hilfe rufen. »Das habe ich nicht gewollt!«, sagen wir dann. »Ich leide!« Wir sind uns gar nicht darüber im Klaren, dass wir, mal unwissentlich, mal wissentlich, Ja und Amen zu all dem gesagt haben. Der Möchtegernchef bietet uns sogar noch Extrarunden in Sachen Recht-haben-Wollen oder Sich-Beschweren an. Ob wir das Angebot annehmen, liegt ganz bei uns. Solange wir mit unserer Aufmerksamkeit in der sich ständig drehenden Gedankenmühle bleiben, nützt es nichts zu überprüfen, ob wir uns in einer Situation falsch verhalten haben oder ob wir den Schuldigen dingfest machen müssen, um unser Gewissen zu erleichtern. In dieser Gedankenmühle geht es immer nur um Dafür oder Dagegen, um Verteidigung und Verurteilung und darum, um jeden Preis zu gewinnen. Die Gerechtigkeit, die wir damit für uns anstreben, bleibt, auch wenn sie sich scheinbar einstellt, nicht lange bestehen. Es warten nämlich ständig neue Herausforderungen vor dem Gartenzaun, gegen die wir uns nach alter Strategie wieder verteidigen und vor denen wir uns verstecken müssen.

Für den Möchtegernchef im Kopf sind Gefühle etwas, was er genauso interpretieren und als richtig oder falsch hinstellen muss wie alles andere. Er will das Gefühl am besten gar nicht, oder bestenfalls will er es *verstehen* und kommt mit Erklärungen. *Es braucht eine klare Entscheidung, um entschlossen innezuhalten und sich zu fragen: Stimmt das wirklich, was ich da denke? Oder läuft hier nur die alte Schallplatte?*

Erlebnis: Hinterfragen der Gedanken

Kannst du die Situation, das Problem, das dich gerade fordert, einmal so stehen lassen, bevor du den Gegner mit handfesten Argumenten festnagelst? Oder bevor du die Flinte frustriert ins Korn wirfst und sagst: Das wird ja doch nichts?
Ist das, was du über dich und die Sache denkst, wirklich wahr? Oder ist es ein altes Lied aus deinem Denkmenü, ein Ohrwurm, den du auswendig kannst und der sich einfach immer wiederholt? Kannst du »Luft« in deine Gedankenkette lassen, damit sie sich auflockert und vielleicht eine ganz ungewöhnliche Sichtweise zum Vorschein kommen kann?
Stell dir vor, wie sich deine Kopfhaut entspannt und wie sich deine Gehirnwindungen vom vielen Denken erholen. Betrachte deine automatischen, rotierenden Gedanken mit dem Abstand des freundlichen Betrachters. Ist das, was du denkst, wirklich wahr? Gib dir die Möglichkeit, aus dem alten Denkmodus auszusteigen. Wäre eine andere Version der Geschich-

te auch wahr? Welche? Gibt es vielleicht mehrere Möglichkeiten, die wahr sein könnten? Welche? Auch die andere Version sind nur Gedanken, denen du glauben kannst oder nicht. Erlaube dir, Interesse und Neugier für dich selbst aufzubringen. Steige aus der Achterbahn der Unzufriedenheit aus. Wage es, für Momente nichts zu wissen und nicht auf das Alte zurückzugreifen. Bist du dir selbst gegenüber großzügig genug, um dich von alten, quälenden Gedanken zu verabschieden, die keine Macht mehr über dich haben werden, wenn du sie ihnen nicht gibst? Bist du stur genug, immer wieder der urteilsfreie Betrachter zu sein und dich von der undankbaren Rolle des Opferseins zu distanzieren?

Der phänomenale Gedankensong

Bei den Schauspielern, die ich coache, passiert es immer wieder, dass das Denken über die Rolle den freien Ausdruck blockiert. Der Möchtegernchef aus dem Oberstübchen wäre gern der Schauspieler, statt es dem Profi zu überlassen, und erzeugt dann so etwas wie einen »Knoten im Gehirn«. In diesem Fall überliste ich ihn dadurch, dass ich ihm eine neue Tätigkeit zuweise. Ich rege den Schauspieler an, den gesamten Text ohne Rücksicht auf Inhalt, Bedeutung und Gefühle wie ein schlechter, sich selbst überschätzender Opernsänger zu singen: »Sei eine miserable Parodie von Luciano Pavarotti oder Montserrat Caballé! Mit ausladenden Bewegungen, einer katastrophalen Phantasiemelodie, die Tonleiter quer und rauf und runter.« Ich rate zu immensen Übertreibungen: »Lass die Augen glühen, bringe dein Publikum mit diesen Sätzen zum Toben. Nimm allen Platz ein, mach dich riesig und begeistere dich.« Ich feuere den Akteur an, sich vorzustellen, er stünde in einer großen, griechischen Arena unter freiem Himmel und müsse jeden Zuschauer bis ins Mark mit seinem schlechten Gesang treffen. Manchmal rufe ich:»Mehr Eitelkeit! Mehr Größenwahn.« Oder:»Sing talentfrei! Spiele schlechter!«

Was dabei passiert, ist, dass sich die verkrusteten Gedankenstrukturen gegenüber dem Text und im Schauspieler selbst auflockern. Und plötzlich bekommt er Abstand zu seinen schauspielerischen und persönlichen Problemen. Blockaden verschwinden und er kann wieder aus seiner intuitiven Basis heraus agieren.

Es macht viel mehr Spaß, dem inneren Schweinehund Futter zu geben, als ihn zu unterdrücken. Gesungen kann sich eine Beschwerde oder festgefahrene Meinung definitiv nicht mehr negativ auf unser Allgemeinbefinden auswirken. Wir erkennen mit einem Schlag, wie lächerlich diese ganze Gedankendreherei ist und wie wenig sie uns hilft. Wenn ich singe:»Mir geht es huuuuhuuuuhuundsmiserabel, weil iiiiiiich zuhuu wenig Knehete verrrrdiiiiene«, habe ich zwar erst mal auch nicht mehr Geld, aber Abstand zu meinem Problem. Dann ergibt sich wahrscheinlich auch die Möglichkeit, tatsächlich bald mehr Geld zu verdienen, weil ich klarer denken und entsprechend klarer handeln kann. Man braucht ein bisschen Mut, sich zum Narren zu machen. Aber machen wir uns nicht ohnehin ständig zum Narren – ohne es zu merken?

Wenn dich das nächste Mal ein quälender Gedankenstrudel packt, gib ihm doch einfach ein wenig Narrenfreiheit. Spiele die überalterte, rechthaberische Operndiva und sing dem Sofa in deinem Wohnzimmer vor, was da an Beschwerden und Beurteilungen auftaucht:»Meihein Herrrmaannn treibt mihiiiich noooooch zuhum Wahaaaansinnnnn mit seiner Uhunordnuuuuung!«

Drama, Drama, Drama

Die beiden Freundinnen Doris und Steffi unterhalten sich in der Umkleidekabine nach dem Pilatestraining:

Doris: »Stell dir mal vor, Philipp hat mich dieses Jahr *nicht* zu seinem Geburtstag eingeladen. Obwohl ich ihn *immer* zu meinem einlade!«

Steffi: »Unverschämtheit!«

Doris: »Aber mir war schon letztes Jahr klar, dass da was im Busch ist: Der hat mir einen Kinogutschein geschenkt und eine lächerliche Kerze! Eine Kerze!«

Steffi: »Eine Kerze? Unverschämtheit!«

Doris: »Ich werde ihn nie wieder einladen. Jetzt weiß ich, wie ich bei ihm dran bin.«

Steffi: »Genau! Wieso schenkt er dir auch eine langweilige Kerze! Da muss man erst mal drauf kommen, auf so was Einfaltsloses.«

Doris: »Naja, als er fragte, was ich mir wünsche, hab ich gesagt: nichts …«

Steffi: »Ach so, ja dann …«

Doris: »Aber dass ich mich über seine Kerze nicht maßlos gefreut habe, ist doch kein Grund, mich nicht mehr einzuladen.«

Steffi: »Nein, das ist weiß Gott kein Grund. Also wenn das ein Grund für ihn wäre, dann hat er wirklich ein Problem.«

Doris: »Also ich weiß auch nicht, was mit dem los ist.«

Steffi: »Ich glaube, der will sich von seiner Frau trennen.«

Doris huscht plötzlich ein hoffnungsvolles Lächeln übers Gesicht: »Ach wirklich? Wann denn?«

Stellen wir uns doch mal vor, wir hätten keine aufregenden Geschichten mehr – nichts, was den Adrenalinspiegel erhöht, nichts, was uns neugierig macht, nichts, was unsere Aufmerksamkeit packt, nichts, worüber wir diskutieren und schwatzen könnten. Was würden wir die ganze Zeit reden? Es wäre schlimm! Unsere Geschichten sorgen für Abwechslung im Verstandesmenü. Sie erheitern und unterhalten uns und sind einfach wunderbar, solange uns klar ist, dass es nur Gedanken sind. Ich kann sie glauben, wenn es mir Freude macht, aber ich weiß, ich *bin* ich nicht diese Gedankenbewegungen. Sie haben keine Realität, sondern tauchen auf und verändern sich, je nach Lust und Trend. Ich kann mir die aussuchen, die mir gefallen. *Wir denken Gedanken, weil wir Mensch sind und unser Gehirn dafür ausgerüstet ist.*

Es wäre tragisch, den Kopf nicht zu benutzen, aber manchmal scheint es, als hätten einige Lebenssinn-Sucher tatsächlich damit aufgehört. Sie kriegen dann kaum noch ein Bein vors andere, warten ständig auf die passende Eingebung von oben, landen auf dem Holzweg, wollen uns aber weismachen, sie hätten die Dualität hinter sich gelassen. Erleuchtet nennen sich einige von ihnen, dabei haben sie nur ihren klaren Verstand an den Möchtegernchef abgegeben, und der freut sich, weil er nun wieder oder immer noch alles unter Kontrolle hat.

Denken ist gänzlich ungefährlich. Wir brauchen es sogar, um unser Leben genießen und meistern zu können. Wir sollten uns nur davor hüten, unsere Identität daran festzumachen. Dann ist es sehr gefährlich.

Nichts von dem, was wir sagen und denken, ist in Stein gemeißelt. Dramen entstehen nur, wenn wir an unseren Werturteilen festhalten. Wie wäre es hingegen, wenn wir die Gedanken spielerisch kommen und gehen lassen könnten? Wir brauchen sie nicht zu bekämpfen, zu unterdrücken oder uns schönzureden. Es reicht, wenn wir wissen, dass es harmlose

Gedanken sind, denen wir glauben oder eben nicht. Meinungen und Urteile unterscheiden sich von solchen Gedanken dadurch, dass wir sie häufig für wichtiger halten als uns selbst. Wir glauben zum Beispiel, wir müssten am Geburtstag eine große Party schmeißen, obwohl wir es lieber still hätten: »Ich bin bei Soundso auch immer eingeladen, also muss ich ihm nun auch eine tolle Party bieten und kann nicht einfach meinen Geburtstag schwänzen.« Wir denken zwar, dies seien ganz »normale« Überlegungen, aber nein! Es sind Überzeugungen, die wir glauben und denen wir erlauben, uns unter Druck zu setzen. Auch das Gegenteil liefert genug Stoff für eine dramatische Geschichte: »Ich glaube, ich sollte ins neue Lebensjahr meditieren und meinen Geburtstag ganz unspektakulär verstreichen lassen, obwohl ich große Lust hätte, meinen Freundeskreis um mich zu versammeln und es richtig krachen zu lassen. Aber gerade, weil ich keine Lust auf's Meditieren habe, ist es wohl nötig.«

Eine Geschichte liefert mir Befürchtungen, Belohnungen, Hoffnungen, Vermutungen, während das intuitive Bauchgefühl auf Gründe und Mutmaßungen völlig verzichtet. Eine Geschichte kann ich daran erkennen, dass sie mir vorgaukelt, ich mache alles richtig, wenn ich nur ihr entsprechend handle. Schön, wenn ich auf einmal merke, wohin ich da gezwungen werde! Willkommen im Club der freien Wahl: Wir können weitermachen und entspannt genießen, was wir da denken – immer wissend: »Das bin nicht ich, das ist nur ein Gedanke, der gern eine Geschichte oder ein Drama wäre.«

Allein dadurch, dass du es siehst und erkennst, wird dem Drama etwas von seiner Schwungkraft genommen und du kannst einen Löffel voll Freiheit kosten. Es gibt viele Möglichkeiten, dem Drama Ausdruck zu verleihen und es damit deutlicher sichtbar zu machen: Schreib »Das Drama des Tages« auf und mache eine Geschichte daraus. Male ihm ein Bild in Öl. Bastle ihm eine Website: »meinlieblingsdrama.de« Führ dein Drama als Theaterstück auf, aber bitte so talentfrei wie möglich und hab Spaß daran. Oder du erzählst es deiner besten Freundin im Café. Jede Form von kreativem Ausdruck befreit das Drama aus deinem Kopf. Wir fragen verstört: »Aber was bin ich dann, ohne mein Drama?« – Ein Drama-Loser!

Sobald ich Spaß dran finde, niemand Bedeutendes sein zu müssen, kann ich mich um das kümmern, was mich wirklich interessiert. Spannende Sache. Dann macht es mir plötzlich nichts mehr, wenn keine aufregende Geschichte da ist, mit der ich meine Identität bestätigen muss.

3 Fühlen für Anfänger

Gabriele mag Musik und singt in einem großen Chor mit über hundert Mitgliedern. Gegen Ende der Proben, kurz vor der Generalprobe mit großem Orchester für die Johannes-Passion, wird es unter den Sopranistinnen unruhig wie in einem Bienenstock. Stimmengewirr, Flüstern, eifriges Umsetzen und geräuschvolles Stühleverschieben findet statt. Die Stimmlagen-Aufstellung für das Konzert steht bevor. Jede Sängerin möchte neben ihrer besten Freundin oder der besten Sopranstimme sitzen. Per Zeichensprache werden während der Probe wichtige Absprachen getroffen, in der Pause bilden sich tuschelnde Grüppchen und bei der Verabschiedung am Ende der Proben werden einander mit strengem Gesichtsausdruck und gehetzter Stimme Versprechen abgerungen: »Halt mir unbedingt einen Platz zwischen dir und Petra frei!« Nur Gabriele ist nicht im Geschehen. Sie beobachtet erstaunt, wie um sie herum ein »Sitzordnungskosmos« entsteht. So muss das Universum entstanden sein: aus dem Chaos. Keine fragt sie, ob sie neben ihr singen oder sitzen möchte. Eher ist es so, dass man sie mit einem unverbindlichen Lächeln abserviert, um sich über ihre Knie zu zwängen und um so zu ihrer Sitznachbarin einen Stuhl weiter zu gelangen. Es kommt Gabriele so vor, als hätte sie die Vogelgrippe. Wieder einmal ist sie die

Ausgestoßene, nicht Erwünschte. Wieder einmal? Es ging ihr nämlich im Fitness-Club ähnlich, weswegen sie austrat. Die Sängerinnen scheinen jetzt sogar einen Bogen um sie zu machen. Gabriele kommt ein altbekannter Gedanke in den Sinn: »Keiner mag mich. Ich bin eine Zumutung. Ich kann nichts.« Sofort geht es ihr schlecht, denn diese Gedanken kennt sie nur allzu gut. Sie muss also etwas tun, damit man sie mag. Sie investiert eine Menge Geld in zusätzliche Gesangsstunden beim angesagtesten Gesangslehrer der Stadt, um ihre Stimme zu verbessern. Sie macht einen Kurs für »Schüchterne« – Wie überwinde ich meine Selbstzweifel? – und übt sich im Zweifelüberwinden. Trotzdem findet sie sich beim Konzert zwischen der meist ignorierten, geschwätzigen, schräg singenden und nach Gießkanne klingenden Elke und dem Vorhang wieder. Letzterer müffelt so nach fünfzig Jahre altem Bühnenstaub, dass sie in den hohen Gesangspassagen regelmäßig einen Hustenanfall unterdrücken muss. Außerdem steht sie mehr hinter dem Vorhang als auf der Bühne. Sie sieht nicht mal das Publikum und den Applaus kann sie nur von Weitem hören. Wahrscheinlich ist diese Art von Freizeitgestaltung nichts für Gabriele. Sie beschließt, etwas zu machen, was ihr »mehr entspricht« und wo sie mehr gesehen wird. Sie macht einen Kurs in »Ikebana – Blumenstecken mit Gefühl«. Leider hat sie dort auch Blumensteck-Kolleginnen neben sich, die sich in der Pause miteinander zum Cocktailtrinken verabreden, ohne Gabriele.

In einer einsamen, schlaflosen Nacht starrt sie an die Decke und als der volle Mond ihr frech ins Gesicht lacht, fällt ihr plötzlich auf, dass ihre Gesichtsmuskeln vom vielen »Mich mag keiner«– Denken so steif geworden sind, dass sie nicht einmal zurücklachen kann. Sie fühlt sich wie in einer Zwangsjacke. Das macht dem Mond aber nichts aus: Beharrlich lacht er sie weiter an – ja, sie, Gabriele. Es scheint sogar, als würde er mit ihr flirten, auf Teufel komm raus mit ihr flirten! Da dämmert es ihr: Vielleicht stimmt es gar nicht, dass keiner sie mag. Vielleicht ist es nur eine alte Angewohnheit von früher, das zu glauben. Früher, das war, als sie im Sandkasten alleine Burgen baute und bei der Auswahl fürs Volleyball immer übrig blieb und dadurch automatisch in das Verliererteam kam. Früher, das war damals, vor vielen Jahren. Damals kam der Gedanke zum ersten Mal: »Man mag mich nicht.« Diesen Gedanken trug sie seitdem wie einen Freund mit sich herum, den sie nicht mochte. Er schien der einzige zu sein, der mit ihr zu tun haben wollte. Nur sie nicht mit ihm. Als sie dem Mond, der sie beharrlich anlächelte, fest entgegenblickte, wurde ihr klar, dass sie all die Jahre diesen Gedanken über sich und die andern geglaubt hatte. Sie war sich ganz sicher, dass das die Realität war. Doch in dieser Vollmondnacht drehte sich das Blatt und sie bemerkte, dass keine ihrer Betrachtungsweisen für immer gültig sein musste. Sie glaubte für Momente nicht mehr, was sie als wahr hinstellte, und es war ihr, als wehe ein frischer Frühlingshauch durch ihren angespannten Körper. Es kam ihr vor, als löse sich in ihrem Inneren alle Verhärtung und jede Kruste, die sich um ihr zweifelndes Herz gelegt hatte. Sie schmiegte sich in ihre Kissen und schlief tief und traumlos. Von nun an war sie vorsichtiger mit ihren schnellen Schlüssen über sich und die andern und ging wieder zum Singen. Wann immer ihr die abstruse Idee kam, sie sei eine Zumutung für andere, nur weil jemand über sie hinweg redete, um sich den Platz neben einer anderen zu sichern, ertappte sie sich dabei und lächelte ihre gedankliche Zwangsjacke an: »Ah, denkst du schon wieder, du wirst übersehen?« Manchmal traf ihr Lächeln sogar eine ihrer Singnachbarinnen rechts oder links, die anfangs vermuteten, sie seien gar nicht gemeint. Zögernd lächelten diese zurück. Und wenn Gabriele doch wieder Trübsal blies, statt über ihre seltsamen Gedanken zu lächeln, erinnerte sie des Nachts der Mond daran, indem er, mal kugelrund, mal sichelförmig, mal hinter Wolken versteckt mit ihr flirtete. Allmählich rissen sich die besten Chorsängerinnen derart um den Platz neben Gabriele, dass es ihr schon fast wieder zu viel wurde. Gabriele hatte ein neues Problem: »Es allen recht machen, damit keiner sauer ist.« Glücklicherweise erinnerte sie sich immer wieder daran, ihre neue Gedankenzwangsjacke anzulächeln. Sie strahlte beim Konzert über den Bühnenrand hinaus in den Zuschauerraum. Und manch einer der Zuschauer erinnert sich heute noch an die fünfte Sopranistin von links, in der zweiten Reihe. Vor allem an ihr geheimnisvolles Lächeln.

Freies Spiel mit der Zwangsjacke der Gedanken

Die Gedankenzwangsjacke ist kein sehr angenehmes Kleidungsstück, wenn wir kein anderes zur Auswahl haben. Sie gibt uns sehr wenig Bewegungsfreiheit. Sie schränkt uns ein. Wenn wir sie tragen, haben wir den berechtigten Verdacht, dass wir »gedacht werden« und uns keine andere Möglichkeit zur Verfügung steht. Wir sind Abhängige des eigenen Gedankengerüsts, denken wieder und wieder ähnliche Kamellen und leben danach, was im Laufe eines Lebens ganz schön erschöpfend sein kann: »Ich kriege keinen Mann ab.« – »Keiner mag mich, und ich selbst kann mich auch nicht leiden.« – »Ich bin zu gut für diese Welt.« – »Er ist ein Vollidiot.«

Ein guter Schauspieler macht sich die Gedankenszwangs-
jacke bewusst zunutze. Er leidet nicht darunter, weil er weiß,
dass es ein Spiel in einem Kostüm ist, das er jederzeit verändern kann. Er benutzt sein Vorstellungsvermögen und malt
sich den Charakter, den er spielen soll, in den herrlichsten
Farben aus. Wenn er einen Unglücklichen spielt, gibt er dieser Figur eine katastrophale Vergangenheit, unter der sie am
besten heute noch leidet. Wenn er jemanden spielt, der stets
fröhlich ist und dessen Seelenleben unbeschattet sein soll,
denkt er sich eine glückliche Kindheit für ihn aus. Er gräbt
nach unterdrückten Gefühlen, die er kurz aufblitzen lassen
kann, um sie dann wieder zu verdrängen. Er steigert sich in
Gefühle hinein, um seine Identität zu untermauern. Er glaubt
an abstruse Theorien über das Leben, und je extremer diese
sind, umso intensiver, spaßiger und überzeugender wird seine
Schauspielkunst. Er sucht sich alle Wesenselemente zusammen, die sein Spiel unterstützen und das Ergebnis bringen,
das er haben will. Und: Er glaubt felsenfest an diese Gedanken. Er glaubt so sehr daran, dass sie in diesem Moment wahr
für ihn sind und er sich als entsprechend ramponiert oder le-
benslustig empfindet.

Der amerikanische Schauspiellehrer Sanford Meisner sagt:
»Schauspielen ist wahrheitsgetreues Leben unter vorgestell-
ten Bedingungen.« Ein Schauspieler, der das gut macht, gilt
als hervorragender Künstler und wird umjubelt, denn er spie-
gelt den Zuschauer. Der Laie macht im täglichen Leben nichts
anderes. Der einzige Unterschied zum Schauspieler ist: Er
merkt nicht, dass er seinen Vorstellungen und Einbildungen
über sich selbst glaubt. Wir glauben nicht, dass wir in unserem Privatleben ständig irgendwelche Rollen spielen, sondern meinen, der Mechanismus des »Gedacht-Werdens« sei
natürlich und normal: »Das war schon immer so. Ich habe

schon immer so gedacht.« Der Schauspieler hingegen ist sich vollkommen bewusst, dass er spielt. Er kann alles spielen, weil er sich alles vorstellen und daran glauben kann. Wenn wir diese Möglichkeit auf uns Privatmenschen übertragen ... Meine Güte, da erschließen sich ganz neue Dimensionen. Was stehen uns plötzlich für Spielmöglichkeiten zur Verfügung! Wir sind ja gar nicht so festgefahren, wie wir manchmal glauben. Wir sind alle Schauspieler, nur wussten wir es bislang nicht.

Wenn die bewertenden Gedanken merken, dass wir ihnen keinen Glauben mehr schenken, bringt der Möchtegernchef noch schlimmere Gedanken und Projektionen hervor, die uns genau erklären, warum wir *wirklich* Grund haben zu leiden. Er fühlt sich in seiner Position bedroht und sieht überhaupt nicht ein, warum er das Zeitliche segnen soll, nachdem er sich jahrelang erfolgreich bemüht hat, unsere Lebensfreude möglichst weit unten zu halten. Wie ein pawlowscher Hund hat er auf Missstände aller Art reagiert: mit Vermeidung, indem er den Schuldigen suchte, sich selbst bestrafte ... Und nun soll das alles nicht mehr gelten? Rebellion ist angesagt!

Jetzt läuft der Möchtegernchef zu Hochform auf. Wir bekommen richtiggehende »Entzugserscheinungen«, wenn wir es einmal schaffen, die alte Gedankensuppe nicht mehr zu löffeln: »Diese malträtierenden Gedanken über mich waren doch gar nicht so schlimm. Was soll ich denn sonst über mich denken?« Das Neue ist noch nicht da und das Alte noch nicht weg. Da hilft nur neugieriges Hinschauen.

Erlebnis: Freundliches Betrachten der Zwanghaftigkeit im Denken

Bemerke, wenn du zwanghaft über ein leidiges und altbekanntes Problem sprichst. Beobachte, wie schnell deine Gedanken wieder beim Dramatisieren dieser Geschichte sind. Beobachte, wie diese wilden Gedanken an dir zerren und dich wieder einlullen wollen. Sobald so ein Gedankenstrudel auftaucht – sieh es mit den Augen des freundlichen Betrachters. Sieh es einfach nur: Es ist ein weiterer kapriziöser Gedanke mit einer biestigen Geschichte dahinter, die nicht will, dass du jemals das Licht der Sonne siehst.

Habe Geduld mit dir selbst, denn diese Art, mit deinen Gedanken umzugehen, ist neu. Du wirst zum Betrachter, zum Zeugen deiner verkrusteten Gedankenbewegungen, die weiterhin die Kontrolle über dich behalten wollen. Schaue mit wohlwollendem Blick auf dich selbst und wisse: Du bist nicht diese Gedanken. Mögen sie dir auch noch so überzeugend erscheinen. Denn du kannst sie ja beobachten. Sie haben keine Macht über dich, wenn du sie ihnen nicht gibst. Erkenne, dass sie harmlos sind und nur ihre Aufgabe gut machen wollen, wie sie es immer gemacht haben.

Doch jetzt nimmst du das Ruder selbst in die Hand. Bleibe der liebevolle Betrachter. Wenn du dich in der alten Gedankenspirale wiederfindest, steige einfach immer wieder aus. Du bist der Chef, nicht deine Gedanken. Sei der Seher, der dies erkennt.

Ich kann nicht anders – oder doch?

Dass wir eine Gedankenzwangsjacke tragen, merken wir unter anderem an dem, was wir tun, weil wir es nicht lassen können. Ich habe mich schon oft dabei erwischt, dass ich vor dem Fernseher saß und es einfach nicht fertigbrachte, auf AUS zu drücken. Ich zappte gelangweilt zwischen den Sendern hin und her, übersprang Werbepausen, landete bei einem Spielfilm, um in der folgenden Werbepause wieder umzuschalten, und so weiter. Spaß machte das nicht. Ich spürte eher, wie ich unterschwellig aggressiv wurde, wusste aber nicht, auf wen. Das Fernsehprogramm konnte ja nichts dafür, dass ich nicht mit ihm klarkam. Es passierte sogar, dass ich die Glotze ausschaltete und zunächst ganz erleichtert über meine Willenskraft war – doch wenige Minuten später schaltete ich wieder ein. Vielleicht kommt ja doch noch was Interessantes ... Meine schlechte Laune besserte sich dadurch nicht. Zunächst richtete sie sich gegen mich selbst und als mein Freund nach Hause kam, gegen ihn. Dabei war er ja wohl am wenigsten dafür verantwortlich, dass ich nicht vom Fernseher loskam.

Egal, ob es um Essen, Alkohol, Internetsurfen, Rauchen, Putzen oder Sex geht – alles, was wir nicht abstellen, nicht lassen können, alles, von dem wir glauben, wir könnten »nicht ohne«, macht uns unfrei und manövriert uns in eine gedankliche Zwangsjacke. Warum ist das so? Wir glauben felsenfest, dass wir keine Wahl haben. Wir erleben uns als getrieben, zwanghaft, ferngesteuert und hören ständig: »Du musst das tun.« Es erzeugt einen Sog, der sich bis in jede Zelle unseres Körpers bemerkbar macht und uns tiefe Befriedigung verspricht, wenn wir ihm folgen: »Wenn du das machst, bist du glücklich.«

Wenn ich meine Aufmerksamkeit auf meine körperlichen Empfindungen richte, bin ich der Boss, nicht meine Gedanken. Es kann sein, dass ich mich aus alter Gewohnheit dennoch dabei ertappe, dass ich nach der Fernbedienung greife. Dieses Verhalten ist einfach schon sehr lange in mir verankert. Und doch hat sich etwas Grundlegendes verändert: Ich bin mir bewusst, dass ich das tue. Vorher war es ein unbewusster Automatismus, das Drängen nach Befriedigung eines ganz bestimmten Bedürfnisses, nach innerer Ruhe, Wohlgefühl, Entspannung, Frieden, Sorglosigkeit, Unbefangenheit, Freiheit. Sobald die alte Gedankenwelle merkt, dass sie eine Chance hat, wieder Besitz von mir zu ergreifen und ich damit liebäugele, meine Identität an ihr festzumachen, schlägt sie zu. Das zeigt sich dann darin, dass wir unsere Beweggründe einfach »wichtig« finden: »Ich habe diese Schachtel Zigaretten gebraucht.« – »Ich kam mal wieder nicht aus dem Internet raus.« Genau genommen ist dieser Drang, dieses dringende Bedürfnis ausleben zu wollen eine Art Schmerz, den wir durch das Befriedigen loswerden wollen. Die Absicht ist eine gute, doch der Schmerz selbst, der uns zu der Handlung treibt, hat in uns keinen Freund, sondern einen Gegner, sodass er wieder und wieder kommen muss, um unser Wohlwollen zu bekommen. Wir werden suchtartig: »Ich kann nun mal nichts wegwerfen.« – »Ich muss ständig ausgehen, sonst bin ich kein Mensch.« – »Ich kann nicht abschalten, solange die Küche nicht aufgeräumt ist.« Sobald solche Rechtfertigungen auftauchen, die unser automatisiertes Verhalten »erklären« und legitimieren sollen, merken wir: Das ist der alte Mechanismus. Ihn zu beobachten befreit uns nicht nur aus den Fängen der Unfreiheit, es kann sogar richtig Spaß machen, den eigenen Tricks auf die Schliche zu kommen.

✳ ✳ ✳

Erlebnis: Freundliches Betrachten der Zwanghaftigkeit im Tun

Bemerke, wenn du wie ferngesteuert handelst. Mache dir klar, dass es dich dazu treibt und du keine Wahl hast, es anders zu machen. Spüre den Sog, der auf dich wirkt. Halte körperlich inne, nicht nur gedanklich. Mache konsequent eine Pause.

Beobachte, welche Gedanken durch dein Gehirn spazieren und bemerke, wovon sie dich überzeugen wollen. Sollst du dies oder jenes dringend tun oder lassen? Welche Belohnung versprechen dir diese Gedanken dafür, dass du ihnen folgst? Beobachte sie einfach nur. Dann siehst du, mit welcher Vehemenz sie dich bestimmen wollen. Spüre, wie es sich anfühlt, dem folgen zu müssen. Darf dieses Empfinden jetzt da sein? Kannst du es freundlich anschauen, während es tobt und an dir reißt? Lass es, wie es ist, ohne ihm zu folgen. Trage diesen inneren Drang vorsichtig, als wäre er zerbrechlich. Betrachte ihn wohlwollend. Beatme ihn in deiner Vorstellung mit Geduld und Sanftheit. Diese Empfindung will von dir gesehen und nicht durch eine Aktion verdrängt werden.

Auf welches Bedürfnis möchte sie dich aufmerksam machen? Was brauchst du? Was soll dadurch befriedigt werden, dass du diesem Drang folgst? Fühle und lausche. Ist es Liebe und Zuwendung? Sicherheit? Aufmerksamkeit? Zärtlichkeit? Sinnliche Befriedigung? Ist es das Gefühl, bedeutungsvoll zu sein? Schau, ob du dir durch deine Zuwendung das geben kannst, was du brauchst. Halte deine Empfindung zärtlich wie ein kleines, hilfloses Kind und spüre, wie sie sich unter deinem wohlwollenden Blick beruhigt. Habe Verständnis für ihren Aufruhr. Jetzt hast du die Wahl:

Erkenne, dass du jederzeit aus der Unzufriedenheitsspirale aussteigen kannst. Du steigst aus, indem du den Gedanken keinen Glauben mehr schenkst. Du steigst aus, indem du dieses Gefühl fühlst und einfach da sein lässt. Bemerke, wie es sich entspannt, wenn du ihm freundlich gesinnt bist. Bleibe weiterhin mit deiner Aufmerksamkeit dort und genieße, wenn etwas in dir ruhig wird und die innere Rebellion abflaut. Du bemerkst, dass der Sog, der dich bestimmen wollte, keine Macht über dich hat.

Auch wenn du dem Sog folgst und so handelst, wie er es dir vorgibt, bleibe weiterhin der dir zugewandte Betrachter. Verurteile dich nicht dafür, dass du nicht »standhaft« bist, sondern genieße, was du tust. Bleibe aufmerksam und freundlich, während du tust, wovon du meinst, dass du es tun musst. Nimm dir Zeit, deine dir zwingend erscheinenden Handlungen immer wieder zu hinterfragen und innezuhalten. Sei auch dann interessiert und wach, wenn du dich zufällig bei einer ferngesteuerten Handlung ertappst. Beobachte deine Gedanken und sieh, wie sie dich bestimmen und unfrei machen wollen. Erlaube dir, deine Gefühle vollkommen zu fühlen. Sei sanft mit ihnen, denn dann bist du auch sanft mit dir. Sieh dir selbst als freundlicher Betrachter dabei zu und verurteile dich nicht. Sage dir: »Ja, das tue ich.«

Eine Empfindung, die nach unserer Aufmerksamkeit ruft, indem sie schmerzt, wühlt, bohrt, sticht, beunruhigt oder lähmt, trägt eine Botschaft in sich: Wir sollen ihr etwas geben, das wir sonst immer nur von andern oder der Situation, in der wir waren, zu bekommen glaubten. Die Vorstellung, nur der andere oder die Situation könne uns endgültige Befriedigung verschaffen, ist irrig. *Tatsache ist, dass das zwanghafte Ausleben des Bedürfnisses oft nur eine weitere Unterdrückung des eigentlichen Gefühls ist.* Denn wirklich angesehen wird es nicht! Die drängende Empfindung möchte eigentlich nur Kontakt mit uns, möchte signalisieren: »Hier bin ich, schenk mir Freundlichkeit.« Wenn sie diese Zuwendung bekommt und wir wie ein enger Freund mit ihr sind, erfahren wir, welches Bedürfnis wir die ganze Zeit übersehen und auf die Außenwelt projiziert haben.

Susanne beschwert sich, dass sie von weitläufigen Bekannten nie erkannt wird. Sie muss immer den ersten Schritt machen. Erst dann kommt von ihrem Gegenüber: »Ach, wie heißt du noch mal? Woher kennen wir uns? Hilf mir mal auf die Sprünge.« Für Susanne ist das jedes Mal ein Schock: »Er erinnert sich nicht an mich. Dabei haben wir bei diesem Hochzeitsfest einen ganzen Nachmittag miteinander verbracht. Er ist unmöglich, ignorant und eingebildet.« Sie fühlt sich zurückgestoßen. Etwas später bezieht sie die Reaktion des Bekannten auf sich und schließt daraus: »Ich bin unwichtig.« Jetzt fühlt sie sich noch schlechter. Der ganze Tag ist verdorben. Um dies nicht so deutlich spüren zu müssen, setzt sie sich vor den Fernseher und stopft zwei Tafeln Schokolade und eine Tüte Chips in sich hinein. Für das nächste Mal, wenn sie jemanden kennenlernt, nimmt sie sich fest vor, irgendetwas zu tun oder zu sagen, das garantiert, dass sie nicht mehr übersehen wird. Vielleicht zieht sie auch gleich das T-Shirt mit dem riesigen Ausschnitt an …

Bei all dem übersieht Susanne ihr ureigenes Bedürfnis: Sie will erkannt werden. Wenn sie das Gefühl pur fühlen würde, könnte es sie zu dieser Antwort führen. Und das wäre eine Einladung, sich selbst mit wohlwollenden Augen anzuschauen und als die Frau zu erkennen, die sie ist: »Das bin ich, Susanne. Ich bin okay. Ich mag mich. Ich kenne mich, auch wenn mich sonst keiner erkennt.« So wird sie nach und nach immer vertrauter mit diesem Bedürfnis und verliert die Angst vor ihm. Sie ist nicht mehr auf die Bestätigung anderer angewiesen, die sie doch nur auf ihre eigenen Wünsche aufmerksam gemacht haben.

Das jeweilige Bedürfnis möchte, dass wir uns um seine Befriedigung kümmern wie um ein kleines Kind. Wir würden nie auf die Idee kommen, ein schreiendes Baby sich selbst zu überlassen, aber mit unseren einfachsten Bedürfnissen machen wir das andauernd. Es sind die kleinen Zärtlichkeiten, das Spielerische, das Ernstnehmen, das Zuhören, das Lachen, das Bunte, das Abenteuerliche, wonach wir uns sehnen. Das bettelnde Gefühl saugt unsere liebende Zuwendung auf wie ein Schwamm. Das Defizit in unserer Gefühlswelt hebt sich mehr und mehr auf, wenn wir uns als zuständig zu erkennen geben. Wir sehen unsere Bedürfnisse, die wir von andern erfüllt haben möchten, auf einmal in einem anderen Licht. Plötzlich ist die gesamte Situation nicht mehr bedrohlich. Vielleicht ergibt sich eine Handlung, vielleicht nicht. Wir sind kein Fass ohne Boden mehr. Und »andere« oder »die Umstände« sind nicht mehr schuld, dass der Boden im Fass fehlt. Das Schöne daran ist: Indem wir unsere eigenen Bedürfnisse erkennen und ihnen Raum in uns geben, ändert sich auch die Art, wie sich unsere Mitmenschen uns gegenüber verhalten. Sie spüren, dass wir nichts von ihnen *brauchen,* und das ermuntert sie, auf uns zuzukommen.

Wieso nicht mal was Neues?

Wenn wir aus der gewohnten Denkspirale aussteigen, kommt es uns zunächst so vor, als würden wir ohne Netz und doppelten Boden im Niemandsland umherflattern. Wir haben nichts, woran wir uns halten können, wenn wir so mutig sind, auf vorgefertigte Meinungen zu verzichten. Was sollen wir denn jetzt denken? Doch genau hier, in diesem Zwischenraum liegt die Chance.

Eine Frau, mit der ich mich neulich unterhielt, meinte: »Aber da weiß ich ja gar nicht mehr, wer ich bin, wenn ich nicht mehr auf mein altes Denken hören soll!« Das Beruhigende daran ist: Das, was wir vorher gedacht haben, hatte auch nichts mit uns zu tun. Wir hatten uns nur daran gewöhnt, uns damit identifiziert und es nie angezweifelt. Wenn wir diese Gewohnheit als Gewohnheit erkennen können, sind wir schon nicht mehr mit ihr verwoben. Dann winkt schon die Freiheit. Dann gibt es bereits eine Lücke in den Gedanken, wo das uns Eigene, das wahrhaft authentische Verhalten und Denken, das Heilende durchblitzen kann, das wir vorher nicht einmal für möglich gehalten haben, weil es von der dicken Staubschicht der gewohnten Reaktionen bedeckt war.

Sobald wir unseren urteilenden Gedanken nicht mehr glauben, fragen wir: »Könnte es auch anders sein?« Ist die Antwort Ja, kommt sofort die Idee einer besseren Sichtweise. Aber bevor wir uns an der neuen Sichtweise festklammern, halten wir den ganzen Denkapparat an. Wir schicken das Denken an die frische Luft – glaub mir, es hat Sauerstoff nötig – und glauben ausnahmsweise mal gar nichts mehr. Wir sehen, dass auch die neue Sichtweise ein Gedanke ist, und lassen sie ganz mutig so stehen, wie sie ist. Sie kommt damit klar, dass wir uns nicht gleich an sie hängen. Wir nutzen die Lücke.

Martina rebelliert, weil sie ständig das Gefühl hat, auf ihre Freundin Rücksicht nehmen zu müssen. Die hat eigentlich immer irgendein Wehwehchen und braucht einen Ärztetipp oder ein offenes Ohr für ihre Probleme. In Martinas Augen wird die Freundin zur Mimose. Ungeduldig sagt sie:»Meine Freundin züchtet ihre Probleme wie andere Leute Kakteen. Ich habe da keine Lust mehr drauf.« Doch in einer ruhigen Minute hinterfragt sie ihr Urteil:»Ist das wahr? Könnte es auch anders sein?« Zum Beispiel so, dass ihre Freundin nur über das Wälzen von Problemen Freundschaften erhalten kann? Ja, es könnte auch so sein. Dann stünde eine etwas umständliche, aber gute Absicht dahinter. Martina kann die Antwort nicht genau wissen. Sie wird damit leben müssen, es nicht genau zu wissen, weil sie nicht in ihre Freundin hineinschauen kann.

Genauso könnte sie sehen, dass sie das Beratungsspielchen die ganze Zeit freiwillig mitmacht, weil sie Angst hat, ihre Freundin zu verlieren. Sie denkt, sie sei»verpflichtet«, sich von ihrer Freundin so behandeln zu lassen. Welches Bild hat sie da von sich? Welches von einer Freundschaft? Von welchen»Regeln« fühlt sie sich getrieben, so lange mitzumachen, bis sie rebellieren muss? Und wer hat diese Regeln überhaupt aufgestellt? Wenn sie nicht direkt die Schuld auf sich oder die Freundin verteilt, kann sie einen Schritt zurücktreten. Sie bekommt Abstand zu ihrem Urteil und gibt sich Raum zu spüren, wie sie sich selbst damit fühlt: als Ratgeberin benutzt, nicht gesehen.

Wenn wir nicht sofort mit der nächstliegenden Antwort kommen, sondern uns erlauben, in diesem Nicht-Wissen zu verweilen, können wir fühlen, was ist. Bislang haben unsere plausibel wirkenden Gründe die Gefühle überdeckt, die darunter liegen:»Es hat eigentlich nichts mit mir zu tun, sie ist schuld.« Indem wir uns Bestätigung von andern holen, übertünchen wir diese Gefühle sogar noch: »Du sagst ja auch, sie ist schuld und ich hab recht.« Das mag so sein, aber: *Den Gefühlen ist unsere Rechtsabteilung im Kopf egal.* Sie sind da und kümmern sich nicht darum, wer ganz sicher schuld oder nicht schuld ist. Sie zu fühlen und wahrzunehmen ist sogar ein Weg, der aus unserem Rechtfertigungs- und Verteidigungsverhalten hinausführt. Wir brauchen keine Erklärung, keine Beschwichtigung, die bewirken soll, dass wir uns gut fühlen. Gefühle sind resistent, selbst gegen noch so gut durchdachte Erläuterungen. Sie sind wie ein Kind, dem man vor dem bunten Bonbonregal erklären will, dass Zucker Parodontose verursacht und Süßigkeiten deshalb schädlich sind. Es will die Bonbons trotzdem.

Gefühle brauchen unsere gefühlsmäßige Hinwendung. Ein Gefühl kann nur durch Fühlen gefühlt und somit »verstanden« und geheilt werden. Wenn ich meine Empfindung liebevoll wahrnehme, brauche ich mich nicht mehr zu erklären. Dann brauche ich mich nicht mehr als »richtig« hinzustellen und den andern als »falsch.«

Auch wenn du dazu tendierst, die Schuld prophylaktisch immer bei dir zu suchen und dich mit Schuldgefühlen und Selbstvorwürfen zu geißeln, weil du in deinen Augen ein Nichtsnutz bist, ist dies nichts weiter als dein altes Programm, dem du heute noch Glauben schenkst, statt zu überprüfen, ob du dir nicht die ganze Zeit kompletten Schmarrn erzählst. Zeit für eine Gedankenlücke. Wenn du die Lücke zulässt, brauchst du den andern nicht mehr in den Himmel zu heben und dich selbst herunterzuputzen. Oder umgekehrt. Es geht um den Kontakt zu deiner Befindlichkeit in diesem Moment und nicht um die überzeugende Story im Kopf, die eben diese Wahrnehmung verdrängen will. Wenn Martina genauer hinfühlt, was sich in ihr selbst regt, hört sie sich auf einmal zu ihrer Freundin sagen: »Ich bin nicht deine medizinische Notfallberatung! Bitte geh doch mal zum Arzt. Und ich wünsche mir, dass du mir auch mal zuhören könntest, denn du bist ja auch *meine* Freundin.«

Akzeptierte Gefühle lassen uns offener sprechen und helfen uns, uns dem andern so zuzumuten, wie wir sind.

Widerspenstige Gefühle?

Judith nimmt seit einiger Zeit ihre Arbeitskollegin morgens mit dem Auto mit. Pünktlich um halb acht steht sie mit laufendem Motor vor dem Haus, aber die Kollegin kommt immer zehn Minuten zu spät, steigt ein, schnallt sich an und sagt: »Sorry.« Judith bemerkt, dass sie allmählich eine riesige Wut auf die Kollegin bekommt, die sie sonst so schätzt, sogar bewundert. Sie ist mittlerweile schon sauer, wenn sie nur an deren Haus vorfährt. Heute nimmt sie sich vor, endlich mal was zu sagen und ihrer Wut freien Lauf zu lassen. Sie denkt sich: »Wer bin ich denn, dass ich mir das gefallen lassen muss?« Tatsächlich kommt die Kollegin wieder später, diesmal noch später als sonst. In Judith brodelt es gewaltig. Doch als die Kollegin wieder mit einem »Sorry, ich musste mir noch die Haare fönen« einsteigt, kommt aus Judiths Mund nur ein verdrucktes »Macht doch nichts«. Sie könnte sich ohrfeigen! Vor allem dafür, dass sie so feige ist. Sie hat ihre Wut nicht rausgelassen und fühlt sich deshalb scheußlich.

Manchmal sieht es aus, als wollten sich die Gefühle nicht so fühlen lassen, wie wir es wollen. Wir haben eine bestimmte Vorstellung von unserem Gefühl und sagen beispielsweise:

»Ich bin so wütend!« Dabei merken wir nicht, dass wir, wenn wir im Kopf sind, nur *glauben,* wir seien wütend. Denn inzwischen ist ja eine völlig andere Empfindung bei uns gelandet: das Verdruckstsein und das Gefühl zu implodieren, statt zu explodieren. Und das will jetzt unsere Freundschaft. Wir verurteilen uns, wenn wir nicht so reagieren, wie wir es geplant haben, und wollen unseren jetzigen Zustand nicht haben. Die gedankliche Vorstellung davon, wie ich mich fühlen sollte, nämlich wütend, verhindert das direkte Fühlen der Empfindung, die schon da ist. Wir hätten aber gern was anderes. Wir erwarten den Ausbruch eines Vulkans, damit sich was ändert und wir erleichtert sind.

Sobald ich diese Gedanken glaube, gehe ich lediglich eigenen Vorstellungen auf den Leim. Die Vorstellung von meinem »Wunschgefühl« und das, was schon da ist, passen nicht zusammen. Ich fühle daher Widerstand dagegen. Die Gedanken sagen: »Das ist nicht die richtige Empfindung. Sie sollte sich anders anfühlen. Ich muss die Wut suchen.« Wenn wir auf diesen Zug aufspringen, sind wir im Kopf. Dort können wir gar nichts fühlen. Dort dreht sich die Unzufriedenheitsspirale einfach weiter. Also, nichts wie zurück zur puren Empfindung! Wir lassen unsere Vorstellungen davon, wie was sein sollte, sanft, aber konsequent fallen.

Was ist gerade da? Keine Wut, sondern Widerstand gegen Wut? Ich muss nicht mal eine Bezeichnung dafür finden. Es reicht, wenn ich der Empfindung erlaube, so zu sein, wie sie ist, und gastfreundlich mit ihr bin. Ich muss nichts damit tun. Und was, wenn ich diesen Widerstand nicht haben will? Dann spüre ich, wie sich das anfühlt. Ist es Ablehnung des Widerstands? Die Ablehnung kann ich sicher eher annehmen. Ich fühle die Ablehnung und lasse sie in diesen Sekunden, wo sie ist. Sie darf bleiben. Dann fühle ich, was allmählich passiert. Es könnte sich wie ein Entspannen in der Anspannung anfühlen. Es könnte passieren, dass es mir plötzlich grundlos besser geht. Wo ist die Wut hin, die eben noch angeblich »darunter versteckt« war? Sie hat sich gleich mit verflüchtigt. Wozu also noch an sie rankommen wollen? Vielleicht war sie gar nicht da! Vielleicht war sie von vornherein eine Idee des Möchtegernchefs, der Kontrolle darüber haben will, wie das richtige Gefühl aussehen soll und sogar noch vorgibt, wann wir es zu fühlen haben. *Nimm das an, was schon da ist. Suche nicht nach etwas anderem.* Widerstand hat dir früher gedient. Er ist Teil deines früheren Überlebensprogramms. Heute ist er da, um sich als Freund vorzustellen. Er ist selbst nur ein kleines müdes Kind, das nicht mehr laufen kann und ein Stück des Wegs auf dem Arm getragen werden will. Er ist kein Hindernis. Er braucht Zuwendung in Form von Entspannung, Anerkennung, einem freundlichen Lächeln. Dann lösen sich emotionale Verkrustungen ab wie die Häute einer Zwiebel.

Erlebnis: Freundschaft mit dem Widerstand

Setze dich bequem hin, schließe die Augen und erlaube dir, nichts zu tun. Dein Körper macht jetzt Urlaub und freut sich, dass du dich auf ihn einlässt. Sinke in deiner Vorstellung sanft in deinen Körper hinein. Wie fühlt er sich an? Findet der Kritiker in deinem Kopf, dass du deine Zeit vergeudest? Sag ihm, du nimmst dir nur mal eben eine Pause. Dann kann er sich beruhigen.

Bringe deine Aufmerksamkeit nun behutsam in die Bereiche deines Körpers, die angespannt sind. Kannst du sie fühlen? Ist es der Nacken, der Rücken, der Herzbereich, der Bauch? Sind es die Beine? Wo immer es dich hinzieht, verweile in der puren Empfindung. Lass deinen inneren Atem dorthin fließen und bemerke, wie freudig der verkrampfte Bereich deine Zuwendung aufnimmt. Er hat auf dich gewartet. Vielleicht bemerkst du, wie er sich verändert. Vielleicht wird die Verspannung schwächer, die Körperregion weicher. Eventuell verstärkt sich die Empfindung aber noch, weil da ein so großes Bedürfnis nach wohlwollender Beachtung ist, das du sehr lange übersehen hast. Diese Empfindung ist es nicht gewohnt, so freundlich gespürt zu werden. Erlaube ihr, da zu sein, und fühle sie. Sei der stille Begleiter dieser Empfindung. Zwinge sie nicht wegzugehen. Fühlst du dich?

Tauchen widerstrebende oder unangenehme Gefühle auf, so bemerke sie und halte sie sanft. Enge sie nicht ein. Zeigt sich Widerstand, mit dieser Empfindung zu sein, so fühle ihn und gib ihm dein freundliches Ja. Bemerke, dass es dein Wollen ist, das dich davon abhält, friedlich mit dieser Wahrnehmung zu sein: Du willst, dass es sich anders anfühlen sollte. Sage dir selbst: »Ja, da ist Widerstand. Ja, ich will das nicht fühlen.« Sage deinem widerstrebenden, drängenden Willen, der es anders haben will, dass du verstehst und seine guten Absichten siehst. Schenke ihm einen wärmenden Blick. Er braucht ihn dringend. Erkenne an, dass sich nichts verändern muss.

Sei mit allem, was du gerade fühlst. Lass es sich von selbst verändern ohne einzugreifen und nimm wahr, wie dankbar deine Empfindungen dafür sind, dass du sie so herzlich anerkennst. Du lernst dein gedankliches Wollen kennen, das den Widerstand auslöst, und siehst, dass du es ohne Probleme betrachten kannst. Es ist dankbar für diese freundschaftliche Zuwendung. Umschmeichle es mit Sanftheit.

Es kann sein, dass sich dein Empfinden verändert oder bewegt. Bleibe geduldig bei dir. Je mehr du die Empfindungen, die sich als Widerstand in dir zeigen, da sein lässt, umso mehr innere Erleichterung macht sich bemerkbar. Bleibe nur da und denke nicht darüber nach. Du musst nichts »überwinden«. Sei mit dieser widerspenstigen, widerstrebenden Wahrnehmung. Sie braucht ein wenig Großherzigkeit von dir. Dein Körper ist der Raum, in dem du diese kostbaren Signale wahrnehmen kannst. Er lädt dich ein, auf diese fürsorgliche Weise mit ihm zu leben und ihn zu fühlen. Er ist dein bester Freund. Atme ein paar Mal tief ein und aus und öffne die Augen.

Wenn wir unseren Körper auf diese Weise kennenlernen und auf die körperlichen Empfindungen achten, die sich dort tummeln; wenn wir sie annehmen und akzeptieren, werden wir wacher und sensibler für unsere emotionalen Empfindungen. Durch unser Wohlwollen trauen sie sich mit der Zeit an die Oberfläche. Sie wissen: Jetzt werden sie gehört und dadurch gelöst.

»Aber wie kann ich ein verdrängtes Gefühl fühlen?«

Gar nicht.

»Ich muss da doch irgendwie rankommen!«

Wieso? Wenn es nicht auftaucht, fühle ich, was bereits da ist: das Wollen; die Vorstellung, wie es sein sollte; den Druck, den ich mir mache; die Erwartungen, die ich an mich selbst habe. Das ist garantiert das richtige Gefühl. Ich muss es nicht benennen; muss nicht herausfinden, wohin sich das eigentliche Gefühl, von dem ich nur glaube, dass es das richtige ist, verdrückt hat. Es gibt im Augenblick keine andere Empfindung. Ich kann nur fühlen, was ich momentan fühle. Ein verdrängtes Gefühl kommt, wenn es will, und nicht, wenn ich es willentlich möchte oder behaupte: »Ich bin jetzt soweit, verdrängter Ärger, kannst kommen.« Wenn ich fühle, was jetzt gerade da ist, braucht der verdrängte Ärger manchmal gar nicht mehr aufzutauchen, weil unsere Zuneigung ihn schon im Vorfeld zum Freund gemacht hat. Alles, was freundlich willkommen geheißen wird, ist nicht länger unterdrückt.

Gefühlte Temperatur: heiß

Solange wir unsere Empfindungen nicht als »richtig« oder »falsch«, »gut« oder »schlecht« bewerten, sind sie in erster Linie rein körperliche Erfahrungen: Bewegungen und Spannungen. Angst zum Beispiel fühlt sich ähnlich an wie freudige Aufregung. Es ist der gleiche chemische Prozess im Körper: Wir schwitzen, wir kriegen Gänsehaut, alles zieht sich zusammen, wir schlottern, wir beben, der Hals wird eng, das Herz pocht, der Puls erhöht sich, Schmetterlinge flattern. Erst die Beurteilung dieser Wahrnehmung macht aus der inneren Bewegung eine Geschichte, die etwas zu bedeuten hat. Ohne diese Bedeutung ist es eine namenlose Empfindung, die sich auf eine gewisse Weise anfühlt, schwach oder stark ist und sich ständig verändert. Sie hat keinerlei Bedeutung und auch keine Macht. Deshalb ist sie nicht bedrohlich.

Klaus war scharf auf einen interessanten Job. Jetzt hat er eine Absage bekommen. Er spürt, wie er aufgewühlt ist. Es bebt in ihm, sein Bauch rumort und er fühlt sich geschwächt. Seine Frau will ihn aufmuntern und bringt ihn zwischendurch zum Lachen. Jetzt fühlt er Leichtigkeit und vergisst für Momente, dass er gerade eine Absage bekommen hat. Dann fällt sie ihm wieder ein und er spürt einen Druck auf der Brust.

Die Gefühle bewegen sich in ihm und verändern sich. Sie haben keinen Wert, wenn er ihnen keinen überstülpt.

Nun schaltet sich aber automatisch das analysierende Denken ein und bringt eine passende Erklärung, *warum* sich das so anfühlt und dass es ein unguter Zustand ist. Es will den Zustand begründen, damit es ihn *verstehen* kann. Fühlen kann unser analysierendes Denken ja nicht. Klaus sagt:»Ich hatte fest damit gerechnet, dass ich diesen Job kriege.« Er gibt der Empfindung mitsamt den gefundenen Gründen den Namen *Enttäuschung*. Der Analytiker im Kopf sucht immer Erklärungen und Begründungen, warum es uns geht, wie es uns geht. Dabei neigen wir jedoch dazu, die Empfindung selbst in die Ecke zu stellen, wie ein Schulkind, das unartig war. Wir beachten sie einfach nicht, quasseln über sie hinweg und lassen die wunderbare Gelegenheit verstreichen, Freundschaft mit diesem besonderen Gefühl zu schließen, das gerade zu Besuch ist. Es ist da, damit es gesehen wird, sonst wäre es nicht hier.

Wir sind voller Gefühle, die durch unsere Meinungen hervorgerufen werden und aus denen wir Schlüsse ziehen. Wir interpretieren:»Er denkt dies. Jenes bedeutet das.« Und das ärgert uns dann oder freut uns, je nachdem, welche Beurteilung wir uns ausgesucht haben. Und meist wechseln die Gefühlslagen so rasend schnell, dass wir nicht mal merken, dass wir bis eben noch gute Laune hatten. *Keine Befindlichkeit bleibt für immer, egal, wie furchtbar oder wunderbar sie ist.* Trauer geht vorbei, Freude geht vorbei. Wenn wir wissen, dass da absolut nichts zu machen ist, können wir uns entspannen und dem Bedürfnis, unsere Gefühle in eine bestimmte Richtung hieven oder irgendwo halten zu wollen, mehr Auslauf geben. Dann überlege ich mir auch, ob ich jedem Gefühl, das sich mir in alter Manier aus Jux und Dollerei aufdrängen will, folgen muss und will. Ich wäre ja ein Fähnchen im Wind. Heute hü, morgen hott – je nach Gefühlslage. Aber habe ich einmal wirklich gefühlt, was ich da fühlte?

Meist haben wir nur die Ahnung einer Befindlichkeit, und schon müssen wir nach ihr handeln, vor ihr davonlaufen oder sie bekämpfen, bevor sie uns berührt. *Meist »denken« wir bloß, dass wir fühlen, tun es aber nicht.* Kein Wunder, dass sich da über die Jahre einiges anstaut in der Rumpelkammer der missachteten Gefühle. Wir verriegeln die Tür und machen mit unserem Leben weiter, während unsere verdrängten Kumpane ohne Wasser und Brot im Dunkeln vor sich hin modern und sehnlich das Licht der Welt erwarten. Das erblicken sie irgendwann auch, und zwar immer dann, wenn wir gerade mal nicht gewappnet sind und die Lage ohnehin kritisch ist. Beispielsweise bei familiären Feierlichkeiten, an Weihnachten, wenn wir gerade das vom Freund geliehene Auto zu Schrott gefahren haben oder alle auf einmal etwas von uns wollen. Dann werden die Gefühle zu einer großen Welle, überfallen uns aus dem Hinterhalt, fordern Beachtung und lassen sich so schnell nicht mehr abwimmeln. Wir fragen uns: »Wo kommt dieser Ausraster plötzlich her? Eben war die Welt noch in Ordnung!« Selbst wenn ich mich bis ins Koma saufe, warten die Gefühle am Rand des Bettes auf der Intensivstation, bis ich aus der Ohnmacht aufwache, um mich erneut mit großen, bittenden Augen anzublicken. Es gibt kein Entrinnen. Je mehr wir sie missachten, umso eindringlicher werden sie.

Wenn der Möchtegernchef im Kopf merkt, dass wir zum Betrachter werden und plötzlich nicht mehr auf seine Gedankenvorschläge eingehen wollen, schickt er wieder sehr stichhaltige Argumente, die uns davon abhalten wollen, mit unserem Fühlen zu sein: »Er hätte mir sein Auto auch nicht geben müssen, selbst schuld.« – »Ich hasse Familienzusammenführungen an Weihnachten ohnehin wie die Pest.« »Ich bin einfach nicht belastbar!« Doch bevor ich mich schachmatt schlagen und wieder in die alte Spirale aus Hader, Beschwerden und Leiden ziehen lasse, kann ich die Begabung des Denkens wertschätzen. Ich sage: »Hallo, ihr lieben, brutalen Gedanken. Ihr wollt meine Schwiegermutter killen, weil sie mir den Urlaub am Meer vermasselt hat, indem sie uns spontan dort besuchte und vier Wochen blieb? Ihr wollt Rache, ihr wollt das Schlimmste?« Die Gedanken jubeln: »Ja, juhu! Das wollen wir.« Dann sage ich: »Ich sehe, ihr wollt mir helfen, ihr wollt Gerechtigkeit, ihr wollt letztendlich, dass es mir gut geht.« – »Ja, genau! Gib uns deine Aufmerksamkeit. Wir brauchen dich. Befolge unseren Schlachtplan.« Ich entgegne: »Ich komm gleich zu euch zurück, ihr lieben Gedanken, aber tut mir einen Gefallen, geht raus zum Spielen, legt euch in die Hängematte. Ihr braucht auch mal ein wenig Sonne.« So setze ich die Gedanken förmlich aus, gebe ihnen eine Pause. Sie finden das okay, denn ich hab ja gesagt, ich komme gleich wieder. Sie lassen sich wirklich eine Weile besänftigen. Nun fühle ich meine wogenden Gefühlswellen – ungefiltert. Starke Gefühle können uns von einem Extrem ins andere schleudern. Da liegt es nahe zu sagen, es ginge uns besser, wenn sie weg wären. Wir wollen das Zerren und Reißen nicht haben, dem wir uns ausgeliefert fühlen. Doch gerade das braucht unsere ganze Anteilnahme, damit wir innere Ruhe finden und nicht zum Spielball dieser Emotion werden.

Starke Emotionen sind pure Kraft, die uns zur Verfügung steht. Sie können niemandem etwas antun, wenn sie ohne das erklärende Drama gesehen werden. Sie rütteln uns aus unserem Dornröschenschlaf auf und sagen: »Guten Morgen, mein Name ist unterdrückter, gewaltiger Zorn.« Es ist eine Offenbarung, beispielsweise dem Zorn das Etikett »gefährlich« abzunehmen. Betrachten wir ihn doch einmal ohne Wertung, also ohne ihn als »gut« oder »schlecht« zu bezeichnen. Dann ist er unmittelbare Lebensenergie, die wie ein Gewitter daherkommt. Erstaunlich, wozu wir Menschen fähig sind! Wir können zu Naturgewalten werden, doch statt diese Fähigkeit anzuerkennen, verstecken wir sie. Wenn dem Zorn unser freundlicher Atem entgegenschlägt, ist er nicht mehr destruktiv. Er bemerkt unsere Zuwendung, wird zutraulich, sieht, dass wir ihn nicht verurteilen oder loswerden wollen. Sofort dreht sich seine Energie und wird zur unterstützenden Kraft, und wir werden Zeuge der Alchemie unserer Gefühle. Die Veränderung ist fein und doch unübersehbar. *Es kann richtig Spaß machen, ein Stück des Wegs mit dem puren Zorn als Freund zu gehen.* Wir könnten ihn ein wenig auf Händen tragen, weil er schlecht zu Fuß ist. Wir spüren, wie er uns mit Lebenskraft durchspült und uns sogar Power gibt. Er braucht die Geschichte mit der Schwiegermutter nicht. Er kann für sich allein stehen. Die pure, starke Emotion ist wie ein Sprungbrett in neue Energien. Sie ist überraschend. Sie kann der Antrieb sein für unsere kleinen und großen Vorhaben, denen der nötige Pep fehlte. Das geht aber nur, wenn ich mich nicht als ihr Spielball erfahre, sondern als ihr Gefährte.

Wenn ich der Falle besonders starker Gefühle entrinnen und nicht länger ihr Opfer sein will, braucht es manchmal noch mehr, als nur ihr Freund zu sein: Ich muss mit meinem emotionalen Sturm intelligenten Kontakt aufnehmen, indem ich noch einen Schritt weitergehe. Ich begebe mich in seine Mitte, sozusagen ins Auge des Zyklons.

Wenn du dich in einer sehr emotionsgeladenen Situation befindest, wenn dich Groll, Trauer und Ärger plagen, wenn dich eine Emotion völlig aus der Bahn werfen will, dann nutze diese Gelegenheit, um dich noch besser mit dir selbst anzufreunden, bevor du die Kanonen lädst und blindlings zum Gegenangriff übergehst oder dich aufgibst. Nutze die Kraft der starken Emotion für dich und erlaube dir, deine Lebendigkeit zu spüren, ja sogar zu genießen.

Erlebnis: In der Mitte des starken Gefühls

Nimm dir ein paar Minuten Zeit. Entschließe dich, jetzt mit Wohlwollen bei dir selbst zu sein. Deine starke Empfindung lädt dich dazu ein. Sie ist nur dazu da, dass du Kontakt mir dir selbst aufnimmst und damit, wie du dich fühlst. Wende deinen Blick nach innen und atme dich langsam dorthin, wo es schmerzt. Wie ist das, was du fühlst? Ist es hart? Ist es beweglich? Ist es tobende Wut? Zorn? Verletzung? Ist es gärender Hass? Traurigkeit? Enttäuschung über eine Ungerechtigkeit? Scham? Du musst keine Bezeichnung dafür finden. Fühle in den Körperbereich, in dem die Empfindung am stärksten ist. Streichle diese Empfindung mit deinem ruhigen, gleichmäßigen Atem. Hab keine Angst vor der Stärke dieser Wahrnehmung. Und falls da doch Angst ist, darf sie da sein? Auch sie ist willkommen. Sieh, dass das, was du fühlst, eine körperliche Empfindung ist. Höre jetzt nicht auf die erklärenden Gedanken. Du merkst, wie lebendig diese Empfindung ist und wie sie sich durch deine Aufmerksamkeit gesehen fühlt. Geh nun mit deiner Wahrnehmung in die Mitte dieser Empfindung. Hier kann dir nichts zustoßen. Spüre die Kraft, die lebendige Energie und die Ruhe in der Mitte, während du ahnst, dass an den äußeren Enden die Wogen hochschlagen. Ruhe hier mit deinem warmen Blick. Was auch immer du empfindest, umwehe es in deiner Vorstellung, als wärst du ein streichelnder Windhauch. Diese Kraft, diese Ruhe ist für dich. Beurteile nichts. Es ist gut, wie es jetzt ist. Hier, in der Mitte der Empfindung, gibt es keine Bedrohung. Hier bist du vollkommen sicher. Es kann sein, dass dein Körper mit Herzklopfen oder Aufregung reagiert. Er ist es nicht gewohnt, dass du dich ihm auf so intime Weise zuwendest. Falls weitere Gefühle auftauchen, so dürfen auch sie sein. Sie waren lange weggesperrt. Jetzt feiern sie ihre Befreiung. Bleibe bei deinem Fühlen. Kommen Gedanken, die dich ablenken wollen und beschäftigen, so höre nicht auf sie. Sag ihnen: »Ich denke später wieder. Jetzt fühle ich.« Alles ist in Ordnung. Wenn du dabei sanft bleibst und dich dem öffnest, empfindest du nach einer Weile friedliche Kraft und Energie. Das ist das Geschenk deiner Empfindung. Hier ist dein Zuhause. Atme ruhig. Genieße die Erleichterung und öffne langsam die Augen.

Es könnte passieren, dass du die Dinge und Situationen, die dich eben noch wild gemacht haben, plötzlich mit ganz neuen Augen siehst – klarer, nicht mehr verschleiert. Und das Denken entspannt sich gleich mit. Du entscheidest, handelst und sprichst aus deiner friedlichen, kraftvollen Mitte heraus. Jemand, der auf diese Weise mit sich selbst ist, ist nicht mehr manipulierbar. Weil du deine Kraft nicht mit Projektionen vergeudest, weil du nicht darüber brütest, was der »böse andere« dir Schlimmes antun wollte und was das alles zu bedeuten hat, hast du alle Power für dich, denn du bist mit deiner Aufmerksamkeit bei dir.

Die »bösen« Worte: Projektion, Verdrängung und Erwartung

Anja steht mit Thomas im Flur. Er klappert nervös mit dem Schlüsselbund. Anja ist ungehalten und hat schlechte Laune.

Anja: »Wieso bist du immer so hektisch?«
Thomas *verteidigt sich*: »Ich bin nicht hektisch.«
Anja: »Doch du bist hektisch und hörst mir nicht zu, wenn ich was Wichtiges sagen will.«
Thomas: »Ich höre dir zu! Erzähl doch einfach.«
Anja, *alarmiert*: »Hallo? Du schaust dauernd auf die Uhr!«
Thomas, leicht genervt: »Weil ich gleich weg muss.«
Anja, *anklagend*: »Dann geh doch, wenn du mir eh nicht zuhörst. Du respektierst mich nicht.«
Thomas, *genervt*: »Ich will dir ja zuhören, aber du sagst ja nichts, beschwerst dich bloß andauernd.«
Anja, *beleidigt*: »Ich beschwere mich nicht, ich wollte dir was erzählen.«
Thomas, *ungeduldig*: »Was denn?«
Anja, *verletzt*: »Jetzt hab ich keine Lust mehr. Du machst mich nervös.«
Thomas, *frustriert*: »Also, ich geh jetzt. Dein Gezicke ist sowieso kaum auszuhalten.«

Thomas knallt die Haustür zu, und Anja bleibt eine Weile mit hochrotem Kopf auf dem Sofa sitzen. Dann ruft sie ihre Freundin Katharina an und erzählt ihr den ganzen Abend von ihrer schwierigen Beziehung mit Thomas. Am Ende des Gesprächs gesteht sie, dass sie Thomas sehr liebt. Sie würde sich niemals von ihm trennen, sagt sie, sondern wolle ihn von der Notwendigkeit überzeugen, gemeinsam hart an ihrer Beziehung zu arbeiten, denn eine Beziehung wirft man nicht einfach weg.

Was ist passiert? Nicht viel. Anja wollte was erzählen. Und Thomas musste weg. Das entspricht der Realität. Die Frage ist: Wie gehe ich mit dieser realen Situation um? Denn alles andere sind sehr lebendige Projektionen, Hoffnungen, Erwartungen, Forderungen, Interpretationen und Vorausahnungen des kleinen Möchtegernchefs in unserem Kopf, der seine Aufgabe tut. *Denken hat keine Realität.* Es passiert unsichtbar in unseren Gehirnwindungen, und wenn wir die Gedanken glauben, lösen sie mit akribischer Genauigkeit das entsprechende Gefühl aus. Anja liest aus dem Verhalten von Thomas, dass er sie missachtet. Sie interpretiert es in ihn hinein und *fühlt* auch so. Das Gefühl von Missachtung kennt sie schon seit Jahren. Irgendwann in ihrem Leben hat sie dieses Ignoriertwerden und dieses Abgelehntsein zum ersten Mal erlebt. Sie dachte damals tatsächlich, sie sei lästig und unerwünscht. Sie fing an, diese Gedanken über sich zu glauben. So wurden sie zu ihrer Realität. Immer, wenn dieser unbewusste Gedanke aktiviert wurde, fühlte sie sich schrecklich. Sie musste diesen inneren Schmerz in den nächsten Jahren mühevoll überdecken, weil sie ihm scheinbar hilflos ausgeliefert war. Sie erreichte das, indem sie zum Beispiel so tat, als würde ihr nichts etwas ausmachen, oder indem sie nach viel Aufmerksamkeit verlangte, damit dieser Schmerz erst gar nicht auftreten möge. Dennoch gerät sie immer wieder in ähnliche Situationen, in denen sie sich auf die gleiche Weise verletzt fühlt. Sie sieht nicht, dass dahinter ihre alte Überzeugung steckt:»Ich bin lästig und unerwünscht.« Stattdessen schwört sie sich, sich nie mehr so schlecht behandeln zu lassen, und wehrt sich mit Händen und Füßen gegen die Missachtung. Ja, sie würde sogar ihre Beziehung aufs Spiel setzen, um die Gefühle nicht haben zu müssen, die durch ihre eigene frühe Glaubenshaltung entstanden sind. Was Anja nicht weiß: *Das Leben ist klug*. Es bringt sie in unregelmäßigen Abständen, aber pünktlich wie die Feuerwehr in Situationen, in denen dieses alte, verstoßene Gefühl von Missachtung hochköchelt. Es schafft Situationen, in denen ihr Wunsch nach Aufmerksamkeit nicht erfüllt wird. Am liebsten benutzt es dafür ihren Lebenspartner, denn der ist ihr sehr nah und hat den stärksten Einfluss auf sie, aber eigentlich geht es gar nicht um ihn. Es ist vielmehr dieses Gefühl, das um Versöhnung bettelt. Weil es sich dann endlich, nach all den Jahren, mehr und mehr beruhigen kann und Anja – und damit auch Thomas – in Zukunft nicht mehr quälen wird. Es möchte von ihr neugierig beäugt werden: »Ach so fühlt sich das an! Ja, jetzt kann ich es fühlen.« Es möchte einfach nur pur gefühlt werden, ohne Benennung, ohne dramatische Ausschweifung darüber, wer was gesagt hat oder schuld ist. Wenn Anja fühlt, haben die unguten Gedanken keine Chance. *Das Fühlen ist der direkte Weg zur Klärung gedanklicher Irrtümer*. Denken wird gar nicht gebraucht. Aber statt wahrzunehmen, dass sie sich missachtet fühlt, und diesem Gefühl ein wenig Raum in ihrem Inneren zu geben, ist sie hart mit sich selbst und gibt Thomas die Schuld. Sie verdrängt. Sie ist sich ganz sicher, dass das alles nichts mit ihr zu tun hat.

Und er macht es am Ende ebenso. Er lässt sich von ihr anstecken, spielt ihr Schuldverteilungsspiel mit und ist sich sicher: Sie ist die Zicke! Statt sich wütend zu fühlen, also so, wie er sich gerade fühlt, statt diesem starken Gefühl namens Wut die ihm gebührende Beachtung zu schenken, projiziert er es in Anja hinein und stellt fest, dass sie ihn »immer schlecht« behandelt. Auch er bringt eine lange Geschichte mit, die er lieber versteckt. Auch er hält an seinem Verteidigungssystem fest und kommt nicht auf die Idee, seine starre Meinung zu hinterfragen: Ist das wirklich so? Genau wie sie hat er eine Erwartung an sein Gegenüber, die nicht erfüllt wird. Aber beide wissen nichts über die wirklichen Hintergründe, warum der andere so ist, wie er ist. Er könnte der stille Betrachter seiner Gedankenformation sein, ohne seine Frau mit Projektionen zu bombardieren: »Du bist schwierig und beziehungsunfähig.« Auch er kommt nicht drum herum, seinen versteckten Gefühlen die Tarnkappe herunterzureißen, wenn er künftig auf diese Art von Streit verzichten will. Jeder der beiden geht selbstverständlich davon aus, dass der Partner doch schließlich wissen muss, was man braucht. Man kennt sich ja lange genug. Die Erwartungen an den andern verschließen den Kochtopf, in dem die eigene Suppe brodelt. Doch der andere kann diese Erwartungen gar nicht erfüllen, oder wenn, nur zum Teil, denn das Dilemma besteht in unserer eigenen Sichtweise. *Wir müssen uns trauen, unser Schutzschild abzunehmen, auf dem in großen Lettern steht: Das hat nichts mit mir zu tun!* Es geht nicht darum, sich »ordentlicher« zu verhalten oder »gefälliger« zu werden. Es geht darum, authentischer zu werden – mehr man selbst!

Gemeinsam an einer Beziehung zu arbeiten ist von daher nur zum Teil möglich. Denn im Grunde kann niemand das Gefühlsempfinden des Gegenübers beeinflussen und es auch nicht verändern. Meist läuft dieses »gemeinsame Arbeiten« an der Beziehung auf einen leicht durchschaubaren Kuhhandel hinaus: »Du respektierst mich, und dafür mache ich, was du willst.« Oder: »Ich bleibe bei dir, und dafür darf ich dir untreu werden.« Auf diese Weise wollen wir unsere verdeckten schmerzlichen Gefühle »ausgleichen« und die Sache, die wir Beziehung nennen, im Rahmen halten, damit wir den andern nicht verlieren. Auch das ist natürlich eine Möglichkeit, wenn ich damit in Frieden sein kann und freundlich zu den begleitenden Emotionen bin. Wie fühlt es sich an, das Verdrängen, das Ausgleichen, das Festhalten, der Kompromiss? Darf es sein? Bemerke ich, dass ich eine künstlich freundliche Miene mache und über die Einkaufsliste für den Supermarkt rede, obwohl der Haussegen seit Wochen schiefhängt? Bin ich freundlich mit mir, während ich bemerke, dass ich Kompromisse eingehe, die mich innerlich aushöhlen? Immer wieder landen wir bei unseren eigenen Befindlichkeiten und Gedanken. Wir können es weder dem Partner noch uns selbst abnehmen, vor der eigenen Tür zu kehren. *Wir können uns nicht verändern, um dem andern das Leben zu erleichtern.* Uns bleibt, uns selbst zu betrachten und mit möglichst ehrlichem Blick unsere vernachlässigten Gefühle anzuschauen, unser Denken als Denken zu erkennen, statt ein Drama daraus zu machen, und dafür sorgen, dass wir gut zu uns selbst sind. Eventuell sogar zu unserem Partner. Denn der macht genau das gleiche durch wie wir! Dann haben das Zusammensein und die Kommunikation mit dem anderen eine solide Basis im eigenen Innern.

Schenk deiner Sehnsucht ein Lächeln

Vor einem Jahr ist mein Vater gestorben, ganz plötzlich. Der Gedanke daran schafft ein großes schwarzes Loch in mir. Wenn ich dort hineingreifen will, fasse ich ins Nichts. Der Tod ist unbegreiflich. Dieser Mensch ist einfach weg. Ich sage oft »vom Erdboden verschluckt« und das stimmt. Manchmal, wenn ich spazieren gehe und der Sturm durch die Bäume fegt, stelle ich mir vor, dass er im Wind ist. Oder im Rascheln der Baumkronen. Es packt mich eine Sehnsucht nach ihm. Meine Gedanken sind bei ihm, dem Menschen, dem Vater. Und bei allem, was mich mit ihm verbunden hat. Auch bei allem, was mich von ihm getrennt hat. Die Vergangenheit entfaltet sich, Bilder und Ereignisse steigen auf und bilden einen Teppich. Doch wenn ich auf diesem Teppich entlanggehe, hört die Sehnsucht nicht auf. Sie wird eher stärker. Das Gefühl der Sehnsucht ist nicht in meinen Gedanken um meinen Vater, obwohl es zunächst so aussieht. Schaue ich genauer hin, sehe ich: Sie ist in meinem Körper und fühlt sich an wie leichtes, nicht fassbares Fieber. Ich kann mich ablenken, kann etwas tun, was mich zerstreut. Ich kann sagen: »Da, wo er jetzt ist, geht es ihm gut.« Aber dann merke ich, dass die Sehnsucht immer wieder kommt und sich nicht mit rationalen Erklärungen besänftigen lässt. Sie ist gar nicht ausschließlich an meinen Vater gebunden, denn ich kenne sie wie einen Ahnen, der sich in mein jetziges Leben eingeschlichen hat. Die Sehnsucht war schon da, als mein Vater noch lebte. Die Sehnsucht sehnt sich nur scheinbar nach dem andern Menschen, dem beruflichen Durchbruch, dem Lebensgefühl oder dem besonderen Ort. Die Sehnsucht sehnt sich nach mir! Sie flüstert mir zu: »Sieh mich, schick mich nicht weg! Ich möchte dir zeigen, dass ich zu dir gehöre. Wenn du mich da sein lässt, kommt der Frieden, in dem dieses zehrende Sehnen ein Ende hat.« Wenn ich diese Sehnsucht nach meinem Vater und nach dem, was ich nicht mit ihm erleben kann und vielleicht nie mit ihm erleben konnte, da sein lasse und freundlich willkommen heiße, beruhigt sie sich. Das Sehnen findet Trost und hört auf mich zu quälen. Sobald ich mich in dieses Empfinden entspanne, fühlt es sich süß an und weich. Und ich kann, innerlich einverstanden mit seinem Weggehen, dem Wind in den Bäumen lauschen. Das bringt mich meinem

Vater tatsächlich nah, denn im Inneren gibt es keinen Abschied und keine Trennung von ihm. In meinem Innersten ist der andere nicht weg. Da finde ich ihn und bin ihm noch näher, als ich es ihm im Leben je hätte sein können. Denn an diesem Ort im Inneren gibt es keine Trennung durch Missverständnisse und Meinungen, die alle aus unserem Kopf kommen.

Die Sehnsucht nach einem Menschen erinnert uns immer an unsere innere Sehnsucht nach uns selbst. Wir können den Geliebten, die Mutter, den Freund nicht herzaubern und selbst, wenn wir es tun und er oder sie da ist, passiert es, dass die Sehnsucht nicht aufhört. Denn letztendlich hat sie nichts mit dem anderen zu tun, der sie angeblich ausgelöst hat. Die Gedanken an diese Person sind nur das Vehikel, über das die Empfindung ausgelöst wird, die ich dann in mir wahrnehmen kann. Gehe ich zu meiner Sehnsucht im Inneren, finde ich mich im Frieden wieder. Und ich finde sogar die Verbindung zu dem Menschen, nach dem ich mich sehne. Sie ist rein, direkt und erfüllend.

Selbst wenn uns die andere Person, der Partner, die Freundin alle Wünsche erfüllt, bleibt diese Sehnsucht. Sogar wenn wir uns selbst alle Wünsche erfüllen, geht sie nicht weg! Manchmal erkennen wir sie nicht einmal. Sie äußert sich vielleicht nur in schlechter Laune ohne Grund. Als müsse etwas Bestimmtes passieren, damit es uns wirklich gut geht. Oder als müssten wir uns mehr anstrengen und besser werden, damit wir das Gutgehen verdient haben. Aber das ist ein Irrtum. Diese schlechte Laune ist die verkleidete Sehnsucht nach uns selbst. Wir finden Zugang zu ihr, indem wir fühlen, was wir fühlen, und uns bedingungslos akzeptieren lernen. Manchmal habe ich das Bild vor Augen, dass die Sehnsucht wie ein Findelkind im Weidenkörbchen auf einem Fluss angetrieben wird. Keiner weiß, woher sie kommt, aber jetzt ist sie da und hängt im Bambusdickicht fest. Der Schuft, der sie ausgesetzt hat, ist nirgendwo zu finden. Jetzt liegt sie da drin und schreit. Mir bleibt gar nichts anderes übrig, als mich um sie zu kümmern.

❋ ❋ ❋

Erlebnis: Die Sehnsucht küssen

Schließe sanft die Augen und richte deine Aufmerksamkeit nach innen. Wonach sehnst du dich? Kannst du es benennen? Was ist es, das dir so fehlt? Sind es Menschen, oder ist es ein körperlicher Zustand? Sind es materielle Dinge? Sehnst du dich nach der Lösung eines Problems? Ist es das Gefühl von »Zuhause«, nach dem du dich sehnst? Ist es Ruhe, die dir fehlt, oder Aufregung, die dich lebendig fühlen lassen soll? Ist es Fernweh oder Heimweh? Kannst du die Sehnsucht in deinem Körper fühlen? Wo sitzt diese sehnsüchtige, vielleicht sogar schmerzliche Empfindung? Kannst du sagen, in welchem Körperbereich du sie wahrnimmst? Nähere dich dieser Empfindung mit warmem Blick. Betrachte diese Regung in dir, die dich zu stören oder zu quälen scheint. Wenn du sie freundlich betrachtest und in sie hineinspürst, wirst du merken, dass sie dir nichts Böses will. Umwehe dieses Gefühl wie ein leichter Windhauch und beatme es, als wolltest du ihm sagen: Ich sehe dich, ich kann dich ganz und gar fühlen. Du darfst so sein.

Wenn analysierende Gedanken dich stören wollen, höre nicht auf sie. Sag ihnen, dass du dich jetzt um deine Empfindung kümmerst. Kehre mit der Aufmerksamkeit wieder sanft zurück zu dem, was du fühlst. Bleibe dabei ganz wach und beobachte, wie sich das sehnsuchtsvolle Gefühl nach ein paar Minuten verändert. Es wird friedlicher, vielleicht kommt eine leise

Freude auf. In diesem weichen Empfinden kannst du dich wohlfühlen und ausruhen. Deine Sehnsucht findet ein Zuhause. Versuche nicht, etwas zu forcieren. Warte nicht auf die Veränderung. Nimm alles so, wie es gerade ist. Wenn der sehnende Schmerz bleibt, gib ihm weiter deine zarte Aufmerksamkeit und sei gewiss, dass du bereits dabei bist, dich selbst zu heilen. Öffne langsam die Augen und bleibe freundlich mit dir.

Wenn du merkst, dass du in der Erfahrung des puren Fühlens dazu neigst, die Sache »beschleunigen« zu wollen, kannst du sicher sein, dass es dein ungeduldiges Denken ist, das dich antreibt. Geh immer wieder zu der Empfindung zurück. Sie muss sich nicht ändern. Sie darf bleiben, solange sie will. Nimm dir jeden Tag Zeit dafür – eine halbe Stunde, manchmal reicht eine halbe Minute – diese Empfindung zu fühlen, wenn sie gerade da ist. Sie hilft dir, mehr und mehr Freude in dir selbst zu finden. Das lässt sich gar nicht vermeiden. Und mit der Zeit wird sich die äußere Welt von deiner inneren Welt »anstecken« lassen: Du ziehst immer mehr Begebenheiten an, die dir gut tun und dich nähren. Denn in deinem Inneren wird alles, was du bisher als »unangenehm« angesehen hast, mit beharrlicher Freundlichkeit willkommen geheißen. Das hält das schlimmste Gefühl nicht aus, ohne sich früher oder später in Erleichterung und Frieden zu verwandeln. »Wie innen, so außen.« Wenn ich in mir selbst nichts mehr ablehnen muss und ohne Vorbehalte mit allem sein kann, was mir an mannigfaltigen Empfindungen begegnet, wird die Angst vor dem Leben und vor den »andern« da draußen, die Angst vor Fehlschlägen und Verletzung immer kleiner. Ich habe Energie für die wirklich interessanten Dinge, die ich bislang gar nicht sehen konnte, weil ich wie Don Quichotte gegen die Windmühlen meiner Verdrängungen und Vermeidungen angekämpft habe.

Ich fühl mich super – und genieße es!

Neulich kaufte ich mir ein Eis in der Eisdiele und freute mich richtig darauf. Ich wollte es genießen, die Sonne schien, Schmetterlinge flatterten und alles war gut. Doch während ich es aß, stellte ich fest, dass irgendwas in mir »dagegen war«, dass ich dieses Eis aß. Es schmeckte zwar halbwegs, aber irgendwas war los, was mir den Genuss ein wenig verleidete. Ich überlegte, ob ich unterschwellig irgendein Problem wälzte. Aber es war alles in bester Ordnung. Ich lauschte und fühlte genauer in mich hinein und fand heraus, dass dieses leichte, kratzige Unwohlsein, das ich plötzlich empfand, eine eindringliche Botschaft aus der Rechtsabteilung meines Kopfes für mich hatte: »Du solltest dieses Eis nicht essen, du wirst zu dick.«

»Wie bitte? Das denke ich von mir?« Ich hätte es nicht für möglich gehalten, so subtil war diese Entdeckung. Aber ich weiß, dass sich vor langer Zeit, als ich noch jeden Morgen auf die Waage stieg und einen Anfall bekam, wenn ich 181 Gramm zuviel hatte, fast unmerklich eine Kontrollinstanz in mir breit gemacht hat, die mich seitdem vor zu vielen Genüssen warnt oder sie mir gern mal vermiest. Aber so gerissen fein, dass ich es gar nicht bemerke. Sie war also immer noch aktiv! Hätte ich nicht genau hingespürt, hätte ich nicht wahrgenommen, was meinen Genuss an Zimt- und Tiramisueis eigentlich störte. Nun konnte ich diesem Gefühl den bedrohlichen Beigeschmack nehmen, indem ich es fühlte, seine Sorge um meine Kilos spürte und es – ja, es klingt seltsam – »ernst« nahm. Ich schenkte dieser treu sorgenden Instanz meine Anerkennung und sagte: »Gut, dass du mich daran erinnerst, schön schlank und gesund zu bleiben, aber du bist nicht auf dem neuesten Stand mit deiner Info.« Das schlechte Gewissen, das ich hatte, war völlig unnötig und ich hatte folglich nicht vor, mein Eis zu verschenken. Dieses winzige Warnsignal, das eigentlich nur Gutes für mich wollte, wurde gesehen. Nun konnte ich meine zwei Eisbällchen wirklich genießen. Und ich spürte deutlich: Es schmeckt tausendmal besser als vorher! Auf dem Nachhauseweg wurde mir klar, dass es tatsächlich viele Qualitäten innerhalb der eigenen Lebensqualität gibt, die wir gar nicht erkennen, weil wir taub gegenüber uns selbst geworden sind. *Es nützt nichts zu beschließen »Ich genieße diese Currywurst mit Pommes«, wenn ich nicht bereit bin, das schlechte Gewissen dabei auch zu genießen.* Dabei erkenne ich, welche Meinung ich bislang über meine Ernährung hatte. Jetzt kommt sie ans Tageslicht. Ich kann sie überprüfen: »Ist das für mich wahr? Glaube ich diesen Gedanken?« Dann kann ich mich neu entscheiden. Nicht nur die Wurst, sondern auch das schlechte Gewissen und meine Überzeugung wollen gesehen werden. Dann passt es wieder.

»Wenn es uns gut geht, ist alles bestens.« Wir lassen uns in dem Glücksgefühl treiben, das uns die Liebesnacht, der Segeltörn in der Ägäis, die neue Designer-Sonnenbrille, der Erfolg unserer Arbeit oder der heiße Tee bei Kerzenlicht bringt. Und neigen dazu, uns komplett damit zu identifizieren. Gewohnheitsmäßig legen wir unsere gesamte innere Basis in dieses gute Gefühl. Und das ist der Knackpunkt: Sobald sich die euphorische Sicht auf die Dinge ändert, weil sich die Umstände zwangsläufig immer ändern und nichts ewig bleibt, wie es war, sind wir enttäuscht, frustriert und leer. Genauso, wie wir vorher unser Glücksgefühl aus der Liebesnacht, der coolen Sonnenbrille oder dem guten Wetter abgeleitet haben, machen wir jetzt unseren Frust von diesen Umständen abhängig. Das Pendel schlägt zur Gegenseite aus, und das Wohlgefühl ist dahin. Es ist die Sicht auf die Dinge, die unseren Genuss beeinflusst. So hören wir uns sagen: »Die Reise war am Anfang toll, dann wurde es öde. Das Wetter war schuld.« – »Mein Liebhaber ist auch nicht mehr das, was er mal war.« Was ist passiert? Wir haben uns selbst allein gelassen und unser gesamtes Lebensgefühl auf die Sonnenbrille, den Erfolg der Arbeit oder den Liebhaber projiziert. Wir haben vergessen, dass das Erfreuliche genau wie das Unerfreuliche nur ein Gast ist, der sich gern die Zeit mit uns vertreibt, aber wieder geht, wenn er will, und sich nicht von uns festhalten lässt. *Das wirkliche Zuhause ist unabhängig von Freude und Leid.* Es ist *nicht* in den Gedanken und *nicht* in den Gefühlen. Aber die Gefühle bringen uns jederzeit dorthin. Auch die guten! Das bedeutet, dass wir nicht plötzlich den Kopf wegdrehen müssen, wenn uns die Leichtigkeit des Seins küssen will. Im Gegenteil: *Wir genießen die guten Gefühle in vollen Zügen, gerade weil wir nicht von ihnen abhängig sind.* Wir *sind* nicht das freudige Gefühl, genauso wenig wie Trauer und Leid. Wir nehmen diese Gefühle wahr, beobachten, wie sie kommen und gehen, und wir sind immer noch da, wenn das gute oder schlechte Gefühl gegangen ist. Diese Regungen finden in uns statt, als wären wir ein Gefäß, das sie auffängt und wieder freigibt. Sie tauchen auf, damit wir sie *alle* genießen.

Erlebnis: Das Genießen des guten Gefühls

Gibt es etwas, was sich gerade gut anfühlt? Vielleicht ist dir heute etwas gut gelungen, du hast eine Sache erledigt, die anstand, du hattest eine nette Begegnung mit jemandem. Oder du erlaubst dir einfach, dich zu genießen, wie du bist. Gibt es eine Empfindung, die gerade angenehm ist? Spüre da hin. Vergiss für einen Moment die Gründe, warum es dir gut geht. Ist das überhaupt möglich? Höre auf, auf die Gedanken zu hören. Ja, auch diese Gedanken, die dir erklären, warum es dir ums Herz so leicht ist, werden jetzt nicht gebraucht. Schick sie raus an die Sonne zum Spielen. Wende dich freundlich deinem wohligen oder glücklichen Empfinden im Innern zu. Finde das warme Gefühl im Bauch, die Leichtigkeit. Betrachte dies mit deinem ruhigen Blick. Wie ist die Empfindung? Wo? Fühle ihre Qualität, sei neugierig auf das schöne Gefühl. Bewerte es nicht als gut oder schlecht. Lass alles, wie es ist. Geh mit deiner Aufmerksamkeit ins Innere dieses Bauchgefühls, dieser Freude oder Erleichterung. Bleibe da und entspanne dich darin. Breite dich darin aus, als lägest du auf einem großen Wasserbett, und lass dich treiben. Lass die Empfindung so sein, wie sie ist, und genieße, dass sich deine angenehme Erfahrung noch steigert. Sie wird noch süßer. Sie will sich ausbreiten. Lege ihr keine Zügel an, sondern fließe innerlich mit ihr mit. Sie freut sich, dass du bei ihr bist. Dein Wohlbefinden nimmt zu. Höre auch jetzt nicht auf die Gedanken, sondern bleibe entspannt bei dir. Du hast eine Liebebeziehung mit dir selbst. Sie ist von keinen äußeren Umständen abhängig. Was könnte dir jetzt noch fehlen?

Es gibt nichts Schöneres, als ein angenehmes Gefühl so richtig auszukosten. Doch oft blocken wir den Genuss schon im Vorfeld ab – dann werden wir auch nicht enttäuscht. Auf diese irrwitzige Vorstellung komme ich bloß, wenn ich glaube, dass ich diese Empfindung bin und sie mich ganz und gar ausmacht. Dann muss ich mich vor Enttäuschung und Verletzung schützen. Sobald ich das tue, verschließe ich mich, gehe in Habachtstellung, und mein angenehmes Gefühl ist nur noch eine lauwarme Brühe. Schade eigentlich!

Unsere Ängstlichkeit will uns davor bewahren, dass es uns schlecht geht. Und genau deshalb geht es uns dann nicht gut! Unsere Vorsicht hält uns in einem Rahmen, der halbwegs passt, und verhindert größeres Wohlbefinden. Wir sagen bescheiden: »Mir geht es ganz okay.« Doch meist erleben wir nur einen Bruchteil dessen, was an Genuss möglich wäre. Wir halten uns an einer Art inneren »Haltestange« fest und signalisieren: »Jetzt geht es mir gut, bitte nicht mehr davon, das reicht mir schon!« Oder: »Mit zu viel Freude komme ich nicht klar.« Wir behaupten zwar immer, dass wir unbedingt mehr Wohlgefühl haben wollen, aber wir erlauben es zum großen Teil gar nicht. Wir leben irgendwie immer mit angezogener Bremse und wundern uns, warum wir nicht in den nächsten Gang schalten können. Könnten wir es denn überhaupt aushalten, wenn es uns so richtig gut ginge? *Wenn es uns gut ginge, hätte das fatale Konsequenzen: Wir hätten keinen Grund mehr, uns zu beschweren.*

Wenn man mich dann fragte, wie es mir geht, müsste ich antworten: »Gut.« Ohne »aber« dahinter. Einfach nur »gut«. Die kürzeste Antwort der Welt. Der Gesprächsstoff würde schnell ausgehen, denn es ist weniger interessant, mit jemandem zu reden, dem es gut geht, als mit jemandem, der jammert und signalisiert, dass er ganz arm dran ist und man ihm »helfen« muss. Was mache ich dann mit der übrigen Zeit, wenn ich so wenig Gesprächsstoff habe? Ich würde mich um die Dinge kümmern müssen, die anstehen und die mich interessieren, statt um meine »Schlechtgeh-Problematik« zu kreisen. Mein Leben wäre unspektakulärer, weil es einfacher ist. Es wäre aufregender, weil es überraschend ist, selbst in kleinen Dingen. Ich hätte den Mut, Wege zu gehen, vor denen ich mich früher gefürchtet hätte. Ich hätte auch weniger Lust, auf die Beschwerden der anderen einzugehen. Ich müsste mir am Ende vielleicht sogar neue Freunde suchen! Und ich müsste die Größe haben, mit herzlicher Fürsorge bei mir zu bleiben, wenn sich mein Befinden plötzlich wieder ändert. Ich müsste ertragen, dass andere sagen: »Ich hab mich schon gewundert, wieso du so euphorisch warst. Aber jetzt hast du den Salat! Zu früh gefreut.« Doch was sie nicht wissen: Unsere Freude ist in uns selbst verankert, nicht im Lottogewinn, den wir wieder mal knapp vergeigt haben.

Wenn wir in allen Lebenslagen bei uns sind und unsere Gefühlsregungen sozusagen an die Hand nehmen, ist es möglich, die guten, die sehr guten und die göttlichen Momente voll und ganz zu genießen, ohne irgendeinen imaginären Riegel vorschieben zu müssen. Das Leben möchte sich in seiner Ganzheit erfahren wissen. Indem wir uns bremsen, lehnen wir die Gastfreundschaft der Welt ab und sagen: »Nein danke, ich mag es lieber, wenn es mir mittelmäßig geht, da fühl ich mich wohl. Noch wohler fühle ich mich, wenn es mir schlecht geht, da hab ich nichts zu verlieren. Das gibt mir eine Sicherheit.«

Wer bin ich, dass ich selbst bestimmen könnte, wie viel oder wie wenig Freude mir zusteht? Der kleine Möchtegernchef ist ganz schön überheblich, wenn er meint, am besten zu wissen, wie ich leben soll. Er produziert die Angst vor dem Fall, die bewirkt, dass wir uns klein machen. Es lohnt sich, da mal genauer nachzufragen. Oft steckt die Angst vor unserer wahren Größe und ihren Konsequenzen dahinter. Wir begrenzen uns und halten die Fülle der Lebensfreude von uns fern, nicht wissend, was wir uns da eigentlich vorenthalten. Wir blicken durch die Brille der Vorsicht und der Zurückhaltung, die wir als »Lebenserfahrung« aufpeppen und gut heißen. Aber letztendlich belügen wir uns selbst. Wenn ich zu all meinen Empfindungen Ja sagen kann, dann bedeutet das: *Ich sage auch Ja zu den hervorragenden, laut jubilierenden, glücklichen, fröhlich-leichten und erleichternden, also zu allen Empfindungen, die mich umhauen vor Glück.* Sie wollen, dass wir uns ihnen vollkommen öffnen und sie nach Herzenslust genießen. Ohne »aber«. Ohne Verstecken. Ohne Limit. Ohne Skrupel.

Bitte keine Hirngrütze!

Der Gedanke, *jede* Empfindung, die in uns aufsteigt, zu genießen, löst erst einmal Unverständnis aus: »Schöne Gefühle okay, aber wie soll ich all die belastenden Gefühle, den Kummer, den Schmerz genießen? Ich bin froh, wenn sie weg sind und mich aufatmen lassen! Ich will meine Ruhe.« Das ist genau die Haltung, die auf unsere nicht gewünschten Emotionen wie eine Einladung wirkt. Sie fangen an zu quengeln, werden massiv und bohrend. Bis wir sie unterdrücken. Das wiederum ist für sie die Aufforderung, später oder in ein paar Jahren wiederzukommen. Aber dann mit einer ganzen Armee. *Pure Traurigkeit ohne die Erklärung, warum sie da ist, kann so schön sein – wenn wir sie genießen.* Aber wir tun es nicht, weil wir gar nicht auf die Idee kommen! Wir stellen sie als schlechtes Gefühl hin, das wir loswerden und durch ein fröhliches ersetzen wollen. Lächeln wird gern genommen, aber wenn ein Erwachsener aus irgendeinem Grund – sagen wir in einer beruflichen Besprechung in Managerkreisen – anfängt zu weinen! Um Gottes willen. Ist er krank? Reif für die Psychiatrie? Da muss man auf Sicherheitsabstand gehen! Ist uns alles nicht geheuer. Dafür, dass es so weit kommen konnte, muss dieser Mensch vieles lange Zeit bereitwillig verdrängt und dem Möchtegernchef im Kopf zur Zensur überlassen haben. Wenn es irgendwann gar nicht mehr anders geht, sucht sich die Empfindung eine Umgebung, in der sie garantiert nicht mehr übersehen wird, und kommt mit ihrer ganzen Gefolgschaft. Ohne Rücksicht auf Verluste.

Wir haben Angst vor menschlichen Gefühlen, vor allem, wenn sie da auftauchen, wo wir sie unpassend finden. Wir sind auch hurtig mit dem Taschentuch zur Stelle, wenn bei jemandem die Tränen rinnen. Sie sollen getrocknet werden. Es soll »schnell alles wieder gut« sein. Was, wenn es vollkommen in Ordnung wäre, über ein Erlebnis, das mich bewegt, zu weinen? Oder wie wäre es, wenn ich einfach wahrnehmen würde, wie es sich für mich anfühlt, wenn jemand anderes emotional aus der Reihe tanzt? Kann ich mich selbst dabei fühlen? Kann ich fühlen, wie es mich beutelt und behindert, wie mich die Gefühlsäußerungen des andern irritieren und mir unangenehm sind? Kann ich meine eigene Befindlichkeit bemerken und freundlich annehmen? Die Peinlichkeit, das Unwohlgefühl, die Tendenz, den andern »abstellen« zu wollen, weggehen zu wollen, die Scham? Kann ich der stille Betrachter meiner rotierenden Gedanken und Gefühle sein? Kann ich sehen, wie ich in dieser Situation mit mir und dem andern bin? Und kann ich auch dieses mein Verhalten mit

Wohlwollen beäugen? Nur weil wir die Gefühle nicht wollen, sind sie noch lange nicht schlecht. Lachen und Weinen sind zwei sehr aussagekräftige Emotionsäußerungen. Sie sind Kanäle. *Lachen und Weinen bilden das Verdauungssystem unserer Emotionen.* Zum Glück haben wir sie, sonst würden wir von innen heraus verdorren.

Als mein Vater starb, war ich sehr traurig. Das konnten manche Leute in meinem Umfeld nicht ertragen. Sie sagten: »Aber er hat nicht gelitten!« »Er hatte ja auch sein Alter.« »Es war für ihn sicher besser.« Alles gut und schön, doch ändert das meine Trauer? Trotzdem ist er nicht mehr da, und der Abschied schmerzt. Da nützt es nichts zu hören, dass jeder einmal gehen muss und dergleichen. Es nützt mehr, den anderen so wahrzunehmen, wie er sich fühlt, statt ihn mit verstandesmäßigen Erklärungen trösten zu wollen und damit zu vermeiden, dass ich selbst berührt werde. Es ist wohltuender, die eigenen Gefühle da sein zu lassen und das zu fühlen, was in mir selbst abläuft. Es tröstet mehr, *mit* den Empfindungen des anderen zu sein, als sie abstellen und seine Laune aufheitern zu wollen. Die Gefühlsäußerungen eines anderen Menschen berühren meine eigenen. Bemerke ich das? Oder neige ich dazu, darüber hinwegzugehen? Was läuft bei mir ab? Was ich an anderen wahrnehme, signalisiert mir, dass mich etwas bewegt. Und solange wir diesen Wahrnehmungen kein wertendes Etikett aufkleben, auf dem steht: »Das ist nicht gut. Sollte wenn irgend möglich vermieden werden«, sind sie ohne bestimmte Bedeutung. Erst durch unsere gedanklichen Interpretationen bekommen sie eine Geschichte: die Geschichte meines Unglücks, der Ungerechtigkeit, meiner Scham, meiner Ratlosigkeit. Wenn wir diese Gefühle direkt betrachten, wird das unausgesprochene Existenz-Verbot, das wir ihnen über Jahre auferlegt haben, überflüssig. Der Widerstand löst sich, und wenn es nichts mehr gibt, was gegen sie spricht, können sie auch wieder gehen. *Das, wogegen wir Abwehr aufbauen, bleibt bestehen. Das, was wir freundlich da sein lassen können, ohne uns daran festzubeißen, kann gehen.* Wenn es tagelang geregnet hat, ist ein bewölkter Tag ohne Regen ein schöner Tag. Straßen und Häuser wirken klar, wie rein gewaschen. Und manchmal fühle auch ich mich wie durchgespült. Wenn tagelang die Sonne schien, ist ein bewölkter Tag ein schlechter Tag. Weil wir mit Sonne das »Gute« und mit Wolken das »nicht so Gute« bezeichnen. Oder es ist ein schöner Tag, weil ich mal auf meine Sonnenbrille verzichten kann und ungern in der Sonne schwitze. Es kommt immer darauf an, wo wir stehen und von wo aus wir schauen. Der kritische Analytiker in unserm Gehirn nimmt die Umstände und dreht sie so hin, dass sie in sein feinsäuberliches Konzept passen. Er ist ein guter Geschichtenerzähler. Und wenn er mal keine Geschichte zu erzählen hat, langweilt er sich, erfindet schnell eine neue und serviert sie uns auf einem silbernen Tablett. Solange wir nicht merken, dass dies keineswegs ein Gourmet-Menü, sondern nur Hirngrütze ist, werden wir beherzt zugreifen und uns immer wieder wundern, wieso es uns nicht schmeckt. Aber jetzt wissen wir, wie wir Hirngrütze als Hirngrütze identifizieren können: Wir betrachten unsere Gedanken und sehen, dass »es uns denkt« – der Möchtegernchef ist am Werk. Wir erkennen, dass er die alte Leidens-Schallplatte aufgelegt hat, und sagen schlicht und ergreifend: »Bitte keine Hirngrütze.« Wir steigen aus. Und dann schenken wir dem, was wir fühlen, unsere ganze beherzte Aufmerksamkeit.

Aufmerksamkeit mir selbst gegenüber braucht Raum, aus dem sich der Verstand raushalten muss. Es mag sich absurd anhören, aber jede Konfliktsituation enthält ein Geschenk, das der andere mir macht. Sie gibt mir Gelegenheit, mich mit meinen versteckten Feinden anzufreunden. Und dann wird sich zwangsläufig das Verhältnis zu meinem Gegenüber ändern. Es kommt vielleicht Gelassenheit ins Spiel, weil ich mehr mit dem freundlichen Wahrnehmen meiner eigenen Gefühle beschäftigt bin, als mit dem, was ich vom anderen wahrnehme. Ich grüble weniger: »Was denkt er? Was will sie? Was führt er im Schilde, wie muss ich mich schützen?« Ich fühle einfach, was ich fühle, egal wie es sich anfühlt.

Kümmern wir uns mehr um uns! Sicher werden Auseinandersetzungen dann einen anderen Verlauf nehmen. Und vielleicht wird es nicht mal welche geben.

Neulich versetzte mich meine Kollegin Britta in emotionalen Aufruhr. Als ich bei ihr zu Besuch war, bot sie mir ein Glas Sekt an. Ich sagte erfreut Ja, doch als ich einen Schluck nahm, bekam ich fast einen Hustenanfall: Er war lauwarm!

Ich sagte: »Du, dein Sekt ist warm.«

Sie antwortete ganz selbstverständlich: »Ja. Er war nicht im Kühlschrank.« Ich schaute sie ratlos an: »Wieso nicht?«

»Willst du ihn kalt? Ich trinke Sekt immer in Zimmertemperatur, sonst verträgt das mein Magen nicht.«

Ich konnte es nicht fassen: »Aber Sekt gehört in den Kühlschrank! Das Glas kann vor Kälte anlaufen, dann schmeckt er am besten. Warmer Sekt ist eine Zumutung!«

Arglos entgegnete sie: »Meinst du?«

Ich musste mich zusammenreißen: »Das meine ich nicht, das ist so! Kein Mensch mag lauwarmen Sekt.«

Sie zuckte mit den Schultern: »Ich schon.«

Da fiel mir nichts mehr ein.

Unbekümmert goss sie sich nach: »Soll ich ihn für dich in den Kühlschrank stellen?«

Ich war frustriert: »Das nützt jetzt auch nichts mehr. So lange bleibe ich nicht.«

»Tut mir leid«, sagte sie und lachte. Sie lachte! Ich bemerkte, wie ich mich noch mehr aufregen wollte. Wie kann man davon ausgehen, dass irgendein Mensch außer ihr lauwarmen Sekt mag? Und dann lacht sie auch noch, statt sich dafür zu entschuldigen.

Eine Situation wie diese hätte mich noch bis vor einem Jahr dazu veranlasst, scharf über die Berührungspunkte in dieser angehenden Freundschaft nachzudenken. Ich hätte »warmen Sekt« zum Anlass genommen, mich von dieser seltsamen Frau mit ihren noch seltsameren Angewohnheiten zu distanzieren. Doch ich reagierte anders, und das überraschte mich selbst. Erstmal verzog ich nicht heimlich das Gesicht, um mich dann peinlich schweigend und mit einem fadenscheinigen Vorwand aus der »Sektaffäre« zu ziehen. Ich bemerkte, wie sich Unverständnis, Entrüstung, das Gefühl, nicht respektiert zu werden, und der Drang, sie zurechtzuweisen, in mir aufbäumten. Ich gab ihnen Raum und machte mir nicht allzu lang Gedanken, wie: »Es sollte mir nichts ausmachen.« Oder: »Britta hat eine Meise.« Ich blieb bei diesen Empfindungen, während ich geradeheraus sagte: »Warmer Sekt geht gar nicht!« – Britta ist an meiner Äußerung nicht gestorben! Mit mir selbst in enger Freundschaft schaute ich sie an und bemerkte, wie eine erleichternde Milde in mir Einzug hielt: »Sie darf warmen Sekt trinken. Ich muss es nicht.« Ich ließ ihr großzügig ihre Plörre und nach ein paar Schrecksekunden amüsierte ich mich mit ihr. Früher wäre ich persönlich beleidigt gewesen, wenn sie sich meine Rüge nicht zu Herzen genommen hätte. Dieses Erlebnis gab unserer Verbindung einen plötzlichen Kick. Hier hatte ein ungeschminkter, unverstellter Austausch stattgefunden und jeder war so gewesen, wie er war. Es war erleichternd für uns beide, dass keiner sich verbiegen musste, um den andern nicht zu verletzen oder was Falsches zu sagen. Wir nahmen es beide nicht persönlich, und das verbreitete eine herrlich leichte Stimmung. Das Getränk war lauwarm, der gemeinsame Abend prickelnd.

Die unbedeutenden, alltäglichen Alltagssituationen sind es, in denen man »üben« kann, sich seiner Gefühlswallungen anzunehmen, damit es dann angesichts größerer Herausforderungen leichter fällt.

Keine Zeit zum Fühlen

»Gefühle *fühlen*! So weit kommt's noch. Ich habe vier Kinder und einen stressigen Job. Das kann nur jemand machen, der den ganzen Tag die Wolken beim Vorbeiziehen beobachtet und sonst nichts zu tun hat.« Argumente wie diese machen erst mal Eindruck, aber wir müssen ihnen keinen Glauben schenken. Tatsache ist nämlich: *Das Fühlen der Gefühle lässt sich spielend in jeden Alltag integrieren. Weil wir sowieso immer fühlen.* Und wenn es ohnehin passiert, weil Gefühle nicht außerhalb von uns existieren, können wir ebenso gut bewusst fühlen. Das mildert den Stress und erleichtert sogar das Umsorgen der vier Kinder. Eine Mutter, die gut mit sich ist, ist auch gut mit ihren Kindern. Die Kinder profitieren von ihrer Art, mit sich zu sein. Aufmerksamkeit mit sich selbst zerstreut die Langeweile und jeden Trott.

Das *erste* Gefühl, das auftaucht, will Liebe. Seien wir also nicht wählerisch und nehmen einfach das Gefühl, das gerade da ist. Was ist gerade jetzt fühlbar? Trott? Wie fühlt es sich an? Ist es nagende Unzufriedenheit? Ist es Ungeduld? Öde?

Wo sitzt die Empfindung? Darf sie da sein? Darf sie überhaupt sein? Will sie mir etwas sagen? Was will sie? Bin ich auf wachsame, liebevolle Weise mit ihr?

Mein Kind sitzt im Bett und schreit. Ich weiß nicht, was es hat. Ich bin allein und unsicher, was ich tun soll. Soll ich den Notarzt anrufen oder die Nachbarin? Da klopft das Gefühl des Alleinseins und des Nichtwissens, was mein Kind braucht, an. Sehe ich es? Bin ich bei meinem Gefühl? Öffne ich in diesen Momenten meine Arme auch für mich selbst? Beachte ich diese Empfindung in meinem Körper, ohne sie zum Weggehen zu zwingen, während ich mich engagiert um mein Kind kümmere? Ja? Dann kann sie sich beruhigen, wird gesehen, bringt mich in einen entspannten Zustand, aus dem heraus ich besser wissen kann, was zu tun ist.

Ich muss in meinem Beruf schnell handeln, muss tausend Dinge auf einmal erledigen, muss dabei auch noch jemandem zuhören – und antworten. Ich bin überfordert. Von der Arbeit und zusätzlich von der abstrusen Idee, das Fühlen meiner Emotionen in den stressigen Alltag einfließen zu lassen. Es ist ein Ding der Unmöglichkeit! Gefühle müssen weggeschoben werden, weil sie stören. Kann ich damit zufrieden sein, so, wie es jetzt ist?

Erlebnis: Freundschaft schließen mit der Überforderung

Beschließe, dir ein paar Minuten für dich selbst zu schenken. Es wird sich auszahlen. Halte die kreisende, überkonzentrierte Denkmaschine im Kopf an, die alles richtig machen will und muss. Steige aus der Unzufriedenheitsspirale aus. Lass alles sein, was dich gedanklich beschäftigt. Sieh, dass es Gedanken sind, die keine Macht über dich haben, wenn du sie neutral betrachtest und dich nicht an sie klammerst. Du hast die Wahl. Schenke dir und deiner Empfindung der Überforderung, des Getriebenseins, der Hektik, der Abwehr oder was immer es sein mag, deine freundliche Aufmerksamkeit. Beachte dich selbst und nimm innerlich Kontakt mit dieser Empfindung auf. Sie wartet die ganze Zeit auf dich. Deshalb lässt sie dich nicht in Ruhe. Sie möchte gesehen werden, sie möchte sich beruhigen. Fühle sie, halte sie freundlich wie eine sanfte Feder, schenke ihr deinen warmen Blick und sei dieser Empfindung ein Freund. Wenn das Gefühl stark ist, begib dich in seine Mitte. Höre nicht auf die Gedanken, die an dir ziehen. Kehre immer wieder zu deinem Fühlen zurück. Diese Empfindung darf sein. Ruhe in ihrer Mitte, bleibe stur in deiner freundlichen Zuwendung zu dieser Empfindung. So wird deine Überforderung gesehen. Du kannst aufatmen und neue Kraft schöpfen.

Wenn du so nah mit deiner Empfindung bist, mache ein Experiment und frage sie, was sie braucht. Höre hin, und die Antwort wird spontan in dir auftauchen. Vielleicht sagt sie: »Ich brauche Pausen, mehr Verständnis von dir, einen freundlichen Blick. Ich will mehr Zeit.« Beschließe, deine Wahrnehmung nicht von polternden Gedanken übertönen zu lassen. Deine Befindlichkeit braucht freundschaftliche Zuwendung. Und wenn es nur für zwei Minuten auf der Toilette ist.

Wir müssen nicht nachdenken, um herauszufinden, was da an Gefühlen ist oder wie sie heißen. Die Empfindung kann allein durch unser warmes Hinspüren verstanden werden, ohne dass der Verstand sie versteht. Die Haut »versteht,« der Bauch »versteht,« der zugeschnürte Hals »versteht,« der ganze

Körper »versteht« die Sprache des Fühlens. *Was ich fühle, das ist es. Ich muss nicht nach dem »richtigen« Gefühl suchen.* Was ich fühle, das ist es – hundertprozentig. Das zu bemerken kostet keine Zeit. Und »Stress« ist es nur für das Denken, das mit Gefühlen nichts anfangen kann. Ich gebe dieser Wahrnehmung meine allerliebste Aufmerksamkeit. Ich spüre hin, öffne mich, sage ja, vielleicht in den Minuten zwischen zwei Telefonaten oder in der Kaffeepause.

Anfangs muss ich innehalten und mir eine Pause gönnen, um den Kontakt mit meiner Körperlichkeit aufzubauen. Wahrscheinlich muss ich mir täglich ein wenig Zeit dafür nehmen, mich auf diese Weise neu kennenzulernen. Aber nach und nach kann ich immer mehr spüren, auch wenn ich meine alltäglichen Dinge tue. Ein Teil meiner Aufmerksamkeit kann immer in den Körper gleiten, selbst wenn ich im größten Stress bin. Es wird zu einer angenehmen Gewohnheit, mit den Empfindungen zu sein – unspektakulär, natürlich und selbstverständlich. »Ich bin gerade unruhig, aha! Das ist so, weil ich mich so beeilen muss. Jetzt kann ich fühlen, wie es sich anfühlt. Ich mache mit dem weiter, was ich tun muss, aber ich bin dabei nett zu mir. Ich bin auch nur ein Mensch.«

Das Flüstern der Gefühle

Unsere Gefühle bringen hilfreiche Nachrichten, wie ein Postbote, der ein Einschreiben zustellen will. Es steht eindeutig »Hildegard Meyer« drauf, aber da Hildegard kaum zu Hause ist, kann er den Brief nicht loswerden. Er versucht es monatelang bei ihren Angehörigen, ihrem Ehemann, den Geschäftspartnern und sonstigen Leuten, die ihm gerade über den Weg laufen. Aber die wollen sich mit Hildegards Gefühlsbotschaften nicht herumschlagen und sagen: »Was gehen uns ihre Gefühle an?« Da reißt dem Postboten der Geduldsfaden, und er wirft die Botschaft einfach in ihren Briefkasten, in der Hoffnung, Hildegard schaut demnächst mal rein. Hildegard selbst wundert sich, wieso sie so verspannt und gereizt ist und nie das bekommt, was sie im Leben will. Sie hat den Eindruck, dass ihre Angehörigen sich gegen sie verschworen haben, weil sie ihr ihre Sorgen nicht abnehmen. Ihr Herz wird kühl und klamm. Verbittert hetzt sie durch den Tag, nimmt sich sogar Urlaub, um »auszuspannen,« aber es nützt nichts. Die wichtige Botschaft ihrer Gefühle kommt nicht bei ihr an, weil sie nie zu Hause ist und nie in ihren Briefkasten schaut. Ihre Not wird immer schlimmer, bis sie sich krankschreiben lassen muss und die Beziehung mit ihrem Mann gehörig ins Wanken gerät. Der ist inzwischen auch am Ende mit seinem Latein und zieht sich von ihr zurück. Erst als Hildegard in einer stillen Stunde von ihrem Leidensbett aufsteht, um frische Luft zu schnappen, fällt ihr der volle Briefkasten auf. Als sie ihn öffnet, fallen ihr sämtliche Briefe ihrer Gefühle entgegen. Einer riecht sogar nach Veilchen. Sie liest einen nach dem andern und lässt die Botschaften in ihr Herz sinken. Das wird daraufhin warm und proper wie ein gut genährtes Baby. Und Hildegard geht es von Tag zu Tag besser.

Aber wie können Gefühle eine Botschaft vermitteln, wenn sie doch nur körperliche Empfindungen sein sollen, die in mir auftauchen und wieder verschwinden? Soll ich auf sie hören, oder mache ich mich damit von ihnen abhängig? Ich will ja frei sein. Und werden meine Gefühle, wenn ich zu ihnen freundlich bin, nicht vielleicht zu Kletten, die ich nie mehr loswerde? Was wollen mir meine Gefühle eigentlich verdeutlichen?

Wenn ich schnell eifersüchtig bin, könnte die Botschaft erst mal so aussehen: »Mein Mann sollte mehr Liebesbeweise bringen! Er sollte sich mehr um mich kümmern. Er sollte sich nicht so gut mit andern Frauen verstehen.« Mein gesamtes Streben geht dahin, das zu bekommen, was die andere Frau – sagen wir, es ist die Nachbarin – von ihm bekommt. Ich bin enttäuscht, dass er nicht von selbst auf die Idee kommt, mir zu geben, was ich möchte, sondern es – o Graus – der bezaubernden, zehn Jahre Jüngeren mit dem betörenden Blick gibt. Und dann fängt der Möchtegernchef im Kopf an, meinem Mann zu unterstellen, dass er gerade einen groben Fehler macht. Das löst bei mir miese Laune aus und manövriert mich auf direktem Weg in die Unzufriedenheitsspirale. Das merke ich daran, dass es in meiner Magengegend leise bohrt. Meine Gesichtsmuskeln sind angespannt, ich wünsche der Nachbarin, die ich bis vorhin noch mochte, eine gefährliche Krankheit an den Hals, während meine eigene Kehle immer enger wird. Mein Lächeln friert förmlich ein, wenn ich höre, wie mein Mann vorschlägt, wir könnten doch »alle gemütlich mal wieder was trinken gehen«, dabei aber sie anschmachtet und mich in Jogginghose, den vollen Müllbeutel in der einen, den Spüllappen in der anderen Hand, in der Wohnungstür stehen lässt. Ich merke es daran, dass ich mir gerade in den herrlichsten Farben ausmale, wie ich bei unserem »gemütlichen Schlummertrunk« zu dritt meinem eigenen Mann Abführmittel in sein Bier träufele. Von diesen Eskapaden merkt er natürlich nichts. Er merkt nur, dass ich knatschig bin, wenn er arglos fragt: »Schatz, was ist? Du guckst so madig.« Er hört nur meine dünnlippige Antwort: »Nichts, was soll sein? Ich putze.« Er kann nicht fühlen, was in mir vorgeht. Wie auch? Es sind ja meine Gefühle. Er hat andere. Er fühlt sich vielleicht beim Flirten gestört. Er wünscht sich vielleicht, dass mir sein Süßholzgerasple nichts ausmacht. Er fühlt sich eventuell reglementiert durch meine Reaktion oder hat ein schlechtes Gewissen wegen des vollen Müllbeutels. Oder es interessiert ihn schlichtweg nicht. Alles möglich. Kann ich fühlen, was in mir vorgeht? Wenn ja, kann ich noch einen Schritt weitergehen. Ich kann mit meiner Empfindung reden und sie fragen, was sie eigentlich von mir will und warum sie mich nicht in Ruhe lässt. *Interessiere dich für die Botschaft, die deine Gefühle für dich haben.* Sie freuen sich, wenn wir uns mal mit ihnen unterhalten. Es kommt ja viel zu selten vor, dass einer mit ihnen spricht. Sie hören immer nur: »Halt die Klappe und mach die Fliege, aber plötzlich« oder: »Bleib gefälligst da.« Das setzt ein Gefühl ziemlich unter Druck, weil es von sich selbst weiß, dass es nicht dauerhaft bleiben kann. Also hinterlässt es einen faden Nachgeschmack, wenn es dann geht. Und dann kriegt es gleich wieder eins auf die Mütze. Das ist nicht gerade einladend für unsere Feeling-Freunde. Umso erfreulicher, wenn sie mal in einem anderen Ton angesprochen werden oder wenn *überhaupt* mal einer das Wort an sie richtet.

Erlebnis: Unterhaltung mit den Gefühlen

Nimm freundlichen Kontakt mit deiner Empfindung auf. Erlaube ihr, da zu sein und gib ihr Raum. Fühle, wie sie sich anfühlt, ohne sie zu beurteilen oder zum Verändern zu bewegen. Breite in deiner Vorstellung die Arme für deine Empfindung aus und fühle sie, ohne dich von den Rechtfertigungen, Forderungen, Erklärungen deines Denkens ablenken zu lassen. Kehre immer wieder zu dem puren Gefühl zurück. Es wartet auf dich. Ihm so zugewandt kannst du fragen: »Was willst du mir sagen? Was brauchst du? Was habe ich bislang übersehen?«

Höre, welche Antwort in deinem Innern aufsteigt. Höre auf das, was deine Wahrnehmung dir zuflüstert. Fühlte sie sich bislang weggedrängt? Vielleicht will sie deine Zuwendung, mehr Zeit, mehr Geduld, mehr Großzügigkeit. Oder Trost, Zuspruch und Nähe. Möchte sie, dass du weniger streng mit ihr bist? Braucht sie deine Nachsicht? Sagt sie dir sogar, was du in deiner Situation konkret tun kannst? Steigt vielleicht sogar eine eindeutige Lösung auf?

Bleibe wohlwollend, während du fragst und Antworten bekommst. Manchmal möchte die Empfindung einfach nur, dass man sich zu ihr setzt und mit ihr schweigt, ohne sie zu manipulieren. Oder dass du sagst: »Schau, ich bin da.« Nimm die Botschaft, die du gehört oder gefühlt hast, mit in deinen Alltag und erinnere dich, dass du jederzeit Rat von deinen Empfindungen bekommen kannst.

Wie sollte ich auf diese Weise von Gefühlen abhängig werden? Sie sehnen sich nach einem Gegenüber, das keine Angst vor ihnen hat und ihnen ins Gesicht schauen kann. Eher ist es umgekehrt, dass sie *unserem* Wohlwollen ausgeliefert sind. Schick deine Gedanken raus auf die Gartenschaukel und frage deine Empfindung. Diese Unterhaltung lässt sich auch gut schriftlich führen. Chatte mit deinen Gefühlen!

Hallo, Eifersucht, wie geht es dir?
Mir geht es beschissen, ich leide.
Das sehe ich und es tut mir leid. Was ist los?
Du hast mich immer weggeschoben und andere für mich verantwortlich gemacht.

Ja, das stimmt.

Aber es kommt ja kein anderer. Ich bin erschöpft. Ich find's gut, dass du endlich mal Zeit für mich hast.

Ich glaube, ich muss mich mehr um dich kümmern.

Allerdings.

Du siehst ganz traurig aus. Du kannst meine Probleme nicht lösen. Ist mir klar.

Das sollte ich aber immer.

Ich weiß. Ich glaube, ich muss ein wenig netter zu dir sein.

Würde mir guttun. Ehrlich gesagt, ich fühle mich sehr alleingelassen von dir. Schieb mich nicht immer weg. Ich tu doch nichts.

Ich weiß jetzt, dass es dich gibt, und ich verspreche dir, ich pass auf dich auf.

Na endlich!

Selbst das schlimmste Wut-Monster ist ein nicht gesehener, immer verstoßener Freund, der endlich im Mittelpunkt stehen und gemocht werden will. Manchmal erweist sich das Gefühl als Wesen mit eigenem Charakter. Du könntest ihm sogar einen Namen geben, damit du es gleich erkennst, wenn es wieder kommt. Wenn die Eifersucht auf den Namen »Franz« oder »Quälgeist« hört, ist sie gleich nicht mehr so bedrohlich: »Gestern war Franz wieder bei mir und hat Sperenzchen gemacht. Zum Glück kannten wir uns schon. Er wollte nur kurz Hallo sagen.« Macht nichts, wenn unsere Freunde glauben, wir hätten einen neuen Liebhaber. Letztlich ist es ja auch so.

Du kannst das Gefühl auch zeichnen, ihm ein Aussehen geben: Hat es hungrige Augen? Oder traurig herabhängende Arme? Hat es ein koboldhaftes Grinsen oder zu kleine Füße, sodass es ohne Hilfe gar nicht stehen kann? Kein Wunder, dass es schreit! Fällt es dauernd auf die Nase oder stampft auf wie Rumpelstilzchen? Hänge die Skizze an die Küchenschranktür, und wenn du in Erklärungsnot kommst, tu so, als hätten die Nachbarkinder das Bild für dich gemalt. »Greifbare« Erinnerungen helfen, die Freundschaft mit unseren Empfindungen zu vertiefen.

Unsere Gefühle verstehen Spaß und atmen auf, wenn wir mal mit ihnen lachen können. Sie machen ja auch selbst gern mal einen Witz, aber wir sind so ernst und bedeutungsvoll, dass wir ihn nicht verstehen. So manches Gefühl muss am Ende frustriert und allein zum Lachen in den Keller gehen. Viel zu selten merken wir, dass unser Gefühlsleben keine griechische Tragödie ist, in der ständig Blut fließen muss. Vielleicht ist es hin und wieder auch ein Sketch von Karl Valentin: »Jedes Ding hat drei Seiten, eine positive, eine negative und eine komische.«

Sobald ich auf spielerische Weise Kontakt zu meiner Empfindung aufnehmen kann, ist die Identifikation mit dem Drama schon gebrochen. Ich habe mehr »Abstand« zu dem, was mich beschäftigt, und kann direkt erfahren, was ich Gutes für mich tun kann.

Hallo Leistungsdruck, alter Schwede, auch mal wieder im Lande. Und so quietschfidel, obwohl so alt! Wollen wir 'ne Runde an der Isar laufen gehen? Da lässt es sich besser plauschen.
Ist mir wurst, wo wir hingehen.
Was hast du denn auf dem Herzen?
Ich will ja nur, dass du alles gut machst.
Da kann ich dich beruhigen, ich pass schon auf. Dafür bist du nicht zuständig.
Gut, dass du das sagst, das beruhigt mich ganz enorm.

Und wenn der Leistungsdruck – nennen wir ihn Theodor oder Harald – irgendwann wieder auftaucht, erkenne ich ihn schon von Weitem. Er muss sich nicht immer wieder neu vorstellen. Wir sind Freunde.

Unsere Gefühlsempfindungen lassen bald durchblicken, wie sie gesehen werden wollen. Manche kommunizieren stumm, also ohne Sprache und nur durch intuitives Wissen: Etwas reift im stillen Empfinden, im Schweigen und im Lassen, als würde sich im Innern eine weite Aussicht auftun. Genieße dieses stille Wahrnehmen. Eine Erkenntnis oder Einsicht kann kommen.

Oder du kommst auf die Idee, dein unterdrücktes Gefühl zu improvisieren. Bei rhythmischer Musik kann es nicht anders, als sich darzustellen und seinen Bedürfnissen Ausdruck zu verleihen. Stell dir vor, du verkörperst dieses Gefühl. Spiele, was du fühlst. Bewege dich, lass dich hinreißen, ungewöhnliche Bewegungen zu machen, und korrigiere dich nicht. Je mutiger du dich gehen lässt, umso deutlicher kann die Empfindung dir ihre Bedürfnisse vermitteln. Du weißt auf einmal: »Ich brauche es, ab und zu albern zu sein« oder »Es tut mir gut, meine schrägen Ideen zu äußern. Denn sie sind gut« oder: »Ich habe keine Lust mehr, immer die Nummer eins sein zu müssen.«

Das Lotterleben der Gefühle

Friedemann ist nicht etwa geizig, nein. Er spart nur gern. Seine Freunde sagen über ihn, er hätte einen »Igel in der Tasche«, wenn es in der Kneipe ums Bezahlen geht. Nun hat Friedemann seit Neuestem eine Superfrau an seiner Seite: die schöne Nicole. Er ist glücklich. Nicole geht gern Cappuccino trinken, liebt Essen in teuren Restaurants und kauft gern ein. Anfangs lässt Friedemann sich nicht lumpen und lädt sie großzügig ein. Aber nach drei Monaten fängt der Igel in seiner Tasche wieder ganz schön an zu pieksen, wenn er nach seinem Portemonnaie greifen will. Friedemann denkt an sein Bankkonto, sein spärliches Angestelltengehalt und an die nicht enden wollenden Ansprüche seiner Traumfrau. Inzwischen ist es schon so, dass sich Nicole, wenn die Rechnung kommt, mal schnell die Nase pudern geht und ihn gar nicht mehr fragt, ob sie was zum Bezahlen beisteuern soll. Dass eine Einladung für Nicole selbstverständlich zu sein scheint, treibt Friedemann auf die Palme. Während er die Moneten für beide locker macht, ist er sauer auf seine Süße, überfordert von der Rechnungssumme, voller Schuldgefühle, weil es doch eigentlich für einen echten Kerl ein Klacks sein sollte, die Freundin freizuhalten. Nicht mal beim Trinkgeld kann er sparen, denn Nicole kommt rechtzeitig von der Toilette zurück. Er sieht sie mit wippendem Gang und strahlendem Lächeln auf sich zu kommen. Sie würde sehen, wenn er beim Trinkgeld knausert, und das soll sie nicht. Nun gesellt sich zu seinem Aufbegehren noch leidenschaftliche Anziehung und das Gefühl, ihr vollkommen verfallen zu sein. Auf dem Nachhauseweg flanieren die beiden an einem Schaufenster vorbei. Nicole bleibt stehen, bekommt große Augen und deutet auf eine Handtasche: »Ist dieee toll!« Friedemann liest auf dem Preisschild die durchgestrichene Zahl 2052 Euro. Daneben eine andere Zahl in roter Schrift: 379 Euro. In Friedemann blinken sämtliche Alarmlampen. Zu spät. Nicole flötet: »Die kostet gar nichts mehr. Schenkst du mir die?« Friedemann sucht ringend nach einer Erklärung, warum das nicht möglich ist. Doch dann passiert es. Er sagt: »Ja.« Bevor er sich dafür hassen kann, überhäuft sie ihn mit Küssen: »Du bist so süß!«

Wieder bäumen sich Reue, dass er sich untreu geworden ist, Wut auf Nicole, weil sie ihn in eine so verhängnisvolle Lage bringt, Scham über seinen Geiz und extrem viel heißes Begehren in ihm auf. Die darauf folgende Liebesnacht wird er wohl ein Leben lang nicht vergessen.

Oft handelt es sich bei dem, was wir fühlen, um eine Ansammlung verschiedener Empfindungen, die wir nicht mehr erkennen oder unterscheiden können. In unserem Gefühlsleben sieht es dann aus wie bei Hempels unterm Sofa: chaotisch. Ist das ein Zustand zum Beispiel aus Müdigkeit und Anspannung? Mit ein wenig Leistungsdruck zusätzlich? Ist es eine Mischung aus Ungerechtigkeit und Rachegelüsten? Ist es eine Ansammlung aus nicht erfüllter Erwartung und Vorfreude, dass sie sich doch noch erfüllen könnte? Es ist gar nicht nötig, die einzelnen Empfindungen zu sezieren. Es reicht, den ganzen »Klumpen« wahrzunehmen, genau so, wie er sich gerade anfühlt.

Die Denkmaschine möchte den Zustand analysieren und ihm die entsprechende Bedeutung zuweisen: »Aha, das ist Enttäuschung. Enttäuschung ist schlecht. Sie kommt daher, dass ich immer so viel gebe und von andern nichts bekomme. Die andern sollten mich besser behandeln. Die sind schuld, dass ich durchhänge.« Oder: »Aha, es ist Enttäuschung. Enttäuschung ist gut, denn ich bin ja selbst schuld, dass ich so viel erwartet habe. Das ist die gerechte Strafe. Ich sollte in Zukunft egoistischer sein und es ihnen heimzahlen.« Und dann erläutert sie es mit einer passenden Geschichte aus der Vergangenheit. Doch das ist alles gar nicht hilfreich, denn das Gefühlswirrwarr ordnet sich von allein, wenn ich es wohlwollend anschaue und merke: »Ja, da ist Enttäuschung. Ich wusste gar nicht, dass ich enttäuscht bin. Ich dachte, ich sei

zurückgewiesen worden und wütend darüber. Und jetzt überrascht mich die Enttäuschung. Und da kommt Traurigkeit. Und nun kommt Erschöpfung. Sie darf da sein, während ich weiter den Salat wasche. Und jetzt – kommt Frieden.«
Wir müssen das Alte nicht erst abschließen oder loswerden wollen, denn es verändert sich auch so. Das Alte hat sich verändert, okay, dann ist da keine Enttäuschung mehr, sondern etwas ganz anderes, das ich am wenigsten erwartet hätte. Es fühlt sich an wie ein eigenartiges Brennen in der Bauchgegend. Jetzt schenke ich diesem Brennen meine liebevolle Zuwendung. Es darf sich Raum in mir nehmen, ohne dass ich mich gedanklich hineinsteigere und es verändern will. Was da ist, braucht Zuwendung. Das ist einfach. *Oft hat die eine Empfindung noch eine andere im Schlepptau – wie einen nicht so attraktiven Freund, der auch mal unter die Leute will.* Und der wiederum hat noch seine kleine Schwester mitgebracht. Wollen wir sie reinlassen?

Erlebnis: Freundschaft mit dem Gefühlsdurcheinander

Du stellst fest, dass eine Situation dich verwirrt und du zwischen vielen Empfindungen hin- und hergerissen wirst? Du findest keine Ruhe, regst dich auf, merkst, dass sich irgendwas in dir verselbstständigt hat und du dich dieser Sache gegenüber ohnmächtig fühlst? Dann mach eine kleine Pause. Steig aus der Gedankenmühle aus. Sag deinem Denkexperten im Kopf, er soll seine Armee mal kurz zurückpfeifen. Sage ihm, du kommst gern wieder zu ihm zurück, aber jetzt möchtest du dich um dich kümmern. Was fühlst du körperlich? Sind es verschiedene Empfindungen, die in dir rumoren? Sind da Schmetterlinge im

Bauch? Ist es Unruhe, Schmerz oder Dumpfheit? Fühlt es sich hohl und leer an? Ist es alles auf einmal? Es kann sein, dass die Wahrnehmungen schnell wechseln oder dass deine Aufmerksamkeit von einer Emotion zur andern springt. Denke nicht darüber nach. Du musst nichts ordnen oder aufklären. Sei einfach der freundliche und stille Betrachter. Nimm das Ganze als eins wahr. Nichts muss kategorisiert oder seziert werden. Du brauchst keinen Überblick über dein Innenleben. Es reicht, wenn du mit deinen Empfindungen präsent bist. Gönne dir den Luxus, diese unklare Empfindung so anzunehmen, wie sie ist. Da gibt es nichts zu reparieren. Du musst nichts herausfinden. Es ist perfekt, und zwar genau so, wie es sich jetzt anfühlt in all seiner Unberechenbarkeit und mit all der Unsicherheit. Fühle mit deiner ehrlich gemeinten Aufmerksamkeit, was da auftaucht. Stell dir vor, du breitest deine Arme für diese Empfindungen aus. Schenke deinem gesamten Empfinden einen warmen, tröstenden Blick von innen. Spürst du, wie du dadurch genährt wirst und die Unruhe sich beruhigt?

Wenn eine Empfindung deutlicher hervortritt, zum Beispiel Scham, Eifersucht, Einsamkeit oder Ärger, dann schenke ihr Beachtung, solange es dir gut tut. Erzwinge die Veränderung nicht. Bleib sanft, auch wenn dir plötzlich klar wird, woher diese Empfindung kommt oder was sie ausgelöst hat. Welche Überzeugung hat bewirkt, dass du dich jetzt so fühlst? Ist diese Geschichte wirklich wahr? Oder ist sie nur ein Gedanke, den du glaubst, der aber keine Realität hat? Erkenne, dass du die Wahl hast, deine Gedanken zu glauben oder nicht.

Das Geheimnis des freundlichen Trübsinns

Es gab Zeiten, in denen ich nicht merkte, dass ich überhaupt etwas fühle. Dieses innere Unwohlsein, den »Grauschleier«, der über meinem Dasein lag und durch den ich meine Umgebung sah, habe ich nicht als Gefühl betrachtet. Ich dachte, ich sei grundlos »schlecht drauf«. Die Tage, an denen das Herz hüpft und ganz leicht ist, wurden immer seltener. Manchmal machte ich mir schon morgens Sorgen, wie ich den Tag wohl sinnvoll und erfolgreich hinter mich bringen sollte. Ich hatte in diesen Zeiten zuviel Zeit zum Nachdenken. Ich hätte die Tage auch damit verbringen können, das Leben zu genießen. Wie gern hätte ich das gemacht. Aber ich wusste gar nicht, wie das geht! Der »Grauschleier« ließ sich nicht lüften. Das Denken diagnostizierte einfach: »Du bist seltsam, du fühlst nichts Freudiges. Du solltest anders sein.« Also stempelte ich diese Zustände als depressive Phasen ab.

Mein Freund Sam, der keine Angst mehr vor seinen Gefühlen hat, lüftete schließlich das Geheimnis meines Trübsinns. Er machte mir klar, dass dieser »Depressionsklumpen«, der wie ein Zentner Beton auf meinen Schultern lastete, aus einer Vielzahl von unterdrückten Gefühlen bestand – nicht gesehene Emotionen, die sich zusammengerottet hatten, um als starke Gruppe meine Zuwendung zu erzwingen. Es lief also darauf hinaus, dass ich auch diese Gefühle bejahen und freundlich anschauen sollte. Aber ich wusste nicht, wie das gelingen sollte. Je länger ich mich gegen die drückenden Gefühle wehrte, umso weniger änderte sich. Ich versuchte, mich von ihnen abzuwenden und abzulenken, aber es nützte nichts. Ich versuchte es mit Nicht-so-ernst-Nehmen: Wenn ich mich mehr mit anderen Dingen beschäftige, wird sich dieser Zustand schon verflüchtigen. Es half nur kurzfristig. Ich spürte, wie ich vor mir selbst davonrannte. Ich dachte: Alles Mögliche kann ich fühlen und, wenn es sein muss, auch willkommen heißen, aber nicht diese *Depression*. Da kommt man gar nicht ran, und wenn doch, ist sie so übermächtig, dass man ihr auf Gedeih und Verderb ausgeliefert ist und nie wieder ein Stück blauen Himmel sieht. Doch dann fiel mir ein, dass sich auch diese Depression aus bettelnden Gefühlen zusammensetzt, und das änderte meine Einstellung ihr gegenüber. Es gab keine andere Möglichkeit, als auch mit diesen beharrlichen Gefühlen zu sein. Also fing ich an, diese Schwere vorsichtig an mich heran zu lassen und spürte sofort, wie ich mich ablenken wollte. Am Ende war ich schon froh, sie zumindest mit einem Auge anblinzeln zu können. Doch dieser Freund von mir trieb es eines Tages auf die Spitze. Er ermunterte mich, die Empfindungen »für immer« willkommen zu heißen, sobald sie sich ankündigten. Ich sagte: »Das ist zu viel. Nein danke.«

Für immer – das ist ein harter Brocken. Damit grenzt man jede »Hoffnung« auf Besserung aus und akzeptiert alles, was kommt. Man ist sogar bereit zu sterben. Es klang etwa so, als würde man monatelang in der Wüste umherirren und nach Wasser schreien, dann aber plötzlich verstummen und sagen: »Aha, so fühlt es sich also an zu verdursten. Es ist okay.« Ich war entrüstet und fragte: »*Soll ich denn nicht etwas tun, damit es besser wird?*« Er antwortete: »*Wenn du fühlst, wie du dich fühlst, dann wird es besser.*« Das ist der Unterschied zur Wüstensituation: Das Leben geht weiter! Ich muss nicht verdursten. Im Gegenteil! Ich finde die Oase da, wo ich sie nie vermutet hätte: im Kern meiner Gefühle.

Eine Freundin von mir hat seit Jahren furchtbare Angst vor dem Zahnarzt. Nun trat das für sie Schlimmste ein: Sie musste eine lange, unangenehme Behandlung über sich ergehen lassen. Als sie auf dem Stuhl lag und die Betäubung an Stellen im Kiefer eintrat, wo sie nicht hätte eintreten sollen, bekam sie Panik. Sie dachte, sie müsse ersticken. Doch sie beschloss, sich dieser Panik zu stellen, sie da sein zu lassen und keinen Widerstand gegen sie aufzubauen. Sie entschied sich, der Panik ihre Arme zu öffnen. Hinterher erzählte sie mir: »Ich dachte: ›Na gut, dann sterbe ich halt. Ich bin bereit.‹ Und es funktioniert! Plötzlich wurde alles besser und ruhiger.« Meine Freundin lebt noch, und recht gut sogar.

Aus dieser radikalen Perspektive und mit weit geöffneten Armen sieht alles anders aus. Ich verteidige mich nicht mehr und verweigere den randalierenden Gedanken meinen Zuspruch. Da sein dürfen sie trotzdem. Sie werden viel zu sagen haben, weil sie verhindern wollen, dass aus dem ungeliebten Gast namens Depressive Stimmung ein geliebter Gast wird. Doch solange wir ihnen nicht glauben, wenn sie uns die Ursachen unserer Depression erklären wollen, ist alles in Ordnung. Das heißt: immer wieder stur und freundlich zurück zur puren Empfindung. Ich sage klar und deutlich Ja zu dem, was ich empfinde, koste es, was es wolle. Der Witz ist: Es kostet gar nichts! Ich bekomme sogar etwas geschenkt, nämlich Erleichterung. Wann immer mir bewusst wird: »Ich leide gerade, mir geht's nicht so gut, ich fühle mich niedergedrückt, ich bin gereizt«, heißt es: Zurück zur Empfindung!

Ich fing täglich und stündlich bei Null an. Es braucht viel freundliche Aufmerksamkeit, um sich der puren Empfindung zu stellen und die Macht der alten Gewohnheiten zu durchbrechen, aber es lohnt sich. Zunächst scheint der Weg unbequem, aber nur, weil er noch nie beschritten wurde. Bald aber kennen wir ihn auswendig, im Dunkeln und im Schlaf und haben keine Angst mehr vor dem, was wir fühlen, weil wir feststellen: Die Gefühle tun uns nichts. Nicht mal die ganz furchtbaren. Sie bringen uns nicht um, sondern zerren nur an uns, weil sie ein bisschen Liebe wollen. Damit sie sich beruhigen und verändern und letztlich verschwinden können. Sie haben Ruhe, Frieden und Leichtigkeit für uns im Gepäck, kommen aber gar nicht dazu, ihren Rucksack auszupacken, solange wir sie dauernd mit vor Angst geweiteten Augen verjagen. Gefährlich sind sie nur, wenn wir den Geschichten Glauben schenken, die der Möchtegernchef aus dem Kopf über sie erzählt: »Du solltest anders sein, als du gerade bist« ist eine der beliebtesten. Dann können sie uns wirklich in den Wahnsinn treiben, denn seltsamerweise ist die Meßlatte, an der wir uns selbst messen, immer gerade einen Zentimeter zu hoch, um sie erreichen zu können. Doch jetzt, wo wir die Geschichten ihrem Ursprung zuordnen können, identifizieren wir sie als Hirngrütze, als logisch scheinende Gedanken, aber nicht als Realität. An diesem Punkt stellte auch ich eine sehr langsame, aber stetige Veränderung fest. Es wurde zunehmend heller und leichter in mir. Die Wolkendecke riss auf und ich konnte tatsächlich immer wieder ein Stück blauen Himmel sehen.

Die Heimkehr

Eva hat ein ruppiges Gemüt und versteht nicht, wieso manche Leute so ein Tamtam um ihre Gefühle machen: »Bei mir ist immer alles normal.« Wenn man sie fragt, wie es ihr geht, sagt sie unfreundlich: »Normal eben. Weder gut noch schlecht. Ich erwarte das Schlimmste und wenn es nicht eintrifft, hab ich mal wieder Glück gehabt.« Auf die Frage »Und wie fühlt sich das an?« guckt sie, als hätte man sie zu zehn Jahren Freiheitsstrafe verdonnert. »Das muss ich nicht wissen«, antwortet sie trotzig. »Du bist also zufrieden mit dir?« Wieder kommt dieser Blick: »Frag mich was Leichteres.« Okay: »Magst du dich?« »Lass mich doch mit dem esoterischen Selbstliebekram in Ruhe«, antwortet sie widerborstig. Doch dann überlegt sie und fragt abschätzig, so, dass ihre Neugier nicht zu sehen ist: »Soll man das, das mit dem Mögen?« – »Weiß ich nicht. Aber wenn ich es tue, fühlt es sich ziemlich gut an.« Evas Abwehrhaltung fängt an zu bröckeln: »Du meinst also, ich verpasse was.« – »Könnte sein.« – »Aber ich bin stinknormal«, wehrt sie ab. »Stinknormal sein ist perfekt dafür.« Eva guckt ungläubig und sucht nach Ausreden. Findet aber keine. Die Vorstellung, dass es egal ist, wie sie ist und sie keinem Club und keiner Religion beitreten muss, um sich zu fühlen und anzunehmen, irritiert sie angenehm: »Ich mich mögen … na, das wär' ja mal was …«

Manchmal fühlen wir gar nichts. Und wollen auch gar nichts Besonderes fühlen. Was ist dann? Ist dann alles im grünen Bereich oder fehlt etwas? Das, was wir gern als »Ich fühle nichts« bezeichnen, diese neutrale Empfindung, kann genauso mit offenen Armen und stiller Akzeptanz angenommen werden wie jedes andere Gefühl. Es muss nichts passieren, es müssen keine großen Eskapaden in mir stattfinden, damit ich mit mir sein kann. Ich kann mich leicht wie ein Schmetterling selbst umgarnen und einen gütigen Blick auf das werfen, was ich gerade bin: So fühlt es sich an in diesem Moment. Interessant! Vor allem wenn ich nichts Besonderes fühle und nichts zu beklagen habe, wenn keine Beschwerde, kein Ärger und kein störender Gedanke da ist, kann ich mir den Luxus leisten, noch einen Schritt weiterzugehen. Ich kann mich in meinen Wahrnehmungen vollkommen entspannen und ausdehnen.

Hier finde ich mein wahres Zuhause. Wenn ich wenig Wellengang auf meiner Emotionsskala zu vermelden habe, ist es am einfachsten, diese Stille und Entspannung zu finden. Und nachdem ich einmal geschmeckt habe, wie köstlich sich dieses Zuhause anfühlt, will ich immer wieder dorthin. Es hat »Suchtpotenzial« und es ist eine Sucht, die absolut empfehlenswert ist, niemals wehtut und von sämtlichen andern Süchten befreien kann.

Lebendige Stille und freudige Ruhe erwarten uns hier, Klarheit und Gelassenheit. Jede Art von Empfindung lässt uns am Ende dort rasten und Kraft schöpfen. Wenn ich einmal weiß, wo diese Quelle zu finden ist und sie öfter aufsuche, kann sich die Ruhe mehr und mehr vertiefen. Sie wird zu einem wahren Jungbrunnen.

Erlebnis: Ausruhen in der Stille

Mache es dir behaglich. Sitze oder liege und wende dich dir selbst freundlich zu. Wenn es bereits recht ruhig in dir ist, fühle das mit all deiner Achtsamkeit. Auch nichts zu fühlen, kannst du fühlen. Es ist genau richtig. Wenn dich Gedanken, zum Beispiel Erwartungen oder Urteile beschäftigen, wende dich dem zu, was du in deinem Körper wahrnimmst. Umgib dich von innen mit Wärme und schenke deinem Empfinden, sei es stark oder schwach, Wohlwollen. Tauche in die Mitte deiner Empfindung oder der Wahrnehmung, nichts zu fühlen, ein und entspanne dich. Lass alle Vorstellungen los. Genieße das erleichternde Gefühl, das sich einstellt und das du wahrscheinlich schon kennst.

Entspanne dich noch mehr in dem, was du fühlst, und erzwinge keinerlei Veränderung. Gib der Wahrnehmung Zeit und

Raum. Sei so groß wie ein Ballsaal für sie. Bleibe sehr zart mit diesem Bereich deiner selbst. Lass Erwartungen und Vorstellungen los und genieße die sich ausbreitende Ruhe, wenn sie kommen will. Verweile in diesem stillen Raum. Fehlt dir hier etwas, jetzt, in diesem Moment? Entspanne dich immer weiter auf dem sicheren Ruhelager in deinem Innern und genieße es. Bleibe dort, solange du willst. Öffne dann langsam die Augen.

Vor Jahren noch hätte ich diesen Ort im Innern gar nicht aufsuchen wollen. Weil ich ganz sicher war, dass mir dort meine Individualität abhanden kommt. Frieden und Stille – das klang, als sei es nur was für Abgehobene, die den ganzen Tag meditieren und eh kein Interesse am Leben haben.

Was für ein Irrtum! *Die Lebendigkeit, die ich in dem Zuhause fühle, zu dem mich ein Gefühl bringt, ist weit größer und erfüllender, als die, die ich im Außen finde.* Sie ist mit nichts vergleichbar. Sie ist unabhängig. Von hier aus sehe ich mich selbst aus einem anderen Blickwinkel. Und dadurch natürlich auch alles, was mich bewegt. Hier ist alles gut. Hier wird nichts von mir verlangt, keine Veränderung, kein Verbessern. Hier gibt es keine Fehler, keine Versäumnisse. Hier bin ich nicht einsam, und hier gibt es keine Angst. Ich muss mich nur daran erinnern, dass es diesen Platz gibt. Vor allem, wenn ich mit den Herausforderungen des Lebens konfrontiert bin.

Ich fühle: Ah ja, so fühlt sich Zweifel an! Er darf hier sein, ich gebe ihm Raum, bin gut zu ihm, gehe in seine Mitte und breite mich dort aus. Dann öffnet sich dieser Friedensraum, die Stille. Es ist eine Stille, die nichts will, die nichts braucht, die nicht langweilig ist, sondern reich und lebendig. Sie ist die Quelle unserer Kraft, unserer Originalität, unserer Intuition. Sie versiegt nicht, weder in unseren schönsten noch in unseren schlimmsten Stunden. Der Zweifel verschwindet. *Wir können dieses neu entdeckte »Zuhause« mit nach draußen ins Leben nehmen.* Es will sich dort in Handlungen umsetzen. Ich bin interessierter, ich bin wacher, ich bin authentischer und mutiger, mich meinen Herausforderungen zu stellen und mich entsprechend zu äußern. Ich weiß um die Basis in mir, die mir den Halt gibt, den ich draußen nicht finde. *Hier kann mir nichts passieren, weil hier definitiv nichts passiert.*

4   Der Kopf lernt mit

Es ist also möglich, Freundschaft mit sich selbst zu schließen: durch achtsames Hinschauen und Hinfühlen. Wir können sogar lernen, diese Verbindung zu uns selbst noch weiter zu vertiefen. Doch da gibt es jemanden, der ganz fröhlich alles mitlernt: der Möchtegernchef im Kopf. Er hat von Anfang an jede neue Erkenntnis gespeichert und weiß jetzt, wie er diese »freundschaftlichen Anwandlungen« uns selbst gegenüber für seine Zwecke nutzen kann ...

»Gefühle liebevoll annehmen? Nichts leichter als das!« Julia ist begeistert, als sie endlich eine Möglichkeit sieht, wie sie mit ihrer Eifersucht auf ihren fremdflirtenden Mann umgehen kann. Sie sagt sich: »Oh ja, ich fühle meine Eifersucht, sie wummert und wimmert in meiner Brust!« Sie findet es wunderbar, dass sie sich die Erlaubnis geben kann, zu ihrem Gefühl zu stehen und nicht länger so tun zu müssen, als würde ihr nichts etwas ausmachen. Tatsächlich geht es ihr besser. Mit diesem Erfolgserlebnis geht sie zu ihrem Ehemann, drückt ihm einen Kuss auf den Mund und sagt: »Jetzt hab ich meine Eifersucht gefühlt, ich hab mich geradezu mit ihr angefreundet. Jetzt kannst du auch aufhören, unsere Nachbarin zu bezirzen. Dann sind wir quitt.« Ihr Mann reagiert erstaunt, als wüsste er nicht, wovon sie redet: »Ich bezirze sie nicht, ich bin einfach nur freundlich zu ihr.« Doch Julia lässt nicht locker: »Erzähl mir doch keinen Käse, du flirtest! Wahrscheinlich merkst du es nicht einmal.« Und ihr Ehemann bekommt noch mehr zu hören: »Hör auf sie anzugraben und dann spür mal, wie sich das für dich anfühlt. Da lernst du dich besser kennen und findest genau das, was du sonst von unserer Nachbarin wolltest: Bestätigung und Befriedigung.« Aber ihr Mann schaut sie nur verständnislos an und antwortet langsam: »Ich habe Bestätigung und Befriedigung, Julia. Ich hab kein Problem.« Damit ist Julias Fühlstrategie erstmal gescheitert.

Julia führt sich selbst hinters Licht, indem sie aus dem »Fühlen« eine Methode macht, ein Mittel zum Zweck. Sie fühlt *um zu* … Denn sie beschäftigt sich nur mit ihren Befindlichkeiten, um sie am Ende loszuwerden und um Kontrolle über ihren Mann auszuüben. Sie fühlt, um auch weiterhin recht zu behalten und um eine neue Forderung zu stellen: »Jetzt musst du aber machen, was ich will.« *Ein Gefühl zu fühlen, um es loszuwerden, ist ein fauler Trick.* Zu fühlen, um etwas damit zu bezwecken, funktioniert nicht. Es funktioniert nur, wenn ich rein gar nichts damit bewirken will, außer: mich ganz und gar mit dieser Befindlichkeit annehmen.

Wenn Julia feststellt, dass sie sich selbst austrickst, könnte sie ihr frisch entdecktes Kontrollieren anschauen: »Wie fühlt es sich an? Was braucht es von mir? Ja, ich will meinen Mann immer noch kontrollieren. Er soll sich so verhalten, wie es mir gefällt. Es ist okay, das zu sehen. So ist es. Ich schenke diesem Drang zum Kontrollieren meine liebevolle Aufmerksamkeit.« Er wird gesehen, er beruhigt sich. Es ist in Ordnung, diese Tendenz zum Kontrollieren zu haben, denn sie ist gerade da. Ich muss nicht die Lippen zusammenkneifen und mich zum stummen Opfer seiner Flirt-Ambitionen machen. Auch wenn ich sage: »Mir passt das nicht, ich werde mich scheiden lassen«, komme ich nicht umhin zu fühlen, was ohnehin schon da ist. Kann ich diesen Unmut fühlen und letztlich damit in Frieden kommen? *Kann ich im Frieden mit meinem Unfrieden sein?*

Das hört sich an wie ein einfaches Kochrezept, aber ich weiß aus eigener Erfahrung, dass es viel Entscheidungskraft braucht zu sagen: »Halt! Stopp! Ich höre nicht auf die Hetzkampagnen aus meinem Oberstübchen. Ich folge nicht dem Sog, der mich leiden lässt. Ich weigere mich anzunehmen, was da an logisch klingenden Äußerungen aus dem Verstandes-Computer kommt. Er will uns auf seine Art beim Fühlen »helfen«. Ich versuche, ihn einfach denken zu lassen, und schenke meine ganze warmherzige Aufmerksamkeit dem Widerstand, den ich empfinde. Oder der Wut, dem Aufbegehren, dem Kleinfühlen.

Es bedarf der Schärfe eines Schwertes, um die Aufmerksamkeit vom Hören auf die Gedanken abzuschneiden. Doch sobald wir fühlen, ist es leicht. Wir merken allmählich mehr und mehr, ob wir einen Zustand trotz Zuwendung loswerden wollen, oder ob wir ihn wirklich annehmen. Das macht den Unterschied. Sobald wir in Kontakt mit unserer Befindlichkeit sind, wird jedes Wort, das uns über die Lippen kommt – und sei es in der größten Auseinandersetzung – von größerer Authentizität sein. Wir sprechen aus dem Herzen, nicht aus dem Kopf. Und das tut allen Beteiligten gut.

Spirituelle Fallen

Katharina war verliebt, und als sie erfuhr, dass ihr Auserwählter verheiratet war, störte sie das anfangs wenig, denn sie wollte ihn ja ohnehin nicht besitzen. Sie genoss die unvergleichliche Nähe, die sie mit Bruno verband. Es war eine Liebe, die sie so nicht kannte. Sie sagte:»Wir halten uns nicht aneinander fest. Es fühlt sich so frei an.« Ich beneidete sie. In den ersten Wochen schwebte sie auf Wolke sieben und verschwendete keinen Gedanken daran, in welche Richtung sich ihre Beziehung zu diesem Mann entwickeln würde. Sie zweifelte an nichts. Doch das änderte sich sehr schnell. Mit der Zeit bemerkte ich, wie unruhig sie wurde, wenn eine Verabredung mit ihm platzte und er per Handy kurzfristig absagte. Sie schickte eine SMS nach der anderen und schaute ständig nach, ob er eine zurückgeschickt hatte. Man konnte zusehen, wie sie von einem Sog erfasst wurde, der sie zu diesem Mann trieb. Sie wollte mehr vom Guten und Freien! Wenn sie »Eventuell sehen wir uns heute« sagte, forderte ihr Gesichtsausdruck:»Ich muss ihn sehen.« Doch das verdrängte sie. Sie gab vor »bei sich« zu bleiben und wollte auf keinen Fall ferngesteuert sein. Dabei war sie es längst. Statt dies anzuerkennen und die damit verbundenen Gefühle zu empfinden, ging sie darüber hinweg und wollte den Moment genießen. »Ich nehme es, wie es kommt«, behauptete sie, aber das war lediglich eine Idee des Möchtegernchefs im Kopf, um Schmerz und Enttäuschung zu vermeiden.

Den Moment kann man aber nicht wirklich genießen, solange es noch etwas gibt, das man ablehnen muss, in diesem Fall das Gefühl, ferngesteuert zu sein. Katharinas Möchtegernchef im Kopf wollte seine Vorstellung von Beziehung durchsetzen, und die hatte unter anderem etwas mit Romantik und liebevollem Beisammensein zu tun. Kein Wunder, dass sie früher oder später Schwierigkeiten damit hatte, dass ihr Freund die wachsende Liebesbeziehung zu ihr geheim halten wollte. Aber auch das versuchte sie zu akzeptieren, indem sie an die Quelle der Liebe in ihrem Inneren appellierte. Sie sagte: »Wenn ich in die Stille gehe, ist immer alles okay.« Dann konnte sie ihm wieder scheinbar frei begegnen. »Es spielt keine Rolle, dass er nicht zu mir steht. Das ist ein antiquiertes Beziehungsmuster. Da stehe ich drüber. Ich weiß ja, was mich mit ihm verbindet.« Das verkaufte sie mir als die Wahrheit, doch die Gefühle, die darunter lauerten – das Gefühl, abgelehnt zu werden und das Gefühl, wertlos zu sein – ließ sie außen vor.

Dann tauchten Wünsche auf: Bruno sollte öfter Zeit für sie haben. Auch wollte sie sich nicht immer nach den Lücken in seinem Terminkalender richten, aber es passierte trotzdem. Ich bekam sie immer weniger zu Gesicht, weil sie sich die Nachmittage oder Abende für Bruno freihalten musste. Sie wollte Dinge tun, die man als verliebtes Paar so macht, wollte wegfahren, ausgehen. Doch das ließ die Dreier-Konstellation dieser Beziehung nicht zu. Jetzt sagte sie manchmal: »Ich komme mir wie eine Insel vor, auf die er aus seinem Alltag flüchtet. Und ich bin gerade vor ihm dort gestrandet.« Auch das Wort »benutzt werden« fiel hin und wieder, aber auch dieses Gefühl wurde mit Sprüchen wie »Niemand kann mich benutzen, wenn ich es nicht zulasse« schnell vom Tisch gewischt. Ihr Denken blieb aktiv, aber die Gefühle, die durch all diese Erlebnisse geweckt wurden und heilen wollten, fanden keine Beachtung.

Ihrem Geliebten gegenüber argumentierte sie: »Wenn du mich so liebst, wie du sagst, müsste es eigentlich selbstverständlich sein, dass du zu mir stehst.« Dann fing sie an, die

Moral zu bemühen und ihm ins Gewissen zu reden, weil er ja seine Frau betrog. Sie forderte, klagte an, erwartete und – wartete. Und über all dem Warten und all diesen inneren und äußeren Kämpfen verlor sie mehr und mehr den Kontakt zu sich selbst: zu dem, was sie fühlte und brauchte und was gut für sie war. Zwar kehrte sie immer wieder zu ihrer friedlichen inneren Basis zurück, doch die Kraft, die sie sich dort holte, benutzte sie, um weiter an der Beziehung festhalten zu können.

Katharinas Geschichte ist ein sehr krasses Beispiel für die größte Falle, die Überzeugungsmuster uns stellen können: die Falle, die sich als »Spiritualität«, »Psychologie« oder auch »Moral« tarnt. *Der Denkapparat ist so gescheit, dass er alles verwendet, was ihm an Informationen zufließt, um auch weiterhin die Kontrolle zu behalten – auch spirituelle, moralische oder psychologische Erkenntnisse.* »Ich brauche mehr Zuwendung« ist das Gleiche wie: »Ich brauche keine Zuwendung.« »Ich will gar keine Beziehung mehr« ist das Gleiche wie: »Ich will unbedingt eine Beziehung.« »Ich rebelliere jetzt nur noch« ist das Gleiche wie: »Ich akzeptiere alles ungefragt.« All diese Extreme sind jeweils nur die Kehrseite ein und derselben Medaille und machen nur eins deutlich: dass ich nicht mit meinen Empfindungen und somit auch nicht bei mir bin.

Wenn wir etwas mehr Erfahrung damit haben, den inneren Frieden als unser Zuhause zu erleben, benutzt der konditionierte Möchtegernchef im Kopf auch das, um sich die Macht zu sichern, indem er sagt: »Geh gar nicht mehr nach draußen. Schotte dich von andern ab. Das Glück ist nur im Innern.« Dann kann es passieren, dass wir gar nicht mehr aus der schweigenden Zurückgezogenheit herauskommen und höchstens noch zum Briefkastenleeren in den Flur gehen, denn das macht uns angeblich zu »wahrhaft erwachten spirituellen Suchern«. *Der Trickreichtum unseres Möchtegernchefs gipfelt darin, dass er uns sogar helfen will, sich selbst zu vernichten.* Er sagt: »Du wolltest doch weniger auf mich hören. Höre am besten gar nicht mehr auf mich, sondern fühle nur. Ich helfe dir, dich von mir zu befreien.« Es ist absurd, aber auf diese Weise bleibt der Kollege da oben am längeren Hebel, lacht sich ins Fäustchen und wir sind alles, nur nicht Herr im eigenen Haus.

Schlimm wird es auch, wenn wir uns mit seinen klugen Sprüchen identifizieren und dafür beglückwünschen, dass »wir entwicklungsmäßig schon so weit sind, während es andere mit ihren Selbstfindungs-Klimmzügen noch nicht mal eine Augenbreite über den Tellerrand geschafft haben«. Dann ist die spirituelle Falle zugeschnappt.

Wir sind immer Anfänger und wenn wir noch so fortgeschritten sind. Wir fühlen nämlich immer nur das, was wir jetzt im Moment fühlen. Das mag für den konditionierten Verstand eine Ohrfeige sein, denn er will vorankommen und sich am liebsten immer nur gute Noten geben – für die Vergangenheit und in Zukunft. *Doch wenn wir das Anfänger-Sein in jedem Moment als Luxus erkennen, den wir uns gönnen, ist jeden Tag Weihnachten.* Dann entwickeln wir uns tatsächlich »weiter«. Wir machen Schritte, die so riesig sind, dass wir es gar nicht mehr nötig haben, zu vergleichen und uns größer oder kleiner zu machen als andere. Wir sind ganz wir selbst und leben danach. Das ist der größte Fortschritt, den wir machen können.

Bilderbuchbeziehungen

In Partnerschaften hat einer der Partner oder haben beide Partner oft die Tendenz, die eigenen Bedürfnisse »dem anderen zuliebe zurückzustellen«, und das war bei Katharina besonders extrem. Je mehr sie daran arbeitete, im wahrsten Sinn des Wortes »bedürfnislos« zu werden, um Bruno nicht zu verlieren, umso mehr wollten sich ihre ungesehenen Gefühle und Bedürfnisse in den Vordergrund drängen. Sie überging sie aber auch weiterhin beharrlich und wartete darauf, dass ihr Partner etwas änderte – was dieser nicht tat. Schließlich fiel sie – für sie selbst kaum merklich – in eine Art Depression. Sie nahm kaum noch am Leben teil und fror innerlich ein.

Alle ihre Freundinnen gaben ihr gut gemeinte Ratschläge, die sie wohl verstand, die aber nichts bewirkten. Wenn man mitten in einer solchen Situation steckt, sind die Weisheiten guter Freunde kaum einen Pfifferling wert, und seien sie noch so lieb gemeint. Katharina musste es selbst entdecken. Sie zog sich völlig zurück, und bald konnte sie erkennen, in welche Gedankenfalle sie getappt war. Und was noch wichtiger war: Sie konnte endlich fühlen! Über das, was sie sah und noch nicht sah, aber ahnte, konnte sie mit kaum jemandem wirklich reden: »Es ist so zerbrechlich und neu.« Diese Art zu sehen, braucht Sanftheit und Geduld. Auf Augenhöhe mit dem Schmerz! Nicht mit dem Partner. Nicht um zu leiden, sondern um Leiden zu beenden. Sie durchforstete ihre Überzeugungen und fand die simpel klingende Antwort: *Es ist absolut in Ordnung, Bedürfnisse zu haben. Es ist auch in Ordnung, dafür zu sorgen, dass sie befriedigt werden! In erster Linie von mir selbst.*

Für Katharina war irgendwann klar, dass sie Bruno verlassen musste. Die Beziehung zu ihm ließ sich unter diesen neuen, authentischen Vorzeichen nicht mehr länger halten. Die Trennung war ein klares Ja zu sich selbst. Genauso gut hätte sie durch ihre Annäherung an sich selbst eine neue Sicht auf diese Beziehung finden können, die ihr ermöglicht hätte, die Stunden mit ihrem Freund wieder zu genießen. Das Ja zu den Gefühlen ist ein Ja zu mir, egal, wie sich die äußeren Umstände später gestalten.

Es lohnt sich, das starre Bild loszulassen, das wir uns von uns selbst, von unserem Partner und von der Beziehung machen. Wir haben in der Vergangenheit Erfahrungen mit diesem Partner gemacht, haben Vorstellungen davon, wie es weitergehen könnte, und sagen: »Ich habe eine Beziehung.« Interessant! Aber wo ist sie denn? Die Beziehung selbst gibt es nicht, weil sie nur ein Wort ist. Oder hat sie schon mal jemand im Café sitzen sehen und mit ihr einen Espresso getrunken? Definieren wir jedoch nicht, was wir da haben, so erleben wir uns einfach, wie wir mit jemandem Tisch und Bett teilen und uns dabei mal super, mal mittelmäßig und mal bescheiden fühlen. Unsere Vorstellungen und Erwartungen davon, wie sich diese Beziehung gestalten sollte, sind es, die diese menschliche Verbindung in einen Bilderrahmen pressen wollen. Weil wir so vieles nicht fühlen wollen und lieber verdrängen, dirigieren wir den Partner zielstrebig dorthin, wo es uns am wenigsten wehtut. Im Notfall blenden wir ihn ganz aus. Wenn er das Gleiche macht, entsteht eine Symbiose, wo keiner jemals seine eigene Baustelle besuchen wird, nicht mal mit Sturzhelm. Es gibt ja keinen Grund, solange die Gefühle brav im Untergrund schlummern. Sie arrangiert sich damit, dass er nichts mehr von sich erzählt und nur noch mit seinen Kumpels ausgeht, und er schluckt die Tatsache, dass sie immer öfter auf dem Sofa, statt im gemeinsamen Bett schläft. Beide bemerken zwar, wie ihnen dies Magendrücken bereitet, aber sie verdrängen die Gefühle und bestätigen einander, wie froh sie sind, dass sie gesunde Kinder haben, die gute Schulnoten nach Hause bringen. Insgeheim ist die gesamte Aufmerksamkeit beim jeweils anderen. »Er sollte anders sein, er sollte mit mir reden und sich besser verhalten.« Oder: »Es ist mir egal, wie sie sich verhält. Sie macht einfach ihr Ding.« Keiner fragt: »Wie fühlt es sich an?« So kommt es, dass uns das Miteinander mit dem andern plötzlich »oberflächlich« oder »langweilig« vorkommt.

Je mehr wir mit uns selbst und unseren Befindlichkeiten sein können, umso freier gestaltet sich auch eine Beziehung. Dann sind wir in uns selbst »rund« und können die Vorstellungen, die wir von Beziehungen haben, allmählich hinter uns lassen. Dann wird klar: Es gibt nur Begegnungen – und die finden in jedem Moment statt. Wenn ich das erkannt habe, halte ich mich nicht mehr an meiner Vorstellung vom andern fest und projiziere diese in die Zukunft. Oder mache mir Hoffnungen, dass er sich endlich auch mal ändert, wo wir doch schon so viel in die Partnerschaft »investiert« haben. Damit falle ich langfristig garantiert auf die Nase. Denn er räumt auch in Zukunft nicht freiwillig die Spülmaschine aus. Es geht nicht darum, es plötzlich gut zu finden, dass er das Geschirr nicht aufräumt, sondern nur um die Frage: Darf das Gefühl sein, das die volle Spülmaschine bei mir auslöst: das Genervtsein, der Ärger, das Gefühl, die »Putzfrau« zu spielen, das Gefühl, nicht gut behandelt zu werden … Wenn ich mit mir bin, ergeben sich Äußerungen und Handlungen auf natürliche Weise und vielleicht ganz anders als geplant. Jeden Moment beziehen wir uns neu aufeinander, denn jeder Moment ist neu und unvoreingenommen – wenn ich nicht im Kopf bin. Jetzt fühlt es sich so an, gleich ist es wieder anders. Eben noch Hochstimmung, jetzt Knatsch. Kann ich damit sein? Erlaube ich mir zu fühlen, was ich fühle? Ich habe ihr die Schuld gegeben, okay: Kann ich mit meiner Beschuldigung sein und bin friedlich mit mir? – Ich habe ihn angeschrien, und zwar aus gutem Grund. Manchmal fliegen die Fetzen, und ich bereue es nicht mal. Kann ich damit sein? Erlaube ich dem Partner zu fühlen, was er fühlt? Oder sage ich: »Stell dich nicht so an, jetzt sei doch wieder gut drauf.« Wenn wir an der Vorstellung von unserer Liebesbeziehung festhalten, haben wir zwar eine Beziehung, beziehen uns aber nicht aufeinander. Wir verpassen den Moment, in dem sich die Beziehung verändert und bewegt, in dem sie lebt und sich weiterentwickeln möchte. Wir hinken hinterher, kitten hier und reparieren da, diskutieren und verbiegen uns, wollen nicht wahrhaben, dass die Realität anders aussieht, als wir sie uns ausgemalt haben. Wenn wir es dann bemerken, sind wir entsetzt. Kann ich mit der Realität sein, so, wie sie gerade ist? Bin ich mir selbst treu? Kann ich mich daran freuen? Ja? Nein? Falls nein, erlaube ich mir zu fühlen, was in mir bohrt und sich ungut anfühlt? *Wenn ich bei mir bin, verpasse ich keine noch so kleine Veränderung, denn dann bin ich selbst ein Teil davon.* Ich bin freier in meiner eigenen Haut – und dadurch auch in der Beziehung. Auf diese Weise kann sich ein Miteinander frisch gestalten, und ich sehe die Stolpersteine als Chance, die Freundschaft zu mir selbst zu vertiefen.

Vom Überspringen der Gefühle

Beim Coachen von Schauspielern und bei der Erarbeitung von Szenen und Rollen fällt mir oft auf, dass manche Schüler nicht ganz »bei sich« sind. Das sehe ich daran, dass sie nicht aus dem Moment heraus auf den Partner und die vorgegebene Situation reagieren, sondern etwas spielen, wovon sie *glauben*, es sei das Richtige. Diese Art von Schauspiel hat aber gar nichts mit ihnen selbst zu tun. Es ist künstlich, nicht authentisch – Klischee. Es kommt aus dem Kopf, der sich was »Passendes« ausdenkt – und macht die Angst, sich zu zeigen, sichtbar. Das ist der eigentliche Grund, warum diese Schüler das spielen, was der Verstand sich ausdenkt, und nicht das, was sie wirklich wahrnehmen. Sie vertuschen den eigentlichen Impuls und überspringen ihre Empfindung, weil sie glauben, das, was sie wirklich empfinden, sei nicht gut genug.

Oftmals wissen sie aber gar nicht, wie sie sich fühlen. Sie trauen sich nicht hinzuspüren und lassen deshalb den Verstand entscheiden. Meist unterbreche ich dann die Szene und frage: »Was fühlst du gerade?«

»Jetzt? Ich weiß es nicht.«

»Fühl mal hin.«

Ratlosigkeit auf den Gesichtern: »Wohin fühlen?«

»In deinen Körper, da sind die Gefühle. Fühlst du deine Füße?«

»Ja.«

»Dann kannst du auch fühlen, was du fühlst in diesem Moment. Die Spielszene schreibt vor, dass dein Spielpartner dich anschreit, weil er auf dich wütend ist. Und dein Text schreibt vor, dass du sagst: ›Ich möchte jetzt essen gehen.‹ Wie das aus dir rauskommt, hängt davon ab, was du fühlst, wenn er dich anschreit. Sein Anschreien könnte dich in die Enge treiben, dir Angst machen, sodass deine Stimme ganz klein und leise wird. Oder du könntest rebellieren, ihm Kontra geben oder ihn eiskalt auflaufen lassen und seinen Wutausbruch gar nicht an dich ranlassen. Du könntest ihn nicht ernst nehmen oder über ihn lächeln, ihn provozieren. Oder ihn mit deiner Antwort nahezu verführen, dich zu küssen, statt essen zu gehen. Dann wäre er wirklich platt! Dann hätten wir eine interessante Szene!«

Das nahe liegende Empfinden wird oft übersehen, weil es uns zu klein oder nichtssagend vorkommt. Doch oft bringt genau das den zündenden Funken und macht die ganze Szene zu einem lebendigen Abenteuer. Nichts ist zu klein, nichts zu unwichtig, um es nicht als Goldgrube für kreativen Ausdruck zu verwenden. Für persönlich gestaltete und wahrhaft empfundene Szenen bekommen manche Hollywood-Schauspieler einen Oscar.

Manchmal ist es nicht einfach, so nah bei sich zu sein, dass man direkt spürt, was im eigenen Körper vor sich geht. Ich stelle selbst oft fest, dass ich erst merke, wie ich mich fühle, *nachdem* ich beispielsweise das Gespräch mit jemandem beendet habe. Im direkten Kontakt war dies gar nicht möglich, weil ich so sehr mit meinem »Funktionieren« als Gesprächspartnerin beschäftigt war. Ich wollte einen guten Eindruck hinterlassen, die Fassung wahren, das Gespräch retten oder unterhaltsam sein. Erst hinterher spüre ich: Es hat mich geärgert oder nervös gemacht. Ich frage mich: »Was wollte ich bei meinem Gesprächspartner bewirken? Was war die gute Absicht? Was war denn so wichtig, dass ich den Kontakt zu mir selbst aufgegeben habe?« Und dann kommt: »Ich wollte eine gute Figur machen.« Oder: »Ich wollte ihn nicht enttäuschen.« Das sind wichtige Informationen, die mich direkt wieder zur

Freundschaft mit mir selbst zurückbringen. Welche Überzeugung steht dahinter? »Ich bin nicht gut genug.« Oder: »Ich könnte ihn tatsächlich enttäuschen, und das will ich nicht fühlen.« Und schon bin ich wieder aufgerufen, nett mit diesen aufsteigenden Gefühlen und nachsichtig mit mir selbst zu sein.

Das direkte Erkennen, was los ist, ist für einen Schauspieler essenziell. Auf der Bühne hat er nämlich nicht die Möglichkeit, die Sache »hinterher« zu bereinigen. Er muss ständig präsent sein und für das Anliegen seiner Rolle kämpfen. Erst die Wahrhaftigkeit, das Reagieren im Augenblick macht ihn interessant und echt. Daran merkt man, ob ein Schauspieler gut ist: dass er bei sich ist und fühlt, was sich in ihm abspielt. Und zwar so schnell, dass er die Freiheit hat, es für seine Szene zu benutzen oder eine andere Empfindung zu wählen. Eine, die auch da ist oder die er abrufen kann, weil er sie kennt. Dann sind der Fantasie keine Grenzen gesetzt. Er braucht Aufmerksamkeit und ein gutes Beobachtungsvermögen, damit er merkt, was bei ihm und seinem Gegenüber passiert und wie es ihn trifft. Meine Erfahrung ist, dass man diese Fähigkeit trainieren kann. Und das gilt nicht nur für Schauspieler.

Erlebnis: Die gute Absicht bemerken

Wenn dir auffällt, dass du deine wirklichen Empfindungen überspringst, weil du meinst, sie wären nicht gut genug oder gerade nicht passend, so betrachte diesen Vorgang mit neutralem, wachem Blick. Beurteile dich nicht dafür. Bemerke, dass du deine Gefühle aus einer guten Absicht heraus übersprungen hast. Welche? Für welches Ziel hast du den Kontakt zu dir und deiner Befindlichkeit aufgegeben? Kannst du anerkennen, dass es eine gute Absicht war? Welche Überzeugung über dich oder den anderen hat dich dazu veranlasst, ein anderes Bild von dir abzugeben und dein Gefühl zu überspringen? Nicht gut genug zu sein, zu gut für diese Person zu sein, angreifbar zu sein, nicht sicher genug zu sein, die Kontrolle behalten zu müssen oder Ähnliches? Welche Gefühle sollten durch dieses Verhalten verdeckt werden? Ängstlichkeit, Unsicherheit, Ungeduld, Protest, Ohnmacht oder Ähnliches? Was ist es bei dir gerade? Diese Empfindung möchte jetzt deine Zuwendung. Lade sie ein, sich zu zeigen. Fühle sanft in sie hinein. Du musst sie nicht benennen. Es reicht, wenn du sie da sein lässt. Sie möchte deine freundliche Aufmerksamkeit. Vielleicht kannst du allmählich Freundschaft schließen mit diesem Gefühl, das du überspringen musstest. Es möchte dich auf dem Weg in ein freieres Verhalten begleiten.

Wenn du magst, lausche, was es von dir braucht, damit du dich in Zukunft so verhalten kannst, wie es für dich stimmig ist. Braucht es Zuspruch oder Geduld? Sicherheit und Wärme? Bestätigung, dass du gut genug bist? Nimm es wahr und bleibe sanft mit dir selbst.

Die Himmelfahrt unserer Probleme

Rainer und seine schwangere Frau, Sophie, haben sich gerade ein Haus gekauft. Die Finanzierung ist von langer Hand geplant und es darf nichts dabei schiefgehen. Glücklich und aufgeregt verbringen sie die ersten Nächte in ihrem neuen Zuhause. Doch dann kommt die schlechte Nachricht: In Rainers Firma werden Arbeitsplätze wegrationalisiert und man kündigt ihm nach fast zwanzig Jahren. Für ihn bricht eine Welt zusammen. Er weiß nicht, wie es weitergehen wird und wie er mit achtundvierzig eine geeignete, gut bezahlte Stelle in seinem Umkreis finden soll. Nachts wälzt er sich schlaflos im Bett. Er ist unfähig, klar zu denken. In seinem Kopf rotiert es, er hat Herzbeklemmungen, streitet oft mit Sophie. Er fühlt sich wie gelähmt. Trotzdem zwingt er sich, Bewerbungen rauszuschicken. Zurück kommen freundlich formulierte Absagen, die Rainer noch wütender machen, als er schon ist.

Rainer besucht seinen achtzigjährigen Vater. Sie gehen zusammen spazieren. Der Vater sieht, wie verbittert sein Sohn ist. Statt ihn zu bewegen, die Situation in den Griff zu kriegen, sagt er: »Lass es mal in Ruhe.« Rainer versteht nicht und sein Vater sagt es deutlicher: »Gib auf.« Rainer reagiert aggressiv: »Niemals!« Doch sein Vater bleibt dabei: »Gib's dem Herrgott, der macht es für dich.« Aber Rainer glaubt nicht an solche Ammenmärchen. »Dann gib es den Gewitterwolken da oben. Die reichen es ihm weiter, wenn du es ihm nicht geben willst.« Tatsächlich ziehen dunkle Wolken auf. Die ersten Regentropfen fallen: »Und dann?« – »Hörst du auf zu grübeln und machst das, was ansteht.« Ein lautes Donnern unterbricht ihre Unterhaltung und es fängt an zu schütten. Klitschnass erreichen sie Rainers Elternhaus. Zum ersten Mal sieht Rainer ein grazil gefertigtes Schmuckkästchen auf der Anrichte. Er nimmt es in die Hand: »Woher ist das eigentlich?« – »Das hab ich damals in Kriegsgefangenschaft gemacht, während der Herrgott vier Jahre lang meine Heimreise vorbereitet hat. Es ist aus Blechdosen. Hab ich deiner Mutter zu unserer Hochzeit geschenkt. Sonst hätte ich mit leeren Händen vor ihr gestanden …« Seine Augen blitzen.

Als Rainer an diesem Tag nach Hause zu seiner Frau kommt, ist sie verwundert, dass er plötzlich viel entspannter und zugänglicher ist: »Was ist, hast du Arbeit?« fragt sie hoffnungsvoll. – »Noch nicht, aber ich weiß, dass es irgendwie weitergeht.« Den Rest des Abends verbringt er damit, das Kinderzimmer zu tapezieren.

Wenn wir uns weigern zu fühlen, wie wir uns fühlen, bringt uns der Möchtegernchef aus dem Kopf früher oder später sehr konkrete Beweise, wieso diese Verweigerung gut ist. Er macht Lösungsvorschläge, plant Racheakte, schickt Verzweiflung und vielleicht sogar Selbstmordgedanken. Meist sind wir uns nicht darüber im Klaren, dass dies nur unsere Gedanken sind. Deshalb schaffen sie es, das Kommando zu übernehmen, vor allem in existenziellen Krisensituationen. Wir leiden unter diesen Gedanken, weil wir nicht merken, dass sie nur so mächtig sind, weil wir ihnen glauben. Das gilt für jedes zwanghafte Sich-im-Kreis-Drehen, für sämtliche Verhaltensmuster, die bewirken, dass wir wie »ferngesteuert« einer mächtigen Instanz folgen: »Ich muss die Torte essen. Ich muss ständig Sex haben. Ich muss viel arbeiten, viel trinken, stundenlang diskutieren, immerzu das Problem wälzen.«

Weil wir wissen, dass dies alles nicht gut für uns ist, versuchen wir, es sein zu lassen. Aber die alte Gewohnheit ist stärker, und so entsteht ein ständiges Hin und Her zwischen Gewohnheit und besserem Wissen. Beides wird vom Kopf gesteuert, der seine Argumente gegeneinander ausspielt. Und wir sind die Leidtragenden. Irgendwann merken wir, dass wir einen anderen Weg einschlagen müssen, und rufen aus tiefster Seele: »Ich kann nicht mehr!« Spätestens dann, wenn uns die Kräfte ausgehen, erkennen wir, dass wir etwas tun können, indem wir nichts mehr tun: Wir geben den sinnlosen

Kampf auf. Tu nichts mehr. *Höre nicht mehr auf das Verstandesgeplapper.* Sage unmissverständlich: Es reicht! Zum Anhalten des »Kampfmotors Kopf« braucht es entweder eine klare Entscheidung oder die totale Erschöpfung. Es ist, als würdest du die »weiße Flagge« hissen: Ich gebe auf, jetzt. Ich kapituliere. Ich strecke die Waffen. Ich stelle diesen Wahnsinn einer »höheren Intelligenz« anheim – Gott, der Liebe, dem Leben, dem Schutzengel, den Mächten zwischen Himmel und Erde oder dem Wind. Ich überlasse alles Kämpfen und Suchen dieser göttlichen Führung, wie auch immer sie für mich aussieht. Das heißt: Ich muss mich nicht mehr drum kümmern. Ich sage zum Beispiel: »Liebes Leben, du hast mir dieses Problem geschickt. Ich komme nicht damit zurecht. Du siehst ja, wie ich mich seit Monaten damit abstrampele. Ich komme nicht allein weiter. Bitte, nimm du es. Du hast es geschickt, du kannst es für mich lösen. Ich vertraue dir.«

Erlebnis: Das Problem in die offenen Arme des Helfers legen

Spüre das Kreisen deiner Gedanken. Bemerke die Sinnlosigkeit dieses Strudels und wie viel Energie dir das raubt. Sei freundlich mit dir, während du dies betrachtest. Du hast nichts falsch gemacht. Diese Anspannung hat dich zielsicher hierher gebracht, wo du endlich Entlastung finden kannst. Es ist nie zu spät, eine innere Belastung abzugeben. Sieh dein Problem vor dir. Pack es in ein Päckchen und verschnüre es. Hänge es mit seinem gesamten Gewicht an einen mit Helium gefüllten Ballon und lass los. Gib auf und tue nichts mehr.
Der Ballon fliegt hoch in die Lüfte. Lass dein Problem in den blauen Himmel fliegen, zu der Adresse, wo es hingehört. Es

kennt den Weg. Beobachte, wie der Ballon immer kleiner wird, bis du ihn ganz aus den Augen verlierst. Halte nicht gedanklich daran fest. Atme ruhig und genieße, dass du dein Problem abgegeben hast. Irgendwo wartet jemand darauf, diese Angelegenheit für dich zu lösen. Sei sicher, dass sich dein persönlicher Helfer in deinem Sinn darum kümmern wird. Jetzt ist diese Sache nicht mehr deine. Fühle, wie dein erschöpfter Verstand befreit aufatmet. Vertraue, dass dein Problem gelöst wird, und genieße die Ruhe.

Wenn du das Problem wirklich losgelassen hast, spürst du eine spontane Erleichterung im Körper. Dein himmlischer Helfer, der die ganze Zeit Däumchen drehend gewartet hat, kriegt endlich was zu tun. Und dein Verstand dankt es dir, dass du ihm was abgenommen hast! Wir können nicht alles wissen oder lösen. Wenn wir uns das eingestehen und das süchtige Im-Kreis-Denken aufgeben, geht es uns sofort besser. Körper und Geist können sich nach einem sinnlosen Kampf endlich erholen. Lösungen kommen nicht aus dem Kampf, sondern aus der Ruhe. Selbst, wenn du ein leidenschaftlicher Kämpfer bist und dies sogar genießt, kommen die besten Lösungen in dem Moment, in dem du für einen Augenblick entspannst. Später sagst du vielleicht: »Ich habe mir das hart erkämpft.« Aber du hast den Moment vergessen, in dem du aus Versehen mal losgelassen hast, und sei es im Schlaf. Wir sind nicht gewohnt loszulassen. Oder eher: es zu belassen, wie es ist. *Lass es, wie es ist, und sage Ja dazu. – Das ist Loslassen.* Oft sind wir ungeduldig und möchten eine schnelle Antwort oder Lösung für die Dinge, die uns beschäftigen. Doch wenn wir vom vielen Lösungensuchen erschöpft sind, kommen wir an den Punkt, der uns zunächst vielleicht nicht passt: »Ich muss es wahrscheinlich so lassen, wie es ist.« Und setzen hinzu: »Erstmal.«

Ich kann nichts tun. Nichts geht mehr. Das auszuhalten erfordert Mut zum Nichtwissen. Der Gedanke, dass ich nicht alles regeln kann, lässt mich glauben, dass ich unfähig bin. Aber wie immer sind es die Gedanken, die nicht mit der Situation umgehen können. Also sagen wir ihnen: »Hört mal, ihr Gedanken, ihr dreht gerade durch. Aber ich kann jetzt nichts tun. Da müssen wir durch. Entspannt euch und wartet einfach mal ab.« Und dann fühlen wir dieses innere Zerren, die Unruhe, die Ungeduld, den Wunsch, die Situation unter Kontrolle zu bekommen. Wir atmen langsam und freundlich, bis sich das Zerren beruhigt.

Man könnte meinen, dies sei eine passive, völlig ungeeignete Vorgehensweise, ein Problem zu lösen. Man könnte meinen, damit würde es verdrängt. Aber das Gegenteil ist der Fall: Indem unsere Empfindungen unsere Freundschaft erfahren, löst sich der Druck und der Kampf ist beendet. Und wo kein Kampf ist, findet unsere innere, bislang verdeckte Weisheit die ersehnten Wege ganz von selbst. Und wenn die Lösung gefunden ist, sagen wir ganz selbstverständlich: »Das war so ein Bauchgefühl.«

Und falls eine Handlung nötig ist, wird sie sich zeigen. Nicht zögerlich, sondern direkt und kraftvoll. Du weißt dann, was zu tun ist, und tust es mit innerer Sicherheit. Die Lösung kommt aus deinem Inneren und nicht aus den panisch rotierenden Gedanken. Dann unternimmst du etwas. Und es wird das Richtige sein.

Die Anspannungsstrategie des Körpers

Monika hatte eine ruhige Nacht. Sie wacht, wie immer, kurz vor dem Weckerklingeln auf. Wohlig kuschelt sie sich in ihr Kissen. Der Moment des Erwachens hat etwas Magisches. Das Zimmer liegt im Halbdunkel und sie hört das gleichmäßige Geräusch des Regens. Hin und wieder klatscht ein Tropfen, frech aus der Reihe tanzend, an ihr Fenster. Monika gähnt, räkelt sich und denkt an nichts. Diese unschuldigen Momente direkt nach dem Aufwachen sind das Kostbarste, was der Tag für sie bereithält. Dann, ganz plötzlich, fährt ein mulmiges Gefühl durch ihren Körper und kurz danach erinnert sie sich, warum: Heute findet das Krisengespräch mit ihrem Chef statt, der ihr nicht gesagt hat, was das Thema ihrer Unterhaltung sein wird. Monikas Herz klopft schneller. Ihre Gedanken rasen: »Was wird er mir sagen? Hoffentlich entlässt er mich nicht …« Erst im letzten Quartal musste ein Kollege gehen. Dann zischt ein weiterer Gedanke durch ihren Kopf: »Gerd will am Abend das Sofa abholen, das ihm gehört. Ich habe ihn seit einem Jahr nicht mehr gesehen.« Die Scheidung von ihrem Exmann läuft. Monika wird leicht übel. Sie steht auf und macht sich einen Kaffee. Sie liest die Zeitung, um die unguten Gefühle zu verdrängen, aber das klappt nicht. Sie schaltet das Radio an. Irgendwie wird sie diesen Tag schon hinter sich bringen. Nur wie?

Wenn wir genau hinschauen, gibt es wahrscheinlich nicht sehr viele Tage, an denen wir morgens entspannt und vergnügt aus dem Bett hüpfen. Vielleicht im Urlaub, weit weg von der gewohnten Umgebung. Oder wenn wir frisch verliebt sind und auch sonst alles wunderbar ist. Wachen wir am Morgen auf, so ist unser Körper im ersten Moment völlig unbedarft. Arglos möchte er sich allmählich in der Welt zurechtfinden und geht davon aus, dass alles gut ist. Aber plötzlich, oft noch vor dem ersten Gedanken, fühlen wir eine minimale Anspannung der Muskeln. Und der Kopf serviert uns prompt eine Begründung dafür, auf dem Frühstückstablett sozusagen. Uns fällt zum Beispiel ein, dass wir einen Zahnarzttermin haben oder dass eine berufliche Herausforderung ansteht. Manchmal ist es wenig fühlbar, manchmal mehr. Unser Körper-Verstand-System will uns vor möglichen Angriffen warnen und beschützen. Es signalisiert: »Auf in den Kampf! Ich verteidige dich!« Doch wo ist die Bedrohung, außer in unserer Gedankenwelt? Eine Verteidigung ist im Bett, im Schlafanzug und mit ungeputzten Zähnen gar nicht nötig, denn der Chef, der Zahnarzt oder der Exmann ist im Schlafzimmer bisher nicht vorstellig geworden. Es sei denn, er hätte sich bewaffnet unterm Bett versteckt.

Zum Glück will uns der Körper vor Angriffen warnen. Er funktioniert perfekt. Doch wenn es gar keine konkrete Bedrohung gibt, sondern nur bedrohliche Gedanken, vergeuden wir sein Potenzial und schwächen ihn. Der Körper antwortet auf Gedankenstress mit Körperstress: Wir reagieren angespannt und nervös. Dabei wäre es in diesem Fall viel sinnvoller, dem Körper möglichst viel Entspannung zukommen zu lassen, damit er unser zuverlässiger Partner bleibt.

❀ ❀ ❀

Erlebnis: Urlaub am Morgen – Körperentlastung

Stelle den Wecker zwanzig Minuten früher. Wenn du aufwachst, fühle dich in deinem Körper. Beobachte den Atem, wie er kommt und geht, und nimm liebevollen Kontakt auf zu dem Etwas, das in diesem Körper wohnt und auf deinen Namen hört. Vielleicht fühlst du dich entspannt. Dann breite dich von innen in dieser Entspannung aus. Lass zu, dass es sich in dir leicht anfühlt. Gib diesem Empfinden Raum und genieße es. Je länger du dich darin entspannst, umso größer wird das angenehme Empfinden. Falle in dieses weiche Bett in dir selbst. Lass dich nicht von unliebsamen Gedanken stören, sondern kehre immer wieder zur Körperempfindung zurück. Öffne in deiner Vorstellung sämtliche Poren deines Körpers, als wolltest du ihnen Platz zum Atmen geben. Wenn du irgendwo Anspannung bemerkst, geh mit deiner Aufmerksamkeit dorthin, wo sie am stärksten ist, und betrachte sie mit deinem warmen Blick. Versuche nichts zum Verschwinden zu bewegen. Bewerte nicht, was du wahrnimmst. Es ist weder gut noch schlecht.

Lass schon zu Beginn des Tages die ganze Anspannung in deinem Körperinneren los, indem du sie liebevoll betrachtest. Sie soll dich schützen, aber du brauchst sie nicht. Du bist bereits geschützt, weil du für dich da bist. Halte nicht an den Gedanken fest, die sich in die vorderste Reihe drängeln wollen. Halte auch nicht an den guten Empfindungen fest. Genieße alles! Breite dich in all deinen Körperempfindungen aus und atme sanft. Bemerke, wie dankbar dein Körper deine Zuwendung aufnimmt. Er saugt sie auf wie ein trockener Schwamm, den du ins Wasser tauchst, und entspannt sich. Genieße das. Räkele dich, streck dich, freu dich auf den Tag und öffne langsam die Augen.

So beginnt der Tag mit Entspannung statt mit Stress. Und wann immer es mir im Laufe des Tages einfällt, versuche ich, meinen Körper zu entspannen. Das geht auf der Parkbank genauso wie im Großraumbüro. Man muss dabei nicht mal die

Augen schließen. Wir wenden einfach unsere Aufmerksamkeit nach innen und schauen mit den inneren Augen, ohne etwas zu verändern. Es ist besser, sich hin und wieder wenige Minuten Körperurlaub zu gönnen, als es ganz sein zu lassen.

Fühlen ist keine Arbeit

»Fühlen ist so anstrengend! Es ist so aufwendig, in den Körperteil zu spüren, in dem sich irgendeine Ungeduld oder ein Hauch von Weißnichtwas befindet. Außerdem fühle ich sowieso nichts.« Ich habe schlichtweg keine Lust, diese »Übung« zu machen. Die Vorstellung innezuhalten kommt mir vor wie anstrengende Arbeit, die ich vor mir herschiebe: »Okay, heute Abend, kurz vorm Einschlafen, geh ich vielleicht mal in mich. Aber nicht jetzt, ich hab keine Zeit. Ich muss diesen Brief schreiben und zur Post bringen, ich muss Telefonate erledigen, ich muss die Gartenarbeit machen.« Die beste Ausrede ist: »*Die Gefühle ändern sich eh dauernd, da muss ich sie ja nicht extra fühlen.* Sie kommen und gehen. Warte ich einfach ab, bis sie sich wieder verflüchtigen.« Das stimmt sogar. Doch in diesem Abwarten steckt der Wurm: Ich bin nicht präsent, sondern halte durch eben dieses Abwarten oder Ignorieren meine Lebenskraft zurück. Die Energie kann nicht fließen, sie muss sich durch das Dickicht aus Ungeduld, Ärger oder was auch immer kämpfen und kommt am Ende nur als dünnes Rinnsal zum Vorschein. Fazit: Ich bin knatschig, ich bin immer noch ungeduldig und ärgerlich, und das wird sich erst ändern, wenn sich die Gefühle ändern. Und das kann dauern. Warten wir also noch ein wenig. Ist auch okay. Kann ich mit meinem Warten sein? Darf sich Warten so anfühlen, wie es gerade ist? Dann hätte ich kein Problem. Aber wenn ich das Warten auch nicht will, muss ich dann vielleicht was Süßes essen oder mich in irgendeiner Form ablenken, vielleicht vor dem Fernseher oder durch drei Stunden Body-Styling? Ärgerlich, wenn sich der Ärger danach nicht verflüchtigt hat. Es sind die kleinen, verdrängten Prozesse, die uns große Unannehmlichkeiten bereiten.

Fühlen, was ich fühle, ist nur anstrengend, wenn ich es als lästig ansehe: »Ich muss was tun, *damit* es mir besser geht.« Wieder ist die Absicht, eine Verbesserung zu erzielen, der eigentliche Hemmschuh. Ich gehe nämlich davon aus, dass das, was ich gerade an mir wahrnehme, »verbesserungswürdig« ist. Es kommt mir nicht in den Sinn, dass diese Empfindung gar keine Verbesserung braucht. Sie ist perfekt, wie sie ist. Ich bin genau richtig, wie ich mich fühle. Kann ich das sehen? Mit jemandem, der okay ist, ist es leicht, Freundschaft zu schließen. Auf der anderen Seite macht jeder Druck den freundschaftlichen Umgang mit mir selbst unmöglich. *Da wir ohnehin fühlen, solange wir in diesem Körper leben, können wir es auch freiwillig tun.* Ich brauche nur Ja zu mir selbst zu sagen und mich dem zu öffnen, was sich da regt – ohne jede Anstrengung. Aus Anspannung zum Beispiel muss nicht notwendigerweise Entspannung werden. Sich angespannt zu fühlen reicht. Genieße das!

Ich könnte es sogar genießen, die inneren Schleusen zu öffnen und mich mal so richtig von Ungeduld oder Langeweile durchfluten zu lassen. *Stell dir mal vor, deine Langeweile wird gesehen und endlich in den engeren Freundeskreis aufgenommen.* Es ist unglaublich, wie viel Lebenskraft sie an sich bindet, wenn sie nicht gesehen ist. Und wie viel sie freisetzt, wenn sie da sein darf. Der positive Nebeneffekt: Mir ist nicht mehr langweilig!

Das Abweisen unangenehmer Gefühle bindet sehr viel Energie. Die steht wieder zur Verfügung, wenn wir das vermeintlich Unannehmliche nicht mehr als »schlecht« bewerten und die damit verbundenen Gefühle annehmen. Dann öffnet sich eine Tür, der Blick wird klar, Inspiration fließt.

Die Schwierigkeit war also, dass ich noch immer versuchte, etwas mit mir zu machen, statt mich selbst so zu lassen, wie ich bin. Das »Wollen« stand mir im Weg. Es ist so fein, dass es gar nicht auffällt. Wir sagen: »Ich will doch fühlen!« Aber der Wille, der winzige Wunsch nach Veränderung schließt die Schleusen gleich wieder. Sei, wie du gerade bist. Erlaube alles! Das trifft es. Verkrampfung muss nicht zu Entspannung werden. Sie kann Verkrampfung bleiben. Dann kann sie sich lösen, wenn sie will. Und sie will ja. *Wenn ich Ja zu dem sage, was sich in mir abspielt, ist es Fühlen.* Mehr nicht.

Die Liste der »unerledigten« Gefühle

Anja, *entschlossen*: »Ich muss endlich meine Neid-Problematik aufarbeiten. Ich werde darüber meditieren.«
Thomas, *neugierig*: »Wie willst du das denn machen?«
Anja: »Ich möchte einfach nicht mehr neidisch sein.«
Thomas, *interessiert*: »Bist du denn gerade neidisch?«
Anja, verwundert: »Nein, worauf denn?«
Thomas: »Wieso beschäftigst du dich dann damit?«
Anja: »Ich mache das prophylaktisch, weil ich weiß, dass ich jederzeit wieder neidisch werden kann. Und dann fühle ich mich so schäbig und schuldig.«
Thomas, *gewitzt*: »Fühl dich doch einfach schäbig und schul-

dig, wenn du neidisch bist. Dann musst du nie mehr nach dem Neid suchen.«

Anja, *verwirrt:* »Ich hasse diese Gefühle. Ich will sie auflösen, damit sie nicht mehr kommen.«

Thomas, *ärgert sie:* »Okay, dann löse sie auf. Ich hab noch Terpentin in der Garage. Damit könnte es klappen.«

Sobald sich erste Erleichterung in unserer wilden Gefühls- und Gedankenwelt einstellt und wir mehr Ruhe und Gelassenheit erfahren, wird der Möchtegernchef aus der oberen Etage hibbelig und fängt an zu nörgeln: »Du, pass mal auf! Ist dir schon mal aufgefallen, dass du immer noch so ein Riesending mit »Neid« am Laufen hast? Du bist doch schon wieder neidisch auf deine beste Freundin, weil sie ständig in Urlaub fahren kann und du nicht.«

Wir lassen uns irritieren und nicken dazu.

»Siehst du, du musst was tun! Du musst deinen Neid loswerden. Der stört eure Freundschaft, und das willst du doch nicht, oder? Also, streng dich an. Arbeite an dir!«

Und so kommen wir auf die Idee, bestimmte Themen in unserem Leben bearbeiten zu wollen, indem wir aus dem »Fühlen« eine Pflichtübung machen, um ein perfekter Mensch ohne Defizite und Probleme zu werden: »Oh, jetzt war ich gerade wieder neidisch! Und ich hab gedacht, ich wäre schon weiter und hätte das endlich hinter mir. Da gibt's noch viel zu tun.« Übermäßiger Eifer, Ehrgeiz oder perfektionistische Ambitionen kommen aus dem Denken und sind keine Hilfe, sondern ein Hindernis, wenn es darum geht, besser mit uns und unserer Umwelt klarzukommen. Wir können sicher sein, dass das Leben uns genau zur rechten Zeit genau die Situationen schickt, die wir brauchen, um uns mit uns, wie wir nun mal sind, anzufreunden. Wir müssen nicht absichtlich Situationen herbeiführen, die uns wehtun, oder unsere schwierigsten Knöpfe drücken, um dann fleißig ein Problem zu bereinigen, damit wir es ein für alle Mal »hinter uns« haben. Ideen wie: »Ich schaffe das nicht. Dieses Problem bringt mich um. Hätte ich mich nur schon früher damit auseinandergesetzt, dann ginge es mir jetzt besser«, kommen allesamt aus dem Oberstübchen und können getrost beiseitegeschoben werden. Ich kann mich andererseits felsenfest darauf verlassen, dass mir nie zu viel aufgeladen wird. Was ich *jetzt* erlebe, ist genau richtig für mich, denn das Leben macht keine Fehler, dafür liebt es uns zu sehr.

»Aber wieso bekomme ich die Krise gerade im Urlaub?« Sie kommt treffsicher genau dann, wenn wir bereit sind hinzuschauen. Da hilft kein Vor- oder Nacharbeiten. Wir können uns nur überraschen lassen. Ohne Vorstellung davon, was wohl »als Nächstes dran ist«, sind wir am lebendigsten. Wirf die Liste mit den »unerledigten Lebensthemen« einfach weg.

Liebenswerte Angsthasen

Ina hat die Hände voller Einkaufstüten und geht gut gelaunt durch die Innenstadt. Sie hat endlich einen Wintermantel gefunden, der zu ihrem Typ passt. Und heruntergesetzt war er auch noch. Ihr Weg führt an einem Mann vorbei. Seine Haare sind verfilzt, sein Blick bittend. Er kniet auf einer Plastiktüte vor Karstadt und hält den Passanten einen leeren Kaffeebecher entgegen. Ina macht einen unmerklichen Bogen um ihn. Sie tut so, als habe sie ihn nicht gesehen. Aber sie hat ein furchtbar schlechtes Gewissen, weil sie ihm kein Geld gegeben hat. Gleichzeitig ist sie sauer, weil sie sich von diesem

Mann genötigt fühlt, Almosen zu geben. Jetzt wird sie erst recht nicht mehr umkehren. Sie hat erst neulich für »Heartkids« in Indien gespendet. Sie spürt Wut und Rebellion gegen diesen Mann, der ihre gute Stimmung verdirbt. »Wieso sucht der sich keine anständige Arbeit? Jeder ist für sein Glück verantwortlich!« In Gedanken sucht sie Rechtfertigungen, die sie von ihrem Schuldgefühl befreien sollen. Aber jedes Mal, wenn sie einem Bettler begegnet, passiert ihr das Gleiche. Sie reagiert trotzig, rechtfertigend, beschämt. Am liebsten wäre ihr, wenn es überhaupt keine Bettler mehr gäbe. Dann würde sie sich nie mehr so schlecht fühlen. Zu Hause, als sie ihren Wintermantel nochmals anprobiert, bemerkt sie, dass sie Angst vor ihren eigenen Gefühlen hat. Ein schlechtes Gewissen sollte man nicht haben. Aber sie hat es!

Ob wir es zugeben oder nicht, wir haben Angst vor den vielen Gefühlen, die sich über lange Zeit in uns angestaut haben. Und wenn wir uns davon bestimmen lassen, stagnieren wir, egal welche Angst es ist: Angst vor Zurückweisung, vor Liebesentzug, vor neuen Möglichkeiten, die uns viel mehr entsprechen, Angst vor den offenen Armen eines Menschen. Die Angst vor den guten Gefühlen lässt uns Abstand halten zu denen, die wir lieben. Es könnte zu nah werden. Es könnte wunderschön werden. Ich könnte glücklich werden. Aber es wird mich irgendwann garantiert verletzen, wenn ich mich dem anderen rückhaltlos öffne. Er könnte mich verlassen. Die Angst vor angenehmen Gefühlen will uns davor beschützen, unangenehme Überraschungen zu erleben. Sie könnten wehtun und uns an Ereignisse erinnern, die wir vergessen oder verdrängt haben.

Wie froh waren wir, als diese schmerzliche Geschichte vorbei war. Und jetzt? Die Geschichte ist zwar vorbei, aber offenbar will irgendwas noch angeschaut werden, sonst würde uns jetzt nichts zwicken. Um diesen Schmerz nicht fühlen zu müssen, schließen wir also weiter Kompromisse und kochen die abgelehnten Gefühle in einem Topf, den wir mit der Aufschrift »Bitte nicht berühren!« versehen haben. Damit sich nichts ändert. Niemand, am wenigsten wir selbst, soll entdecken, was da vor sich hinkocht, denn davon kann man eine ganz schöne Magenverstimmung kriegen.

Wenn wir jedoch erkannt haben, dass wir uns vor unseren eigenen Empfindungen verstecken, sind wir uns schon einen großen Schritt nähergekommen. Nun ist größeres Verständnis für die eigene Situation da, mehr Weichheit. Wir begeben uns nicht in die vertraute Leidensspirale, dramatisieren nichts und schauen unsere Gedanken mit wachen, freundlichen Augen an, ohne ihnen zu folgen. Was kommen will, darf kommen. Das pure Gefühl ist willkommen. Die Zuwendung zum eigenen versteckten Schmerz kann ihn heilen und die Tür öffnen, hinter der ein lieber Mensch wartet: du selbst. *Wenn du dich selbst liebst, wie du bist, was fehlt dir dann? – Nichts.*

Hinter all unseren Ängsten steht letztendlich die Angst vor dem Tod – vor dem Tod am Ende dieses Erdenlebens und vor den vielen kleinen Toden, die sich in alltäglichen Begebenheiten zeigen. Der Tod hat kein Geländer, keinen Stadtplan und keinen Notausgang. Er lässt uns im Ungewissen, denn unser analysierendes Denken kann ihn nicht erfassen. Und wo wir keine Kontrolle mehr haben, kommt die Angst zum Vorschein. Werde ich jemals wieder gesund werden? Werde ich dieses Haus abbezahlen können? Wird mich diese wunderbare Frau verlassen? Wird diese lange, dunkle Nacht jemals zu Ende gehen? Sogar hinter der bangen Frage: *Werde ich meinen Zug noch erwischen?* steckt letztlich die Angst vor

Verlorenheit und Haltlosigkeit, vor dem Tod der Sicherheit, die ich so dringend brauche. Wir glauben an den Tod und seine Endgültigkeit, und deshalb fürchten wir ihn. Unser Möchtegernchef im Kopf glaubt, wenn er nicht alles überschauen und managen könne, sei das sein Ende. Und wenn es um den Tod geht, hat er ausnahmsweise mal vollkommen recht.

Welcher Kontrollfreak befindet sich schon gern im freien Fall, ohne Netz und doppelten Boden? Man muss nur mal einen Fallschirm-Tandemsprung aus viertausend Metern Höhe machen. Als ich da oben an der Ausstiegsluke stand und ins Nichts blickte, stellte ich fest, dass dem lieben Gott beim Erschaffen der Welt ein riesiger Fehler unterlaufen war, den – so schien es – außer mir bislang keiner bemerkt hatte: Er hat vergessen, Haltegriffe zu installieren. Das machte mir Angst und ich fragte mich, ob die Luftmasse überhaupt dazu gedacht war, dass man sich blindlings in sie stürzt. Die Gedanken rasten und signalisierten zu Recht: Lebensgefahr! Panik aktivieren!

Ich habe meinen Sprung in die Haltegrifflosigkeit überlebt. Sicher auch, weil mein Denken nach dem Absprung aus dem Hubschrauber kurzerhand kapitulierte. Ich dachte gar nichts mehr, fühlte nur noch die enorme Geschwindigkeit, das Rauschen des Windes, den freien Fall und dann den entscheidenden Ruck, als der Fallschirm sich über mir entfaltete. Für die unbeschreiblichen Freiheitsgefühle danach und die unglaubliche Stille, die rings um mich herum war, hat sich der ganze Zauber gelohnt. Das gefällt sogar unserem Denken, wenn es sich einmal um nichts mehr sorgen braucht.

Wie wäre es, wenn wir uns öfter dieser Angst zuwenden würden, statt vor ihr davonzulaufen? Schauen wir ihr doch einmal ins Gesicht, wenn sie plötzlich wie ein schwarzer Abgrund vor uns auftaucht! Hat sie wirklich Macht über uns? Nein. Sie ist, wie alle anderen Gefühle auch, nur eine Empfindung, die uns durchschütteln und in Schrecken versetzen kann, wenn wir der Geschichte Glauben schenken, die unser Möchtegernchef dazu bereithält. Auch diese Angst lädt uns ein, sie fürsorglich und liebevoll anzuschauen. Die Angst ist selbst nur ein liebenswerter Angsthase. Sie ist nicht mal real, und wenn sie uns noch so echt vorkommt. Sie kann uns gewaltig erschüttern wie ein Erdbeben, aber wenn wir uns ihr nicht versperren, ihr keinen Widerstand leisten, wird sie sich beruhigen und immer stiller werden. Am Ende ist diese massive Angst nur noch ein feiner Windhauch. Wenn ich es wage, der Angst vor was auch immer ins Auge zu sehen, bekomme ich dabei vielleicht weiche Knie, aber tun wird sie mir nichts. Wird sie gesehen, immer mal wieder, Stück für Stück, verliert sie ihren Schrecken. Das gilt selbst in den banalsten Situationen, wenn ich beispielsweise befürchte, kein Stück Geburtstagstorte mehr abzukriegen, weil ich ganz hinten auf der Eckbank sitze und nicht rankomme. Auch dann darf die Angst kommen, und ich sage: »Grüß dich, Angst, da bist du ja wieder!« Und (falls ich meiner Angst schon näher gekommen bin): »Darf ich dich Hase nennen?« (Vielleicht versteht sie sogar Humor!)

Wenn ich die Angst, in welcher Form sie sich auch zeigt, willkommen heißen kann, bin ich frei. Dann gibt es nichts mehr, was mich ängstigen könnte. Das verändert auch unsere Sicht auf die Ängste der Menschen um uns herum. Meist sehen wir bei ihnen noch eher als bei uns selbst, dass sie sich in ängstlichen Gedankenmustern verheddern, von ihnen bestimmen lassen, vermeintliche Opfer ihrer Gefühle werden und uns dann auch noch in ihr Kuddelmuddel mit hineinziehen wollen. Sie können uns ein glasklarer Spiegel sein, der uns wieder aufwachen lässt, um die Baustellen in unserem eigenen Leben aufzuräumen. Je mehr die Angst da sein darf, desto weniger quält sie und desto mehr Zuversicht schenkt sie. *Haben wir uns erst mit unserer Angst angefreundet, ist uns nichts Menschliches mehr fremd.*

Die Zeit der »weißen Flächen«

Frank hatte viele Hobbys. Er machte mit seiner Frau und Freunden einen Gourmet-Kochkurs, Skiurlaub in der Schweiz und Radtouren mit dem Mountainbike. Die Überraschung für den Geburtstag seines Freundes Thomas musste geplant und vorbereitet werden. Hin und wieder ging er zum Squash, danach in die Sauna und im Sommer zum Rudern. Und manchmal sogar Zelten und am Sonntag in die Kirche. Am Abend spielte er einmal wöchentlich mit seinem Vater Schach und telefonierte anschließend mit seinem Sohn, der zum Austausch in Amerika war. Danach musste er meist noch eine Präsentation für die Firma vorbereiten und seine Frau überreden, sie einmal anzuhören. So viel Action, so viel Spaß! Wie konnte es da sein, dass Frank oft von Freizeitstress sprach und seine Freizeitaktivitäten ähnlich missmutig abhakte wie alles andere, was in seinem Terminkalender vermerkt war?

Irgendwann, nach einem Spanisch-Kurs, den er nach dem Aikido noch eingeschoben hatte, fiel es ihm auf dem Tennisplatz wie Schuppen von den Augen: Er hatte keine Lust mehr! Verschwitzt und außer Atem pfefferte er den Schläger hin und sagte: »Ich habe genug für heute.« Thomas, sein langjähriger Tennis-Partner, war überrascht. In der Sauna war Frank an diesem Tag sehr still. Er wusste selbst nicht, was mit ihm los war. Und danach hörte Thomas lange nichts von ihm. Frank spielte kein Tennis mehr, und die Radtouren fielen ebenfalls aus. Er kam sich vor wie ein Hamster im Laufrad, der einer vierfachen Beinlähmung anheimgefallen war, strich sämtliche Freizeittermine aus seinem Kalender und saß am Abend still mit einem Bier in der Küche. Seine Frau konnte ihn nicht einmal mehr überreden, in die Yoga-Probestunde mitzukommen.

Die Zeit blieb stehen und Frank mit ihr. Sein Kalender war plötzlich voller weißer Flächen, die er einfach so stehen ließ. In der Zeit der »weißen Flächen« lief er am See entlang oder ging früh zu Bett. Und manchmal saß er einfach nur in der Küche und schaute stumm aus dem Fenster. Das machte seine Frau ganz verrückt. Sie wollte ihn davon überzeugen, dass er zum Nervenarzt gehen solle. Als er sich weigerte, ging sie selbst hin und ließ sich behandeln. Sie bekam Medikamente, und als die zu wirken begannen, wurde sie wieder glücklich. Auch ihr Mann wurde von Tag zu Tag glücklicher. Ohne Medikamente. Er wurde so glücklich, dass er eines Tages seinen Tennisfreund Thomas anrief – und das Spiel gegen ihn im Handumdrehen gewann. Obwohl er ziemlich untrainiert war. Er tat nur noch, was er wollte, und das machte ihn unberechenbar. Was wiederum eine höhere Medikation bei seiner Frau erforderte, die ihren Frank so nicht kannte. Sie sagte: »Das ist nicht der Mann, den ich geheiratet habe.« Und zog zu ihrem Nervenarzt in die Villa. Jetzt hatte Frank noch mehr Zeit für sich selbst.

Wie erschütternd kann das Durchbrechen alter Gewohnheiten sein, wenn wir unsere wahren Bedürfnisse jahrelang ignorieren! Gleichzeitig liegt darin eine große Chance, aus der Tretmühle auszusteigen.

Ich selbst kam auch an den Punkt, an dem ich mich fragte: Habe ich darauf überhaupt Lust? Ist das die Beschäftigung, die mir Spaß macht? Vor lauter Gewohnheit merken wir nämlich oft gar nicht mehr, was wir wirklich wollen. Machen wir den Sonntagsspaziergang, weil *man* ihn halt macht und weil *jeder* ja mal an die frische Luft sollte? Oder mache *ich* ihn, weil *ich* es will? Ich stellte mir jedenfalls vor, dass alle eine gute Zeit da draußen haben und dass ich die auch dringend haben sollte. Ich sollte genauso gut gelaunt sein wie die andern. Deshalb sollte ich mich ihnen anschließen. Aber irgendwas stimmte nicht. Ich wollte weder Frisbee-Scheiben hin- und herschleudern noch in der Hitze am See braten. Ich wollte auch nicht wie ein Sträfling beim täglichen Rundgang durch den Englischen Garten marschieren. Es waren nur die von anderen übernommenen Vorstellungen, dass das »sicher gut« für mich sei und ich mich nur überwinden müsse, um schließlich auch unbändigen Spaß dran zu haben. Gut zu wissen, was ich nicht will. Doch was will ich?

Erlebnis: Was ist mein wahres Bedürfnis?

Nimm dir ein paar Minuten Zeit und schließe die Augen. Nimm freundlichen Kontakt mit dir selbst auf. Frage dich, wo du Kompromisse mit deiner kostbaren Zeit machst. In welchen Lebensbereichen? Gibt es einen Bereich, in dem du ein altes, automatisches Verhalten an den Tag legst? Entspricht es dir überhaupt noch? Welche Vorteile hat dieses Verhalten? Was willst du damit bezwecken? Ist es bequem, obwohl es gar nicht dein »Ding« ist? Bist du bereit, dass sich deine wirklichen und ureigenen Wünsche zeigen können? Würdest du dich ihrer annehmen? Was ist dein momentanes Bedürfnis? Wonach ist dir? Was würdest du am liebsten tun, wenn es kein Aber gäbe?

Spätestens jetzt hat der Möchtegernchef in deinem Kopf ein paar Kommentare parat. Sage ihm, dass er jetzt nicht gebraucht wird.

Lass dich ganz in dein Bauchgefühl fallen und denk nicht darüber nach. Lade das Bedürfnis ein, das nur zu dir gehört. Wonach ist dir, wenn du so lauschst? Lässt es sich verwirklichen? Macht es dir Freude? Ist es aufregend? Wo zieht es dich hin? Höre nicht auf den Kopf, bleib unvernünftig und erlaube dir deine Wünsche. Es ist dein Leben. Wenn du zu lange vernünftig bist, verpasst du es.

Vielleicht gibt es gerade kein Bedürfnis, sondern nur eine gewisse Regung, die du nicht deuten kannst. Bleibe dabei und lass zu, es nicht genau zu wissen. Gönne dir eine Wissenslücke.

Genieße einige wohltuende Atemzüge lang deine gerade entdeckten ureigenen Wünsche. Wenn kein Wunsch da ist, genieße dies. Öffne dann langsam die Augen und mache dir klar, dass du jederzeit deine alten Prinzipien und Gewohnheiten hinter dir lassen kannst. Tu es. Wenn nicht jetzt, wann dann?

Es dauerte einige Zeit, bis ich den Mut aufbrachte, guten Gewissens bei schönstem Sonnenschein am Sonntagmittag die Vorhänge zuzuziehen und mich in meiner gemütlichen Wohnung zu verkriechen, während der Rest der Welt zum Schwimmen an den See ging, Frisbee-Scheiben warf oder einen Rundgang im Park machte. Darf ich das? Zu Hause bleiben bei dem schönen Wetter? Um Gottes Willen! Das ist doch nicht normal!

Ich kam mir in dieser Zeit vor wie jemand, der nach Jahren im Rollstuhl aufsteht und nun das Laufen neu lernen muss: Will ich diese Freundin wirklich anrufen und fragen, wie es ihr geht? Oder tue ich es nur, weil »man schon so lang nichts mehr von einander gehört hat« und es »ansteht?« Will ich Mineralwasser oder – weil das Leben so kurz ist – den Cocktail mit den bunten Farben? Will ich nach Patagonien oder doch lieber nach Oberbayern? Koch' ich oder lass ich mir das Essen bringen? Bin ich mit diesem und jenem Kompromiss einverstanden oder ist es schon hart an der Schmerzgrenze? Man muss wach bleiben, um die Pläne exklusiv für sich selbst zu überprüfen und neu zu gestalten.

Auf einmal ist das Leben so abenteuerlich und so interessant! Es ist natürlich möglich, dass es eine gewisse Zeit braucht, bis wir die alten Gewohnheiten auch ändern können. Der frühere Rhythmus des Pendels wirkt noch eine Weile nach. Und meist sind auch andere Menschen davon betroffen, die nicht verstehen, wieso wir plötzlich anders reagieren als früher …

»Du bist doch sonst immer zum Spieleabend gekommen.«

»Ja, aber ich habe keine Lust mehr.«

»Was? Wieso nicht?«

»Keine Ahnung. Es ist einfach so. Ich geh jetzt lieber zum Boxen.«

»Boxen passt doch gar nicht zu dir. Du bist doch kein aggressiver Typ. Wieso machst du das?«

»Wieso nicht?«

»Sind wir dir nicht mehr gut genug?«

»Doch, aber ich habe mich jetzt fürs Boxen angemeldet.«

Ich habe mich oft gefragt: Warum tun wir immer wieder Dinge, die wir gar nicht tun wollen? Weil wir es so gewohnt sind und unsere Handlungen selten hinterfragen. Und weil wir so sein wollen wie die andern. Wir möchten dazugehören, nicht herausfallen aus der Gruppe. *Wir haben Angst allein zu sein. Wir möchten geliebt werden. Deshalb begrenzen wir uns.* Und wir wollen nicht, dass andere schlecht über uns denken. Aus Sehnsucht nach Zugehörigkeit trotten wir weiter auf ausgetretenen Pfaden und wundern uns, wieso wir so schlapp sind und nichts Neues mehr passiert. Wenn wir diesen entscheidenden Punkt erreicht haben, ist ein Ja bereits das Ende des Versteckspiels mit uns selbst: »Ja, so ist es. Ich will geliebt werden und dazugehören. Deshalb lasse ich zu, dass meine Mutter immer den besseren Platz im Lokal besetzt und ich auf die Wand schauen muss. Ich will geliebt werden. Deshalb widerspreche ich nicht und mache Kompromisse, die mich ärgern. Deshalb kriege ich schlechte Laune.« Um keine schlechte Laune mehr zu haben, müsste ich Nein sagen. Ich müsste sagen: »Mama, jetzt guckst du mal an die Wand!« Aber wenn dies Konsequenzen für diese Beziehung hat? Bin ich bereit, sie zu tragen? Wenn nicht, muss ich im Restaurant leider weiterhin das Bild vom Sonnenuntergang auf Capri angucken und noch ein wenig länger die Dinge tun und sagen, die ich nicht will. Solange ich aufmerksam mit mir bleibe, ist selbst das okay. Vielleicht krieg ich sogar Lust, mir Capri einmal live anzuschauen und bedanke mich bei meiner Mutter für den Reisetipp.

Das klare Nein – ein Ja zu mir

Nein zu sagen kann ganz schön schwierig sein, doch wenn wir nicht Nein sagen, obwohl wir meterhohe Rauchzeichen von unseren Empfindungen bekommen, quälen wir nicht nur uns selbst, sondern auch diejenigen, denen unser Nein gelten soll.

Anja will im Moment nur ihre Ruhe und niemanden sehen. Aber statt dass sie ihrem Bedürfnis nachgibt und einfach Nein sagt, hört sich das Telefonat mit ihrer Freundin Inge (die von all dem natürlich nichts weiß) so an:

Anja, *bedauernd*: »Ach, jetzt hat es wieder nicht geklappt mit dem Treffen.«

Inge: »Macht doch nichts, ich könnte morgen kommen.«

Anja: »Äh, morgen … da ist es nicht so gut, da muss ich das Geburtstagsgeschenk für meine Mutter kaufen.«

Inge: »Okay, dann komm ich mit, ich wollte eh in die Stadt.«

Anja: »Äh, also, ich treff da aber auch schon Thomas, weißt du.«

Inge: »Super, dann kann ich deinen Freund auch mal wieder sehen.«

Anja *kommt in Bedrängnis*: »Ja, klar. Äh … aber er hat gerade Probleme in der Firma und wollte mit mir darüber reden.«

Inge: »Ja, okay, dann wäre der Abend gut, da könnte ich dann direkt zu dir kommen.«

Anja: »Ja, gute Idee. Äh, es ist nur, ich muss dann glaub ich packen, weil ich zu meiner Mutter fahren will.«

Inge *meint es gut*: »Ich kann dir beim Packen helfen, ich kenne da eine ganz tolle platzsparende Technik.«

Anja: »Du, lieb von dir, aber ich nehme eh nur ganz wenig mit.«

Inge, *begeistert*: »Dann könntest du deiner Mutter auch ein kleines Geschenk von mir mitbringen?«
Anja ist mit den Nerven am Ende, als sie das Gespräch beendet. Da kommt Thomas ins Zimmer.
Thomas: »Was war denn das für ein Eiertanz?«
Anja: »Das war meine Freundin Katharina, die nervt mich schon seit Tagen. Sie ist einfach nur aufdringlich.«

So ein »Eiertanz« kostet unheimlich viel Kraft. Wie einfach wäre es hingegen gewesen, Nein zu sagen. Nur: »Nein, ich will nicht.« Anja spürt zwar, dass sie Inge nicht treffen will, hält sich aber an ihre Gedanken, die ihr sagen, dass es nicht gut ist, so direkt zu sein und sie es auch nicht mögen würde, wenn jemand einfach Nein zu ihr sagt. Also gibt sie als Rechtfertigung an: »Ich wollte meine Freundin nicht verletzen!« Aber ist das wirklich wahr? Bei genauerem Hinsehen wird ganz deutlich, dass sie nicht direkt war, weil die Reaktion der Freundin auf ihr Nein vielleicht unangenehme Gefühle bei ihr selbst ausgelöst hätte. Wir »schonen« zwar angeblich die anderen, aber eigentlich wollen wir uns selbst schonen, indem wir uns die Augen zuhalten, um nicht sehen zu müssen, was bei uns los ist. Lieber ertragen wir den Verrat an uns selbst, als zu sagen, was uns wirklich am Herzen liegt. Auf diese Weise entsteht eine ungemütliche Ja-Nein-Schwammigkeit: Wir sagen Ja, wenn wir Nein meinen, und im schlimmsten Fall sagen wir sogar Nein, wenn wir Ja meinen, weil wir völlig von unserem ehrlichen Bauchgefühl abgeschnitten sind.

Bin ich so nah bei mir, dass ich zu allem stehen kann, was für mich stimmt? Bin ich bereit, die Enttäuschung, die mein Nein beim Gegenüber auslöst und die ich direkt zu spüren bekomme, achtsam in den Arm zu nehmen? Oder die Angst, dass die Freundin sich von mir zurückziehen könnte, weil sie merkt, dass sie gerade nicht erwünscht ist, oder weil sie eventuell den Schluss daraus zieht, dass die Freundschaft mir nicht das bedeutet, was ich die ganze Zeit behauptet habe … Das sind alles Gefühle, die aufsteigen können. Ich könnte übrigens auch Angst vor meinem eigenen Nein haben. Bin ich jemand, der klar Nein sagt und dadurch Ja zu sich selbst? Kann ich mich selbst in dieser meiner Größe annehmen? *Sehe ich, dass ich das Recht habe, Ja und Nein zu sagen, weil ich Meister meines Lebens bin?*

Indem ich nicht zu mir stehe, mache ich auch eine Aussage über mich: »Ich bin so unbedeutend, dass ich es andern überlasse, für mich zu entscheiden.« Und sofort bin ich geschwächt und fühle mich belastet. Außerdem ist es eine Lüge aus dem Fundus meines Glaubenssystems. Wenn ich hingegen bereit bin, die Belastung pur zu fühlen, bringt mich das wieder in mein Zentrum, zur Quelle meiner ureigenen Kraft. Dann ist ein Ja ein klares Ja und ein Nein ein klares Nein. Je mehr ich mit meinem Nein übereinstimme, ohne mich selbst dafür anzuzweifeln, umso leichter fällt es mir, es auszusprechen, und umso leichter ist es für mein Gegenüber, dieses Nein anzunehmen.

Wenn ich bereit bin, die Gefühle anzunehmen, die mein »Nein« bei mir auslöst, bin ich auch bereit, das anzunehmen, was durch mein Nein beim andern ausgelöst wird. *Das Akzeptieren meiner eigenen Empfindungen macht mich furchtlos für das, was von außen auf mich zukommt.* Dann bin ich fähig, meine Entscheidungen deutlich und ohne Umschweife zum Ausdruck zu bringen. Ich tue es nicht, um jemanden zu verletzen, sondern um mir treu zu bleiben. Und mit jemandem, der zu sich steht, ist man gern zusammen. Es mag zwar Menschen geben, die uns gern weiterhin inkonsequent und unentschlossen hätten, denn das schont sie davor, selbst

Stellung zu beziehen. Für jene Menschen ist Klarheit ein rotes Tuch, und das hat Folgen.

Meine Beziehungen haben sich von Grund auf verändert. Neue Menschen sind aufgetaucht, während andere in meinem Leben einfach nicht mehr vorkommen. Die Spreu trennt sich von selbst vom Weizen. Anfangs war ich schockiert, denn ich wollte meine Freunde »behalten« und machte auch einige Versuche, alles wieder einzurenken. Da waren Traurigkeit und die Erinnerungen an alles, was man gemeinsam erlebt hatte. Aber ich merkte, dass sich manche Kontakte einfach nicht mehr halten ließen, egal, was ich unternahm. Durch die Art, wie ich mit mir selbst in Beziehung bin, ziehe ich ganz selbstverständlich die Menschen an, die ebenso viel oder wenig mit sich in Beziehung sind. Wir brauchen also nur einen Blick in unseren nahen Bekannten- und Freundeskreis zu werfen, um herauszufinden, wie wir mit uns selbst sind. Unsere Freunde und Familienangehörigen halten uns alle einen Spiegel vor. Sie muntern uns auf: »Hey, guck doch bei dir selbst mal genauer hin! Ist da alles im grünen Bereich? Bist du mit dir echt? Oder machst du faule Kompromisse?« Und dann können wir uns bei all diesen Menschen dafür bedanken, dass sie uns die Augen für uns selbst öffnen.

Verrück dich doch mal!

Meine Freundin Sabine klingelt bei mir. Ich öffne die Tür. In einem Überschwang fröhlich-sinnlosen Seins stehe ich im Flur vor ihr, breite die Arme aus, flattere damit und sage: »Ich bin ein Vogel!« Da lacht sie mich mit strahlenden Augen an, als sei es das Selbstverständlichste auf der Welt, dass man mit imaginären Flügeln schlägt, und sagt: »Genau.« Das stachelt mich an und ich setze noch einen drauf: »Ich könnte aber auch eine Maus sein.« Langsam und weise antwortet sie: »Aber nur, wenn du willst.«

Wenn ich will, kann ich mich auf ein Bein stellen und ein Flamingo sein. Oder sonstwie schräg. Das geht natürlich nur, wenn ich mich selbst nicht so furchtbar ernst nehmen muss. Mit »*mich*« meine ich hier vor allem meine gewichtigen Gedanken, die sich selbst am liebsten bitterernst mögen. In ganz alltäglichen, banalen Situationen ist es am einfachsten, diese bitterernsten Gedanken zu durchbrechen. *Schick dein Denken raus zum Spielen und fühle mal nach, wonach dir wirklich ist.*

Diese Anweisung musste ich sogar auf meine Arbeitsmoral übertragen. Mein Tag hatte stets nach einem sehr strengen Muster abzulaufen, in Strukturen, die mir einen festen Rahmen gaben, mit Arbeitsbeginn, Pausen und Feierabend. Aber seltsamerweise hielt ich mich nie an diese, von mir selbst vorgegebene Struktur und hatte dann ein schlechtes Gewissen. Ich musste mich also umso mehr disziplinieren – mit dem Resultat, dass es für mich nie einen Feierabend gab, selbst am Sonntag nicht. Meist brachte mir mein schlechtes Gewissen auch noch seinen Freund mit, den Leistungsdruck. Und der bewirkte, dass ich irgendwann keinerlei Zugang zu meiner Kreativität mehr hatte. Oder wenn doch, floss sie nur spärlich. Die Zeiten, in denen ich vor Kreativität nur so sprudelte, bezeichnete ich als die Highlights meines Lebens. Ich wollte sie festhalten, hatte Angst sie zu verlieren – und verlor sie genau deswegen. Lange Zeit schleppte ich das Unbehagen mit mir herum, ohne es zu beachten. Und als ich es bemerkte, wollte ich es loswerden und setzte mich dafür wieder unter Leistungsdruck. Nichts änderte sich, bis ich komplett anhielt: »Kommando zurück! Alle Geschosse einfahren!« Das Unbehagen wollte beachtet werden. Wie hatte ich das so lange übersehen können? Erst als ich dem, was ich endlich wirklich fühlen konnte, Raum in mir gab, ohne mich hineinzusteigern oder es vernichten zu wollen, wurde ich netter zu mir selbst. Damit änderte sich auch meine Einstellung zu meiner Arbeit und ich kam meinen Bedürfnissen deutlich näher.

Dann stellte ich mir die große und wichtige Frage: Was würde mir jetzt guttun, unabhängig vom Ergebnis? »Unabhängig vom Ergebnis« ist das Schlüsselwort! Was brauche ich? Um gut zu arbeiten? Um gut zu leben? Ich pinnte mir sogar einen Zettel an die Wand, weil ich es sonst vergaß: »Was tut mir jetzt gut?« Bekam ich Besuch von Menschen, die mir nicht so vertraut waren, nahm ich den Zettel ab. Auf keinen Fall sollte jemand merken, dass ich nicht wusste, was mir guttat. Es war mir peinlich, denn ich war mir sicher, dass alle außer mir wussten, was sie brauchten. Das war aber ein Irrtum. Die freundschaftliche Beziehung zu den eigenen Gefühlen scheint sich noch nicht bei allen derart durchgesetzt zu haben, dass sie immer wissen, was ihnen guttut. Und wenn sie es wissen, handeln sie oft nicht danach: »Ich müsste mal wieder eine Wattwanderung machen. Irgendwann.« Und dann vergehen fünf Jahre.

Allmählich lockerte sich das enge Korsett, in dem ich steckte. Dennoch musste ich mich immer wieder zu dem zurückholen, was ich gerade fühlte, und zu der Frage: »Was brauche ich jetzt?« Das war nicht immer einfach, aber ich merkte, wie ich allmählich im wahrsten Sinne des Wortes »ver-rückter« wurde. Ich ver-rückte mich aus meinem alten Schema des Denkens und meiner Erwartungen an mich und besonders an andere – und das fühlte sich weit normaler für mich an als alles, was vorher gewesen war. *Vorher war ich verrückt, jetzt werde ich allmählich normal.*

Früher hätte ich nie gewagt, zwischendurch eine halbe Stunde an den See zu fahren, mich kurz ins kalte Wasser zu werfen, dann eine halbe Stunde zurück in die Stadt zu fahren, um mich dort wieder an den Schreibtisch zu setzen. »Das lohnt sich doch gar nicht«, hätte der Möchtegernchef im Kopf gesagt. »Das ist zu stressig. Bleib lieber hier.« Und dann hätte ich vielleicht eine Tafel Schokolade verputzt oder wäre in das Loch der »Selbstzweifel eines Künstlers« gefallen. Inzwischen sehe ich das anders. Meine kostbare Lebenszeit lohnt sich für alles, wofür ein Impuls da ist. Ich wage es sogar, mit Laptop im Bett zu arbeiten, und zwar bis mittags! Früher wäre das ein Ding der Unmöglichkeit gewesen. Ich hätte mich gar nicht konzentrieren können, weil mein Möchtegernchef das nicht als »Arbeit« anerkannt, sondern als blöde Spinnerei abgetan hätte, bei der eh nichts rauskommt. Er hätte mich mit jenen imaginären »andern« verglichen, die ihren Tagesablauf alle besser auf die Reihe kriegen, weil sie natürlich mit gespitzter Feder am Schreibtisch sitzen.

Vielleicht fühlst du dich inspiriert herauszufinden, wo und wie es dir mit deinen Verpflichtungen am besten geht. Es könnte sein, dass sich in deinem ach so festen Tagesablauf plötzlich Lücken auftun, in denen du etwas Neues ausprobieren kannst. Frage deine Gefühle und schicke den Möchtegernchef zum Pennen ins Regal. Oder erlaube dir ein lustiges Spielchen mit ihm, das sich auch bei blockierten Schauspielern bestens bewährt: Lass alles, was er zu sagen hat, in einer Fantasiesprache aus deinem Mund kommen. »Ich muss das hier alles noch erledigen. Ich bin mal wieder der Depp. Ich schaff' das nicht«, würde dann zum Beispiel so klingen: »Iffftagschublosnakitaschlawitz kudanztrimuschkafetseritsklzzzzoschmuftaslo.« Am besten unterstützt du dieses Geblubber noch mit einem grimmigen Gesicht und einem Blick, der töten kann. Wenn du dann noch aggressiv ausladende Bewegungen machst, um deinem Beschweren »Luft« zu geben, ist es perfekt. Ich garantiere dir, dein Denken wird staunen! Es findet es großartig, dass mal jemand mit ihm spielt. Du hast die muffige Gedankenzwangsjacke ausgezogen und bist frei, deine Arbeit entweder an jemanden zu delegieren, oder du entdeckst, dass du plötzlich selber mit Leichtigkeit dabei bist. Wie auch immer! Aber Achtung: Es könnte sein, dass du mit der Zeit »ver-rückt« wirst, die Flügel ausbreitest und wegfliegst …

Was nun?

Was ist denn nun? Ich bin verwirrt! Auf die Gefühle hören oder nicht auf die Gefühle hören? Sie fühlen. Und dann entweder auf sie hören oder nicht. Auf den Möchtegernchef im Kopf auf gar keinen Fall hören, aber wenn ich auf ihn höre, macht es auch nichts? Dann soll ich fühlen, wie sich das anfühlt, wenn ich seine Tipps befolge? Und damit wieder nett sein. Aber nicht reinsteigern und nicht bewerten!

Gedanken sind weder gut noch schlecht. Sie sind einfach nur. Der Verstand ist ein kostbares Instrument. Wenn wir ihn richtig behandeln und er unser Diener ist, aber keinesfalls der Boss, ist es gut. Sobald wir jedoch Sklave seiner starren Denkmuster sind, fühlen wir uns schlecht. Ohne Verstand könnten wir nicht mal dieses Buch lesen, geschweige denn klar denken. Es ist also ungerecht und einseitig, den Verstand zu vermaledeien. Es liegt an uns, mit welchen Überzeugungen wir ihn füttern. Mir brummt der Schädel! Was ist denn nun das Lebensrezept?

Es gibt keins. Je mehr ich mich selbst interessiert betrachte, um herauszufinden, wer dieses Wesen in meiner Haut eigentlich ist, je klarer mir wird, wie ich ticke, je weniger ich das als gut oder schlecht bezeichnen muss und je seltener ich mich mit andern vergleiche, umso eher finde ich Frieden, Lösungen, Freude. Ich erfahre ein wachsendes, harmonisches Zusammenspiel zwischen Kopf und Bauch. Wir probieren dies, es misslingt. Dann versuchen wir jenes, es gelingt. Wir folgen unserem konditionierten Verstand und leiden. Beim nächsten Mal fungiert er als derjenige, der unser inneres Wissen umsetzt, und wir sind frei. *Es gibt keine Garantie, kein Schema, nach dem wir leben müssen. Und erst recht keine Regel.* Die würde uns nur in das nächste Gefängnis werfen. Wir sind frei, weil wir kein Rezept brauchen. Wir bewegen uns nach unserer ureigenen Choreographie, die mal kapriziös und pompös, mal minimalistisch und leise ist. *Was ich fühle, egal wie schlimm, egal wie schön, bringt mich in meine friedliche Mitte.* Hier zeigt sich, was ich tun kann, aber vielleicht gibt es dann sowieso nichts mehr zu tun. Versöhnung mit mir selbst reicht. Wenn ich mit mir selbst im Frieden bin, habe ich auch draußen keine Feinde. Falle ich mal auf die Nase, okay! Gott hat mir Beine gegeben, um wieder aufzustehen. Also benutze ich sie ausnahmsweise mal.

Was ich will

Neulich hörte ich folgende Geschichte: Ein erfolgreicher Auto-Rennfahrer wurde in einem Interview gefragt, wieso er ständig die Rennen gewinne. Er antwortete knapp: »Ich achte nicht auf die anderen Autos, ich suche die Lücken dazwischen.« Dieser Rennfahrer hält sich nicht mit den Hindernissen auf, sondern orientiert sich dahin, wo massig Platz ist, weil dort kein anderer Wagen fährt. Er konzentriert sich auf die Möglichkeiten, nicht auf das Unmögliche. So etwas funktioniert aber nur, wenn ich in meinem Körper präsent bin und nicht auf das ferngesteuerte Navigationssystem Marke *Controlletti Paletti* höre. Mein guter Freund Samarpan sagt oft: *Wir haben im Leben nur eine einzige Wahl: die, auf die wir unsere Aufmerksamkeit richten.* Wo ist mein Fokus? In Tagträumereien, sodass mir erst ein Blumentopf auf den Kopf fallen muss, damit ich aufwache? Bei jemand anderem? Oder bei mir und auf meinem persönlichen Weg? Habe ich alle meine Sinne beisammen? Bin ich in meinem Körper, damit jemand zu Hause ist, wenn mir die Geschenke gebracht werden, die ich bestellt habe? Manchmal hilft es, ein paar Liegestütze zu machen, und sei es nur, um zu merken: »Aua, mir fehlt das Training!« Aber dann wissen wir wenigstens, dass es uns gibt. Jede Form von Bewegung hilft uns, zurück in unseren Körper zu finden, obwohl wir da die ganze Zeit drin sind, nur nicht ganz wach.

Gedanken kommen und gehen und gestalten sich je nachdem, wie wir von Kindheit an mit Werten, Meinungen, Vorlieben, Ängsten und Verhaltensmustern beeinflusst wurden. Unterbrechen wir sie nicht, werden wir ihr Opfer, ohne es zu merken. Wir werden zwanghaft und drehen uns im Kreis, wie eine alte Schallplatte, die immer wieder den gleichen Schlager abspielt. Wir können ihn schon auswendig, er langweilt, vielleicht quält er uns sogar. Da gibt es nur eine Möglichkeit: die Nadel herunternehmen und eine andere Schallplatte auflegen. Oder noch besser: gar keine. Als meine Freundin Jutta vor Jahren in mein Leben kam, erstaunte sie mich damit, dass sie oft unvoreingenommen auf Situationen reagierte. Das macht ihre Sicht auf jede beliebige Begebenheit so unprätentiös und unvorhersehbar. Als ich ihr angesäuert erzählte, dass mein Freund mich den ganzen Tag warten ließ und dann nachts, kurz vor dem Einschlafen auf die Idee kam, doch noch anzurufen, um mich aus dem Tiefschlaf zu wecken, sagte sie mit wachen Augen: »Aha, es war ihm wichtig, mit dir zu reden. Sonst hätte er ja auch am nächsten Tag anrufen können.« Ihre Sichtweise kam mir in meiner verärgerten Stimmung absurd vor. Ich konterte: »Ich wette, er hatte ein schlechtes Gewissen, und nur deshalb hat er angerufen.« Da sagte sie in gleichbleibend freundlichem Ton: »Das weißt du doch gar nicht.« Ich gab bockig zu: »Ja, vielleicht weiß ich es nicht, aber es war sicher so.« Sie ließ nicht locker: »Und wenn schon, ist das wichtig? Er hat angerufen, das ist Fakt. Was du in ihn hineininterpretierst, ist deine Sache.« – »Er hat *zu spät* angerufen«, insistierte ich in einem weiteren Anlauf auf mein Recht. Am liebsten hätte ich gesagt: »Er ruft *immer* zu spät an.« Aber das stimmte ja nicht. »Mag sein, aber für ihn war es nicht zu spät. Er wollte deine Stimme hören, ist doch schön. Hätte er gar nicht angerufen, hättest du dich noch mehr geärgert.« Ich sagte eine Weile gar nichts. Irgendwas Wahres hatte Jutta da getroffen, aber es passte mir nicht. Sie redete weiter: »Hast du vor, dich ständig über ihn zu ärgern, oder willst du dich eher über eure ungewöhnliche Beziehung freuen?« Nun musste ich passen. Ich sagte zu meiner Verteidigung: »Du versuchst mir die Situation schönzureden.«

Sie lachte: »Nie im Leben! Du versuchst, sie dir schlecht zu reden!« Wieder hatte sie ins Schwarze getroffen. »Was ist denn nun die Wahrheit?« Ich war gespannt, ob sie auf die Frage aller Fragen eine Antwort wusste. »Ich weiß nur von dir, dass er dich angerufen hat. Spät abends. Das scheint die Wahrheit zu sein. Alles andere sind Spekulationen. Mit der einen fühlst du dich gut, mit der andern schlecht.« Leider wahr: Es waren die nicht so netten Gedanken, denen ich auf den Leim ging. Aber das nächste Telefonat kommt bestimmt, bei dem ich dann wieder ganz nach Bedarf »richtig interpretieren« kann!

Da solche Interpretationen nur gedachte Worte sind, könnten wir sie spaßeshalber auch mal umdrehen und uns ihre Wirkung anschauen. Welche verschiedenen Umkehrungsmöglichkeiten stecken in der Überzeugung *Er hat mich vergessen? – Er hat mich nicht vergessen, ich habe ihn vergessen. Ich habe ihn nicht vergessen, ich habe mich vergessen. Ich habe mich nicht vergessen.* Könnte es sein, dass mit der Umkehrung unserer Gedanken ein wahrer Kern der Situation getroffen wird, den wir vorher gar nicht bemerkt haben? Wenn ich mich selbst nicht vergesse, macht es mir weniger aus, wenn ein anderer mich mal vergisst. Solange ich ihn nicht vergesse, was soll's. Habe ich mich etwa vergessen, weil ich zu sehr damit beschäftigt war, mich zu fragen, ob er mich vergisst oder sich meldet? Und: Vielleicht hat er mich nicht mal vergessen, denn in seinen Kopf kann ich nicht reinschauen. Er hat nur nicht angerufen, wann ich es wollte! Der Möchtegernchef wollte recht haben. Diese Möglichkeit bietet sich vor allem bei der alten Schallplatte mit den abgedroschenen Liedern an, die eine Forderung beinhalten: »Sie sollte …« »Er sollte nicht …« »Ich sollte viel mehr …« Dabei könnten ganz neue Melodien erklingen.

Erlebnis: Worauf richte ich meine Aufmerksamkeit?

Nimm eine Situation, die deiner Meinung nach anders sein sollte, als sie ist. Bemerke, wie du auf diese Umstände reagierst: mit Ärger, Verletztheit, Kraftlosigkeit, Beschwerden. Gestatte dir, deine Forderung, dass es anders sein sollte, mit den Augen des liebevollen Betrachters anzusehen. Betrachte deine gedanklichen Überzeugungen, ohne sie zu bewerten: »Ja, so denke ich darüber.« Sieh, wie sie belastende Gefühle in dir auslösen, wenn du ihnen Glauben schenkst und dich daran festhältst. Steige augenblicklich aus der Beschwerdespirale aus und weigere dich, deinen alten Beurteilungen und Wertungen, die diese Situation betreffen, Glauben zu schenken. Bewerte deine eigenen Bewertungen nicht, sondern betrachte sie freundlich. Sieh, dass es nur Gedanken sind, ohne Realität. Ist es möglich, diese Situation auch anders zu interpretieren? So, dass sie dich weniger oder gar nicht mehr belastet und du dich besser fühlst? Finde einen neuen Standpunkt. Nimm ihn ein und betrachte die Situation aus dieser Perspektive noch einmal. Wie fühlt sie sich jetzt an? Versuche, einen weiteren Standpunkt einzunehmen, von dem aus dich die Situation noch weniger oder gar nicht mehr belastet. Ist das auch möglich? Könntest du in Betracht ziehen, dich ganz von der alten Deutung deines Problems zu verabschieden? Wenn ja, frage dich wann. Und wenn die Antwort »jetzt« ist, dann tu es und genieße.

Wir sehen, dass wir die Wahl haben, einer anderen Sichtweise Vorrang zu geben. Und doch zögern wir oft, das zu tun: »Die alte Überzeugung war einfach besser!« Wir balancieren am Rand der neuen Möglichkeit, aber der Möchtegernchef im Kopf will nicht nachgeben: »Da würde ich ja meinem Freund recht geben.« Oder: »Da lass ich mich ja benutzen.« Schon haben wir uns wieder in der alten Beschwerdeschleife verheddert. Es geht aber gar nicht um Recht oder Unrecht. Es geht um Wohlbefinden und Freiheit. Wenn du die Möglichkeit siehst, deine belastende Überzeugung umzudrehen und dich damit freier zu fühlen, dann tu es! Wenn nicht, frage dich, warum. Was hast du davon, dass du so unbedingt recht haben willst? »Wenn ich an meiner alten Überzeugung festhalte, habe ich Sicherheit und stehe über der Sache. Wenn ich diese Sicherheit nicht hätte, würde ich mich übergangen und unsicher fühlen.« Schau dir diese Empfindungen an. Versöhne dich mit ihnen, schenke ihnen ein Lächeln. Und dann frage dich, wann du bereit bist, deine alten Überzeugungen hinter dir zu lassen. Wenn nicht jetzt, wann dann?

Wenn wir unsere Überzeugungen anschauen, ohne sie als besser oder schlechter zu werten, können wir nicht mehr sicher sein, was richtig ist. Die Vorschläge des beurteilenden Denkens verlieren an Absolutheit. Man könnte es so oder so sehen. Und wenn sogar das Gegenteil stimmen könnte, wird jede Bewertung überflüssig. Das führt mich direkt in meine Mitte, wo es niemals um richtig und falsch geht. *Das Zuhause in der Mitte urteilt nicht, braucht keine Bewertungen. Deshalb ist dort durchweg gute Stimmung.* Hier bin ich frei, mit meiner bevorzugten Neigung zu sympathisieren und danach zu handeln. Es ist okay, lieber rot als gelb zu mögen. Es steht mir frei, zu gehen oder zu bleiben. Ich realisiere: »Ich bin nicht das Opfer der Umstände.« Ich war es nie. Ich hatte es in der Enge meiner Gedankenzwangsjacke nur geglaubt. Ich werde echt, und meine Kraft ist bei mir.

Dass mein Freund spät nachts anrief, hätte mich auch freuen können, wenn ich mich nicht an meine gezüchteten Vermutungen gehalten hätte. Nichts zu vermuten schenkt mir die Freiheit der Gedankenlosigkeit, wo ich die Dinge nehme, wie sie sind, und wahrscheinlich vollkommen anders reagiere, als ich es mir vorstelle. Ich habe keine Zeit, mir etwas vorzustellen, weil ich ganz und gar mit mir und meinen Wahrnehmungen bin. Ich bin präsent. Vielleicht sage ich verschlafen: »Schatz, ruf morgen an, ich schlafe schon.« Oder ich ernenne mein nächtliches Telefon-Rendezvous mit ihm zum Highlight der Woche. Alles ist möglich und noch viel mehr ... Ich rede nichts schön, verurteile nichts, muss nicht recht haben. *Ein Leben außerhalb aller Wertungen fühlt sich frei an.* Ich bin bereit für das Abenteuer.

Erlebnis: Glaube keinem Gedanken

Stelle dir eine Situation vor, in der du dich schlecht behandelt, verletzt oder unverstanden fühlst. Betrachte deine Wertungen dieser Situation und der Personen, die in sie involviert sind. Beurteile deine Wertungen nicht, sondern schau sie mit den freundlichen Augen des Betrachters an. Es sind nur wertende Gedanken und Überzeugungen, keine Realität. Finde nun zu einer anderen Einschätzung der Situation, indem du deine Überzeugungen umdrehst. Könnte diese Sichtweise auch stimmen? Gibt es noch andere Sichtweisen, die ein Körnchen Wahrheit beinhalten? Welche? Fühle, ob du dich mit einer dir fremden Sichtweise auch gut fühlst oder sogar besser.

Kannst du erkennen, dass die neue Sichtweise, mit der du dich befreiter fühlst, auch eine Interpretation und somit eine Bewertung ist? Sieh auch diese angenehme Beurteilung mit den Augen des stillen Betrachters. Bewerte sie nicht. Erkenne, dass auch dies nur Gedanken sind, die du glaubst, genau wie alle anderen Gedanken. Nun glaube selbst dieser positiven Sichtweise nicht. Entziehe ihr deine Aufmerksamkeit. Betrachte sie als Gedanken, der ohne deine Zustimmung keine Kraft und erst recht keine Wahrheit hat.

Ruhe dich in dieser urteilsfreien Lücke aus und genieße die Tatsache, dass du frei bist, jederzeit das eine oder das andere zu wählen oder dich davon überraschen zu lassen, wie du bist, wenn du keiner dieser Beurteilungen glaubst. Du bist frei.

Wie wäre die Welt, wenn wir sie nicht mehr mit Rosarot und Schwarz einfärben müssten, sondern kühn genug wären, sie zu nehmen, wie sie ist?

5   Es menschelt sehr

Ich sehne mich danach, dass meine Wünsche in Erfüllung gehen, doch das, was ich will, ist irgendwo da draußen. Ich
muss also dafür sorgen, dass ich es bekomme, weil es mir
fehlt. Allein das weckt Unzufriedenheit. Ich befinde mich in
einem Zustand des Mangels, und der Überfluss lässt auf sich
warten. Er wartet geduldig ganz hinten am Horizont und
winkt ab und zu herüber, um zu signalisieren, dass er start-
klar ist. Wenn ich zufrieden bin, kann er kommen. Solange ich
mich widerspenstig von meinem Mangelgefühl abwende,
weil ich um die Erfüllung meiner Wünsche bange, wird es
sich nicht verändern. Nur wenn ich es als meinen vergesse-
nen Freund betrachte, der dringend eine Umarmung braucht,
verwandelt es sich in Zufriedenheit und Fülle. In diesem
Zustand sehe ich auch Fülle in meiner Umgebung. *Wenn ich
nichts, was in mir ist, ablehnen muss, geht es mir mehr als
gut.* Ich brauche nichts dringend, weil ich ja zufrieden bin.
Auf diese Weise hilft mir das Leben, weiterhin Zufriedenheit
in Form von guten Erlebnissen zu erfahren, denn es antwortet auf das, was ohnehin schon in mir ist. Das Leben will mir
alles geben. Es wartet nur, bis ich so weit bin. Wenn ich zufrieden bin und keinen Mangel mehr empfinde, weil die Vorstellung meines Mangelempfindens mein bester Freund ist und

sich deshalb verflüchtigt, hört der Überfluss am Horizont auf zu winken, packt seinen Koffer und kommt persönlich vorbei. Und das Beste daran ist, dass wir ihn dann gar nicht mehr unbedingt brauchen und ohne jede Gier genießen können. So öffnet sich das Tor zur Freiheit immer mehr. Wir werden unabhängig von allem, was wir zu brauchen glaubten: mehr Zuwendung vom Partner, mehr Geld, Karriere, Gesundheit … Aber all diese Dinge können sich zusätzlich einstellen. Weil sie nicht mehr müssen und die Bahn frei ist. Sie stellen sich sogar garantiert ein, denn sie sind nur das äußere Echo unserer inneren Friedenspolitik. Wünsche gehen in Erfüllung – einfach so. *Kommt der Impuls, etwas zu erreichen und zu wollen, dann folgen wir ihm ohne Umschweife.* Nichts wird uns mehr davon abhalten. Dieser Weg zur Wunscherfüllung ist mühelos, und Hürden sind eine willkommene Abwechslung.

Fühlbar? – Dankbar!

»Sei dankbar, dass wir überhaupt was zu essen haben!« Beate kann sich noch gut daran erinnern, als sie diese ermahnenden Worte zum ersten Mal von ihrer Mutter hörte. Damals war sie vier Jahre alt und saß vor einem Teller Bohnengemüse mit Mehlschwitze. Ihre Geschwister durften schon vom Tisch aufstehen, nur sie musste sitzen bleiben. Sie sollte aufessen und dankbar sein. Und weil sie nicht wusste, wie dankbar *geht*, und wahrscheinlich auch, weil sie das Gemüse nicht aß, saß sie noch zwei Stunden stumm vor ihrem vollen Teller. Irgendwann musste sie es wohl kalt hinuntergewürgt haben, das weiß Beate nicht mehr so genau. Denn das war vor fünfunddreißig Jahren. Aber daran, dass sie dankbar sein sollte, kann sie sich sehr wohl erinnern.

Seitdem ist sie ungern dankbar. Sie weiß nämlich immer noch nicht, wie es *geht*. Dankbar sein ist für sie eine Strafe, aber nichts, was ihr leicht fällt. Immer wieder übte sie sich darin:»Danke für meine Arbeitsstelle, danke für jeden neuen Tag ...« Wenn sie einen Behinderten im Rollstuhl sieht, während sie leichtfüßig an ihm vorbeijoggt, ist sie tatsächlich dankbar, dass sie laufen und sprechen kann. Doch diese Dankbarkeit gefällt ihr nicht. Sie basiert auf der Benachteiligung eines anderen, und damit fühlt sie sich schlecht. Wie damals, als sie klein war:»Die armen Kinder in Afrika hätten jetzt gern dein Bohnengemüse.« Sie hätte es ihnen liebend gern hingetragen. Aber Dankbarkeit aus freien Stücken, in denen die Worte»im Vergleich zu dem und diesem Menschen (geht es mir gut)« nicht vorkommen, das kennt sie nicht. Noch immer sagt ihre Mutter, wenn sie zu Besuch kommt: »Du kannst dankbar sein, dass du so einen guten Ehemann hast.«

»Bin ich ja«, sagt Beate. Aber sofort kommt:»Wieso eigentlich? Ich habe es verdient, in einer guten Beziehung zu sein.«

»Es gibt andere Ehemänner, die machen im Haushalt gar nichts«, lobt Beates Mutter den Schwiegersohn.

»Ja, Jürgen macht viel, er macht es gern.«

»Du kannst dich beim lieben Gott bedanken, dass er nicht trinkt.«

Beates Antwort kommt prompt:»Einen Alkoholiker hätte ich niemals geheiratet. Also lass mich in Ruhe mit dem Dankbarkeitszeug.«

Jedes Mal das Gleiche mit ihrer Mutter, die für alles dankbar ist. Vielleicht liegt es daran, dass sie schon so viele schlechte Zeiten durchgemacht hat, sinniert Beate abends im

Bett. Da lernt man Dankbarkeit. Aber ich, ich will dankbar sein, wenn ich es will, nicht, wenn ich soll. Sie boxt sich das Kissen zurecht. Neben ihr liegt Jürgen und greift im Schlaf nach ihrer Hand: »Kannst du nicht schlafen, Bea«, brummelt er. »Soll ich dir eine Geschichte erzählen?« Und schon fällt er in tiefen Schlaf, grunzt ein wenig dabei und nimmt die Geschichte mit in sein Traumland. Als Beate ihren Mann ansieht, fühlt sie sich auf einmal sehr wohlig – mit ihm, mit sich. Das Leben ist schön. Sogar ihre nervige Mutter ist bezaubernd, wie sie unermüdlich bemüht ist, ihrer Tochter die wichtigsten Inhalte des Lebens zu vermitteln. Und ja – jetzt, gerade jetzt ist sie dankbar. Ganz von selbst und ohne Zutun. Geradezu uneingeladen kommt die Dankbarkeit herein und macht sich in Beates Herz breit. Danke!

Dankbarkeit ist eine altmodische Sache und doch so aktuell wie nie zuvor, denn sie verändert unsere Sicht der Dinge von Grund auf. Mit dankbaren Augen können wir sämtliche Situationen, in die wir geraten, gelassen und voller Güte betrachten. Groll löst sich in Nichts auf, Wärme und Weichheit tauchen in uns auf.

Dankbarkeit kommt nicht auf Abruf, sondern als süße Begleiterscheinung der freundschaftlichen Beziehung mit uns selbst. Sobald ich das, was ich empfinde, da sein lassen kann, ohne mit meinem Dickschädel dazwischenzufunken, spüre ich den köstlichen Hauch von Frieden. In ihm finden Zukunftsängste, Sorgen, Zweifel ein zärtliches Zuhause: Dankbarkeit kommt. *Das verkrampfte, immer auf ein Ziel zusteuernde Gehirn entspannt sich unter dem Einfluss von Dankbarkeit.* Ein gewisses Vertrauen in das Leben stellt sich ganz von allein ein. Und es flüstert mir zu: »Alles ist gut.« Dankbarkeit ist eigensinnig. Sie empfinden zu wollen, wenn sie nicht da ist, ist vollkommen unmöglich. Manchen macht sie Angst, sodass sie sich vor ihr verteidigen müssen: »Ich habe mir alles mühevoll selbst aufgebaut, ich muss nicht dankbar sein. Mir hat niemand was geschenkt.« Dankbarkeit braucht uns nicht, weder unsere Bemühungen noch unsere Abwehr. Sie ist selbstständig. Empfinde nur das, was da ist. Grüble nicht. Dann blitzt sie immer öfter hervor und bringt einen Funken spritziger, unkontrollierter Freude in unser Inneres, die wir früher nicht mal bemerkt hätten, wie der beiläufige Händedruck des Geliebten nachts im Bett.

Geduld ist Gold

Christine ist eine schlechte Zuhörerin, vor allem wenn Franz spricht. Ständig unterbricht sie ihn oder driftet ab, wenn er ausholt und seine Sätze mit längeren Nebensätzen ausschmückt. Sie kriegt Herzrasen, wenn er nicht auf den Punkt kommt, und wird aggressiv – auf Franz und auch auf sich selbst. Sie ist also nicht nur unfähig, anderen zuzuhören, sondern verurteilt sich auch noch dafür. Das bewirkt, dass sie sich ziemlich schlecht fühlt, wenn sie mit Franz zusammen ist. Andererseits kann sie sich zwingen, wie sie will, sie wird einfach ungeduldig, wenn Leute mit ihren Äußerungen nicht in die Pötte kommen. Sie hat versucht, sich zur Geduld zu zwingen, aber ohne Erfolg. Dann sagte sie sich: »Sei doch mal dankbar, dass überhaupt jemand mit dir redet.« Aber das funktionierte noch weniger. Schließlich gab sie sich eine weitere Chance: Seit einiger Zeit beobachtet sie ganz genau, wie sie in solchen Situationen mit sich und Franz umgeht. Sie bemerkt ihre Ungeduld, die Gereiztheit, die Unruhe, die

Tendenz wegzugehen oder Franz den Mund mit Klebeband zu verschließen. Und sie bemerkt auch, wie sie sich innerlich auch noch dafür bestraft, dass sie so ist. Eines Tages schafft sie es in einer solchen Gesprächssituation, sich nicht für ihre Ungeduld zu verurteilen, sondern diese einfach so stehen zu lassen und ganz neutral zu betrachten. Sie sagt: »Ich merke, ich höre schon wieder nicht zu, weil Franz mich langweilt.« Schon spürt sie eine gewisse Erleichterung. Sie hört immer noch nicht richtig zu, verurteilt sich deswegen aber nicht, sondern sagt sich: »Franz darf mich langweilen. Und ich darf gedanklich abdriften.« Das entspannt die ganze Sache, und sogar Franz spürt es unterschwellig, weil ihm plötzlich nicht mehr so viel versteckte Aggression entgegenschlägt. Dieser scheinbar winzige Schritt ist ein riesiger, denn jetzt kann Christine auch ihre Gereiztheit ohne Urteil willkommen heißen. Die Ungeduld, die Überheblichkeit, die Besserwisserei – alle sind willkommen. Sie verbietet sich nicht mehr, so zu sein, wie sie nun mal ist: gelangweilt von Franz. Ihr freundlicher Umgang mit diesen Gefühlen bringt Christine in Harmonie mit sich selbst. Sie wird immer weniger abhängig davon, wie langsam Franz spricht. Sie könnte das Gespräch auch ohne schlechte Gefühle beenden, aber sie muss es gar nicht mehr unbedingt. Nichts stört sie beim Zuhören, denn sie ist mit sich im Reinen. Jetzt hört sie sogar sein wirkliches Anliegen aus all den verschachtelten Sätzen heraus und kann viel unmittelbarer auf ihn reagieren. Christine setzt sogar noch eins drauf, denn manches Mal sagt sie sich: »Ich freue mich darauf, dass Franz mich gleich wieder furchtbar langweilt.« Mit dieser Haltung geht sie zu Franz und lächelt ihn an, denn sie unterdrückt keine einzige Regung bei sich selbst. Da könnte es passieren, dass Franz mit der Zeit seinen Sprachmodus verändert, weil ihm nun kein Widerstand mehr entgegengebracht wird.

Vielleicht benoten wir unser Verhalten hundertmal mit »mangelhaft.« Aber wenn uns ein einziges Mal bewusst wird, dass wir es aus alter Gewohnheit tun und wir es dann dieses einzige Mal sein lassen, ist das ein ganz großer Erfolg. Das Körpersystem lernt mit allen Zellen, wie schön es ist, nett zu sich zu sein. Und es ist sofort bereit, sich mehr Feingefühl zu schenken. Gutmütigkeit und Großmut, die wir uns für unsere Fehler, Irrtümer und Rückschläge zukommen lassen, ermutigen uns zu größeren Schritten. Der Körper ist unendlich dankbar für ein Lob, wenn wir mal achtsam waren und wir ihm erlauben, sich für ein Gefühl zu öffnen, statt es über den Möchtegernchef im Kopf wegschicken zu lassen. Er entspannt sich mit Freude. Und das Denken beruhigt sich gleich mit. Aus diesem Wohlbefinden heraus kann der nächste Schritt ein mutiger sein. Aber vielleicht ist gar keiner mehr nötig? Und ein Rückschritt ist dann auch kein Weltuntergang, sondern ruft, wenn er freundlich beachtet wird, weiteres Wohlwollen hervor. *Geduld ist wahre Fürsorge. Sie ist die nährende Basis aller Erfahrungen auf dem Weg zu uns selbst.*

Erwarte das Beste

Wir haben Erwartungen. Wir erwarten, dass wir freundlich behandelt werden und bekommen, was uns zusteht. Im Urlaub erwarten wir schönes Wetter und im Winter Schnee. Von einer Liebesnacht erwarten wir, dass sie überaus erfüllend ist, und von einer Großmutter, dass sie weise ist. Von unserem Partner erwarten wir, dass er unsere Wünsche von den Augen abliest, und von uns selbst, dass wir die Erwartungen der anderen so gut wie möglich erfüllen. Oder, dass bitte schön keiner von uns etwas erwarten sollte. Und natürlich sollten sich auch die andern anstrengen, um unsere Erwartung zu erfüllen. Leider tun sie es oft nicht. Oder wenn sie es tun, merken wir es manchmal nicht. Inzwischen wissen wir vielleicht sogar, dass wir mit einer großen Erwartungshaltung nicht weit kommen, denn die Gefahr, dass sie enttäuscht wird, ist größer als die Gewissheit, dass sie erfüllt wird. *Wir sagen: »Ich sollte keine Erwartungen haben.« Doch solange wir das nur sagen, haben wir sie trotzdem.* Sie haben sich nur ganz klein in der hinteren Ecke unseres Denksystems zusammengerollt, damit wir sie nicht entdecken. Dort sitzen sie, halten sich die Augen zu und sagen bestätigend: »Ich bin nicht da.« Sie wissen nämlich genau, dass wir in Schwierigkeiten geraten können, wenn sie sich zeigen.

Vielleicht *sollten* wir Erwartungen haben, denn das Fühlen dieses Hoffnungszustandes bringt uns in unmittelbare Nähe zu uns selbst. *Und wenn wir Erwartungen zu uns zurücknehmen, also dorthin, wo sie hingehören, ist das eine sehr starke Angelegenheit.* Sie ist so kraftvoll und eindringlich, dass es einem dabei direkt besser geht, um nicht zu sagen blendend. Denn das Ergebnis dieses Prozesses ist Befreiung.

Der erste Schritt dorthin ist, die Erwartung überhaupt als solche zu erkennen: »Ja, ich erwarte das.« Dann ist schon einmal jede Verblendung ausgeschlossen. Als Nächstes sage ich mir, dass es vollkommen in Ordnung ist, diese Erwartung zu haben. Wir sind Menschen, wir dürfen wünschen, erwarten, fordern. Und unsere Erwartung hat ganz sicher einen plausiblen Grund, nämlich den, dass es uns besser gehen soll, wenn sich unsere Erwartung erfüllt. Es steckt also eine positive Absicht dahinter. Auch die will honoriert sein: Wir wollen uns was Gutes tun. So gesehen hat unsere Erwartung nicht das Geringste mit unserem Gegenüber zu tun, dem wir sie immer wieder vor die Nase halten wie einem Esel die Mohrrübe.

Erlebnis: Freundschaft schließen mit der Erwartung

Hast du eine Vorstellung davon, wie eine bestimmte Situation verlaufen sollte? Erwartest du von einer Person ein gewisses Verhalten? Kannst du sehen, dass du etwas erwartest? Wenn die Antwort Ja ist, bist du dir schon ein Stück näher. Nimm dir ein paar Minuten Zeit und schenke dir deine freundliche Zuwendung. Nimm deinen Atem bewusst wahr und geh mit deiner Aufmerksamkeit in deinen Körper. Lass die Geschichte, die deine Erwartung rechtfertigt, außen vor. Auch die Person, von der du etwas erwartest, brauchst du nicht. Lass auch sie draußen und grüble nicht über sie nach. Spürst du, wie deine Erwartungshaltung Empfindungen in dir auslöst? Betrachte sie, ohne sie als gut oder schlecht zu bewerten. Sie dürfen so sein! Höre nicht auf deine quengelnden Gedanken. Sag ihnen, dass du ein Experiment machst, von dem auch sie profitieren können. Wie fühlt sich diese Erwartung an? Wo sitzt diese Empfindung?

Kannst du sie da sein lassen? Ist es ein Druck, ein nervöses Kitzeln, ein Flackern, ein Bohren, eine innere Habachtstellung? Flirrende Aufregung? Pochen? Betrachte diese Empfindung mit warmem, nährendem Blick, sei liebevoll mit ihr. Es ist in Ordnung, dieses Gefühl der Erwartung zu haben. Projiziere es nicht auf jemand anderen. Es will jetzt nur von dir gesehen und geschätzt werden.

Bemerke, wenn du wieder in dein altes Denken abdriftest, und hole dich sanft zur Empfindung dieser Erwartung zurück. Ruh dich mit ihr aus, als würdest du ein kleines Kind in den Schlaf wiegen. Falls andere Empfindungen auftauchen, heiße sie willkommen und schick sie nicht weg. Ist da Trauer, Enttäuschung oder etwas anders? Vielleicht sind es Gefühle, die hinter deiner Erwartung auf dich gewartet haben. Diese Empfindungen brauchen jetzt deine fürsorgliche Zuwendung: »Ja, das fühle ich. Es darf sein.« Sei der großzügige Raum für deine Empfindungen. Genieße die Entspannung, wenn deine Erwartung zu dir nach Hause kommt. Denn sie gehört zu dir.

Ich erwarte, dass ich zu meinem Geburtstag ein tolles Geschenk bekomme, denn ich habe meinen Freunden schon einen sehr deutlichen Wink mit dem Zaunpfahl gegeben. Ich erwarte, dass sich jemand gleich bei mir entschuldigt oder mir um den Hals fällt vor Dankbarkeit. Doch nichts geschieht: Ich bekomme weder das richtige Geschenk noch die Entschuldigung oder die Umarmung. Erwartungen tun weh, wenn wir sie vor der Tür anderer abstellen und dann allein lassen. Wir neigen dann dazu, den andern dafür verantwortlich zu machen: »Er hätte wissen müssen, wie sehr ich dies oder das brauche!« Wirklich? Wenn er es gewusst und ent-

sprechend gehandelt hätte, hätte er uns die Möglichkeit genommen, uns mit unserer Erwartungshaltung anzufreunden
und zwei Verhältnisse zu verbessern: das zu ihm und das zu
uns selbst.

Ich hatte einmal die Erwartung, dass eine Fernsehserie, in der
ich die Hauptrolle spielte, ein absoluter Quotenrenner werden würde. Die gesamte Filmproduktionsfirma feierte diese
Serie schon im Voraus. Ich war so angesteckt von dieser Erwartung, dass ich insgeheim bereits meinen Umzug nach
Berlin plante, wo die nächste Staffel gedreht werden sollte.
Ich wollte ein neues Leben anfangen. Ich war angefüllt mit
freudiger Spannung, als das Ganze im Fernsehen lief, und
machte aus jeder Folge einen Kino-Abend bei mir zu Hause,
bei dem sämtliche Freunde zu Gast waren. Jeder bestätigte:
»Super-Serie!« Das Echo in den Medien war groß. Ich merkte
gar nicht, dass ich überhaupt eine Erwartung hatte! Es war für
mich selbstverständlich, dass meine Vorstellungen sich realisieren würden. Aber ein paar Monate später erfuhr ich, dass
die Serie nicht weiter produziert werden würde. Schluss. Aus.
Es folgten ein paar Kommentare, die begründen sollten, warum. Mein Traum war geplatzt. Kein Hahn krähte mehr nach
dieser Serie. Ich war enttäuscht. Meine Zukunftsperspektive
fiel in sich zusammen wie ein Kartenhaus. Was soll man da
machen? Ich hatte es verpasst, meine Erwartung zu erkennen,
zu mir zurückzunehmen und warm zu betten: »Ja, da ist eine
Erwartung. Ich kann sie fühlen. Kann sein, dass sie erfüllt
wird. Vielleicht auch nicht. Keiner weiß es. Ich fühle sie einfach und schicke sie nicht weg.«

Erst hinterher erkannte ich, wie sehr ich meine Identität an
die Schauspielerei geknüpft hatte und dass dies mich von
meinen Engagements abhängig machte. Ich sah die Überzeu-

gung, dass ich nur »jemand« bin, wenn diese Serie weitergeht oder sonst ein großes Filmangebot kommt. Im Gegensatz dazu war die Enttäuschung recht schnell erkennbar, als sie scharrend am Hintereingang stand und ins Wohnzimmer des zärtlichen Fühlens drängte.

Es ist eine große Beruhigung, sich zu seinen eigenen Erwartungen dem Leben gegenüber zu bekennen. Denn plötzlich finden sie ihren Platz und krakeelen nicht mehr herum. *Unsere Erwartungen finden Ruhe in uns selbst und quälen uns nicht mehr.* Dann erkennen wir, welche Überzeugungen hinter den Erwartungen stecken: »Ich brauche es, dass meine Erwartungen von anderen erfüllt werden, weil ich glaube, dass ich nicht für mich selbst sorgen kann.« Ist das wahr? Wir kümmern uns ja gerade sehr gut um uns. Wir werden autark. »Ich brauche es, dass meine Erwartungen von anderen erfüllt werden, weil ich sonst unwichtig bin.« Ist das wahr? Wer sagt das? Der Möchtegernchef mit seinen Prinzipien?

Wichtig oder nicht, du bist da. Alles andere ist Spekulation. So lebt es sich um vieles leichter, auch mit Erwartungen. Es könnte sogar passieren, dass sie, wenn sie so gut behandelt werden, mit der Zeit immer seltener auftauchen und wir immer unabhängiger von ihnen werden. Sie könnten sich sogar erfüllen. Und wenn, könnte ich mich viel besser am Ergebnis ergötzen. Was für ein Genuss, wenn ich nicht mehr davon abhängig bin!

Helfen? – Aber gern!

Jan kommt gut an. Jan ist für alles zu gebrauchen. Hast du Probleme mit deinem Fernseher? Ruf Jan an. Der richtet's. Geldsorgen? Jan leiht dir gern was. Schwierigkeiten mit dem Freund? Jan hat ein offenes Ohr. Er streicht dir auch schnell die Wohnung und trägt die schwersten Kisten beim Umzug. Wenn er fertig ist mit allem, wird er auch meist großzügig von seinen Leuten zum Pizzaessen eingeladen. Bei größeren Aktionen gibt es auch mal ein Ticket fürs Fußballspiel in der Arena. Ja, Jan ist ein richtiger Freund. Das weiß er auch. »Auf mich kann man sich immer verlassen«, sagt er und schenkt jedem sein gewinnendes Lächeln. Wenn man ihn fragt: »Jan, wie geht's dir?«, antwortet er forsch: »Muss ja!« Und hilft und macht und tut immer weiter.

Aber heute, nachdem er seiner Cousine geholfen hat, den Garten umzugraben, und sie ihm gesagt hat, wie froh sie ist, dass sie ihn hat, ist er zu Hause irgendwie verstimmt. Eigenartig. Er macht sich ein Bier auf und sitzt apathisch vor dem Fernseher. Er ist wieder mal allein und findet sich in letzter Zeit meist irgendwie auf »Abruf« – falls ihn jemand braucht. Am Wochenende will ihn eigentlich keiner dabei haben. Da sind alle gern »unter sich«. Da klingelt das Telefon nur, wenn es Probleme mit dem Internet gibt. Er nimmt einen Schluck Bier und denkt sich: »Wie kommt's?« Wahrscheinlich muss er sich noch mehr anstrengen, um … Doch da gerät er ins Stocken: um was? Weiter will er gar nicht denken. Doch seine innere Stimme flüstert's ihm, ob es ihm passt oder nicht: um wirklich und echt gemocht zu werden. Das Telefon klingelt. Jan nimmt noch einen Schluck. Er lässt es klingeln, geht ins Bad, zieht sich aus und steigt gemächlich unter die Dusche. Er hört: »Hallo, hier ist Gabi, bist du da? Ich hab nämlich ein ziemliches Problem mit meinem ...« Jan stellt den Duschstrahl auf »Massage« und lässt sich das Wasser über den Kopf rauschen, sodass er nichts mehr hört. In den darauffolgenden Tagen geht er nur noch ans Telefon, wenn jemand nichts von ihm repariert haben will, also selten. Seine Umgebung fällt aus allen Wolken: »Jan ist komisch geworden.« – »Er wird so unzuverlässig.« – »Jan funktioniert nicht mehr.« Während sich seine Leute händeringend nach »Ersatzreparateuren« umsehen, beginnt Jan, den verstaubten Oldtimer in seinem Schuppen zusammenzubasteln, den er – wie sich selbst – immer ganz hintangestellt hat. Und siehe da: Beide funktionieren wieder ...

Wir helfen, weil wir es wollen. Wir denken nicht darüber nach, wir tun es einfach. Jemandem etwas Gutes zu tun und unterstützend unter die Arme zu greifen, lässt uns gut fühlen. Wir können mit unserem Tatendrang viel bewegen. Nicht nur dem andern geht es dadurch besser – auch uns. Solange wir dabei mit uns selbst im Reinen sind und keine Gegenleistung erwarten, sind die Hilfestellungen, die wir geben, eine Selbstverständlichkeit. Sie machen uns sogar Spaß, selbst wenn sie anstrengend sind. Doch wie oft helfen wir, um eigene Defizite zu überspielen? Wir werden dann gern gebraucht, selbst wenn wir uns damit übernehmen und vielleicht bitter beklagen, was uns doch alles »zugemutet« wird. Selbstlosigkeit ist ein Wesenszug, den wir in der Regel als »vorbildlich« bewerten. Oft lassen wir uns auch zu einer Hilfeleistung überreden oder fühlen uns dazu verpflichtet, obwohl wir ganz klar merken, dass wir eigentlich Nein sagen müssten. Was sind die wahren Gründe, aus denen wir jemandem helfen wollen?

Erlebnis: Hilfe für dein Helfersyndrom

Erwartest du etwas für deine Hilfe? Achtung oder Liebe? Erwartest du Respekt oder Dankbarkeit? Hilfst du, um Bestätigung zu bekommen, weil du dich sonst unnütz fühlst? Wertest du dein Selbstbewusstsein damit auf? Musst du ein Schuldgefühl überdecken? Fühlst du dich verpflichtet? Warum? Was sind die Überzeugungen, nach denen du handelst? Meinst du, es geht nicht ohne dich? Gibt es etwas, das du durch deinen Wunsch zu helfen verdecken willst? Hast du Angst vor den Gefühlen, die durch die Umstände des anderen bei dir ausgelöst werden, sodass du ihn *retten* möchtest? Gibt es hinter deinen Meinungen und Urteilen ungesehene Empfindungen, von denen du nicht willst, dass sie ans Tageslicht kommen? Was möchtest du nicht fühlen? Angst, selbst nicht mit deinen Problemen klarzukommen? Befürchtungen, dass du abgelehnt wirst, wenn du Nein sagst? Angst, vielleicht selbst Hilfe zu brauchen? Musst du deine eigenen Bedürfnisse vor andern verstecken? Fürchtest du, sie könnten sehen, dass bei dir gar nicht alles so gut läuft, wie du vorgibst?

Habe den Mut, diese Empfindungen bei dir willkommen zu heißen. Öffne dich freundlich für deine eigenen wunden Stellen und schau sie einfach nur mit wachen Augen an. Verurteile sie nicht. Schließe Freundschaft mit diesen Bedürfnissen. Umarme deine Gefühle.

Wir müssen für niemanden auf der Welt einen Finger rühren, wenn wir nicht wollen, denn die Liebe, von der wir glauben, wir müssten sie uns erst verdienen, haben wir in uns. Wenn ich das weiß, kommt meine Hilfe aus einer völlig anderen Motivation. Ich helfe, weil ich es aus vollem Herzen will. Ich tue es für *mich*, nicht für den andern.

Wenn wir jemandem unsere Zuwendung geben, steckt immer eine gute Absicht dahinter. Wir müssen nicht hinterm Berg halten mit dem, was wir zu sagen haben, auch wenn es manchmal ruppig klingt: »He, beweg deinen Arsch, hör auf zu jammern und ändere was!« Und wo wir schon dabei sind: »Hör endlich auf zu rauchen.« Aber ich kann nicht wissen, was für den andern das Beste ist. *Selbst wenn ich es besser weiß, weiß ich es nicht besser.* Auch nicht, wenn es für mich nach einer klaren Sache aussieht und ich der Ansicht bin, der andere müsse sich nur mal kurz den verkrusteten Schlaf aus den Augen reiben, damit er es auch sieht. Denn sein Leben ist bei aller Zuwendung und Freundschaft nicht meine Angelegenheit. *Die größte Hilfe, die wir jemandem geben können, ist die, mit uns selbst wahrhaftig zu sein.* Wir können ihm zur Seite stehen und dabei mit uns selbst präsent sein. Das ist eine Unterstützung, die unaufdringlich und tatsächlich hilfreich ist.

Fähnchen im Wind

Ich wollte auf die Kapverdischen Inseln fliegen. Beziehungsweise ich wusste nicht genau, ob ich es wollte. Den einen Tag wollte ich, den andern nicht. Ein Freund von mir war dort und hatte gefragt, ob ich ihn über Silvester besuchen wolle. Das wäre doch lustig, meinte er. Bei mir löste dies folgende Gedanken aus: »Die Kapverden sind aufregend. Die Kapverden sind zu weit weg. Die Kapverden sind nur was für

Wanderer. Auf den Kapverden ist es im Winter warm. Das ist ein Dritte-Welt-Land. Sie haben traumhafte Musik. Ich mag Fernreisen eigentlich nicht. Ich könnte im Meer schwimmen. Die Kapverdianer sind nicht wie die Inder. Die Kapverdianer sind gute Sänger. Ich kann kein Portugiesisch. Ich bin an Silvester auch gern hier. Ich war schon lang nicht mehr weg.« So ging das tagelang. Ständig fragte ich im Reisebüro nach, ob es den Flug noch gebe, wollte aber nicht fest buchen. Immer wieder war ich mit der Frage beschäftigt: Reisen oder nicht reisen? Während des soundsovielten Telefonats mit der Reiseverkehrsfrau passierte es dann: Sie hatte den Flug reserviert und fragte mich ganz direkt: »Wollen Sie jetzt buchen?« Ich wollte noch ein wenig Zeit schinden und sagte: »Äh, also, nein, ich komm zum Buchen lieber persönlich vorbei.« Sie antwortete prompt: »Da müssen Sie gar nicht kommen, wir können das telefonisch machen.« Sie wollte mir wohl den bequemen Weg zeigen, aber ich merkte, wie ich einen Adrenalinschub bekam. Sie fragte weiter: »Soll ich jetzt buchen oder nicht?« Aus meinem Mund perlte ein glockenklares Ja. Jetzt war es raus. Als ich auflegte, war ich schweißgebadet: Ich hatte soeben eine Reise nach Afrika gebucht, obwohl ich gar nicht wusste, ob ich da hin wollte! Nun war es passiert. Wie, das kann ich noch immer nicht sagen. Mein Bewertungssystem warf mir sofort wieder einen Knochen hin: »Du hättest nicht buchen sollen. Das war falsch.« Da wurde ich rabiat und schob diesem ewigen Genörgel einen Riegel vor: »Es ist entschieden. Basta.« Von da an verschwendete ich keine weitere Sekunde mehr an den Zweifel. Denn genau der hatte mich ja im Vorfeld fast zum Wahnsinn getrieben. Und kurze Zeit später fand ich mich auf den Kapverdischen Inseln. Jede schreckliche Vorstellung – zehn Stunden wegen Flugverspätung am Flughafen – und jede köstliche – das beeindruckende Kraterdorf auf Fogo – wurden wahr, und heute blicke ich auf eine sehr reiche und ungewöhnliche Reise zurück, die ich nicht missen möchte.

Entscheidungen, die uns leicht fallen, kommen aus dem »Bauch.« Wir sind so nah bei unserem Gefühl, dass kein Zweifel aufkommen kann. Wir wissen einfach, was wir wollen, und überlegen nicht lang: Die Sache ist klar. Doch wenn der Denkexperte aus dem Kopf mitspielt, wird es schon schwieriger. Bei ihm gibt es für alles ein Für und Wider. Wir wollen dann nicht auf die Vorteile verzichten, auf die Nachteile hingegen schon. Es ist aber immer beides im Paket. Das geht von der Entscheidung »Heirate ich?« bis zu: »Nehme ich Erdbeer- oder Brombeermarmelade?« Nehme ich die Erdbeermarmelade, muss ich auf den Geschmack der Brombeermarmelade verzichten. Der Verzicht auf das, was ich dann nicht habe, bereitet den Kummer. Denn eigentlich wollen wir alles haben. Oder zumindest jemanden, der uns die Entscheidung abnimmt, damit wir keine Verantwortung dafür übernehmen müssen. Wenn mir etwas »geschieht«, kann ich es besser verdauen, als wenn ich es selbst aus freien Stücken entschieden habe. Deshalb kommen wir auch gern mit Ausreden wie: »Das war auf einmal so!« »Ich kann nichts dafür.« »Die Umstände sind schuld.« »Ich war da auf einmal mittendrin.« Man hört den hilflosen Tonfall und sieht das Schulterzucken, das mit solchen Erklärungen einhergeht. Wir wollen partout nicht einsehen, dass wir selbst entschieden haben, bewusst oder unbewusst, und sei es nur, indem wir akzeptiert haben, dass ein anderer die Entscheidung für uns getroffen hat. »Ich stand vor vollendeten Tatsachen.« Eigentlich eine gute Sache, da muss ich nichts mehr tun.

Was aber, wenn die Entscheidungsfrist schon abgelaufen

ist? Was, wenn der Kellner im Lokal schon vor mir steht und ich immer noch nicht weiß, ob ich Pizza oder Spaghetti will? Was, wenn ich einfach nichts fühle, das mir die Richtung zeigt? Ich dachte, wir fühlen immer! Nun fühle ich, dass ich nichts fühle, weder bei Pizza noch bei Spaghetti. Dann warte ich ab und bleibe mutig bei meinem Nichtwissen. *Ich bin sanft mit meinem Nicht-Empfinden und schenke mir in meinem emotionslosen Niemandsland ein wenig Wärme.* Irgendeine Bestellung wird sich schon formulieren. Ich lasse mich überraschen. Und tatsächlich kommt eine Antwort. Ich sage einfach das, was mir am nächsten ist, und zweifle es von da ab nicht mehr an. *Das Verblüffende an Entscheidungen ist, dass sie sich irgendwann, wenn es ganz eng wird, von selbst treffen.* Sogar, wenn wir kein starkes Bauchgefühl haben und der Instinkt, auf den wir uns normalerweise verlassen können, vielleicht auf den Kapverden Urlaub macht. Wenn ich nicht weiß, was ich tun soll, tue ich so lange nichts, bis sich die Lösung zeigt. Vorher brauche ich mich nicht verrückt zu machen. Wenn ich es schaffe, in dieser Zeit bei mir zu bleiben und mich mit meinen Empfindungen oder Nicht-Empfindungen zu entspannen, wird ganz von selbst deutlich, was zu tun ist.

Erlebnis: Frieden mit der Entscheidungsnot

Du stehst zwischen den Fronten und musst eine Entscheidung treffen, die dir schwerfällt. Alle Vor- und Nachteile hast du abgewogen, aber du weißt nicht, was die beste Lösung ist. Schließe sanft die Augen und atme bewusst. Bemerke, dass du dieses Denken mit Ruhe betrachten kannst. Höre nicht mehr auf das Für und Wider aus dem Kopf. Du brauchst es jetzt nicht und kannst aus der Gedankenspirale aussteigen. Spüre in deinen Körper hinein. Wie fühlt sich dieser Zustand an? Ist es Unruhe, Herzklopfen, Spannung, ein schweres Gewicht? Oder Aggression? Zerrt diese Empfindung an dir? Wo nimmt sie in deinem Körper Raum ein? Geh mit deiner Aufmerksamkeit dort hin. Kannst du dieser Empfindung erlauben da zu sein? Öffne dich dieser Wahrnehmung ganz sanft und wehre dich nicht gegen sie. Heiße sie mit freundlichem Blick willkommen. Sie will von dir gesehen werden.

Bleibe achtsam mit dieser empfindlichen Wahrnehmung. Erlaube ihr, sich auszuruhen und atme langsam und ruhig weiter. Stell dir vor, wie du dich in dieser Empfindung ausbreitest und genieße, wie es dort friedlicher wird. Vertraue, dass die Entscheidung die richtige für dich sein wird, auch wenn sie noch nicht getroffen ist. Erlaube dir, im Augenblick nichts wissen zu müssen, und gib diesem Nichtwissen Raum. Bleibe bei diesem Nichtwissen und erlaube es. Du weißt, was zu tun ist, wenn es so weit ist. Bleibe wohlwollend bei deiner Empfindung, während du langsam die Augen öffnest.

Wir können nicht immer alles wissen und müssen es auch nicht. Ich sage heute viel öfter als früher: »Ich weiß es nicht.« Es ist für mich ein Luxus, diese uncoole Antwort so stehen zu lassen und in Kauf zu nehmen, dass man mich fragend anschaut. Ich vertraue darauf, dass der Erdball sich weiterdreht, obwohl ich gerade nichts weiß. Währenddessen kümmere ich mich nicht um die Gedanken, die vielleicht das Gesicht verziehen und sagen: »Das muss man doch wissen! Man muss doch auf den Punkt kommen. Klarheit ist die Devise!« Wer sagt das? Der Möchtegernchef! Für mich ist gerade Unklarheit die Devise. Ist das auch okay? Ich kann nicht mal vorhersagen, wie lange sie anhalten wird. Puh! Könnte sein, dass der Erdball noch eine oder zwei Umdrehungen machen muss, bis ich klarer werde. Vielleicht brauche ich sogar ein paar Jahre dafür. Wäre doch schade, wenn ich mir diese Zeit mit Entscheidungsdruck verderben würde. Es ist wie immer: Sobald der Druck raus ist, kommen Einsichten, Lösungen, Entscheidungen. Vielleicht nicht sofort, aber sie sind auf dem Weg. *Welche Entscheidung ist die richtige? Die, die getroffen wird.* Sie entscheidet sich selbst. Wenn ich mit meiner inneren Quelle verbunden bin, passiert sie leicht. Wenn nicht, passiert sie auch.

Fehler sind menschlich

Ich hätte diesen Brief nicht schicken sollen. Ich hätte es anders formulieren sollen. – Ich hätte den Job nicht annehmen sollen. – Ich hätte mich entschuldigen sollen. – Ich hätte endlich meine Meinung sagen sollen. – Ich hätte lieber schweigen sollen. – Ich hätte nicht so arrogant sein sollen. – Ich hätte nicht laut lachen sollen. – Ich hätte niemals mit dieser Frau zusammenziehen sollen.

Alles Urteile, die niemandem etwas nützen. Urteile darüber, dass in der Vergangenheit was falsch gelaufen ist, sei es vor zehn Minuten oder vor zwanzig Jahren. Irgendwer hätte es anders machen müssen, schlimmstenfalls ich. Aber überlegen wir einmal: Hätten wir es damals anders machen können? Hätten wir in dieser Situation anders sein können, als wir waren? Hättest du verhindern können, mit deinem Kind so ungeduldig zu sein, dass du ziemlich laut geworden bist?

Ja? Aber warum hast du es dann nicht gemacht? Irgendwie scheint es in diesem Moment keine andere Möglichkeit für dein Verhalten gegeben zu haben, sonst hättest du es gemacht. Wie hättest du diese Situation vermeiden können? – Gar nicht. Denn sonst hättest du sie vermieden. Du hättest es geschafft, geduldig und offen zu bleiben, statt zu schelten. Wir tun immer das Beste, was uns gerade möglich ist.

Wenn wir uns für etwas, das bereits geschehen ist, fertigmachen, nimmt es uns die Kraft, die wir für die Gegenwart brauchen.

Habe ich einen Fehler gemacht, dann ist es so. Wenn ich keine Fehler machen darf, wieso bin ich dann auf der Erde? Wir sind menschlich! Wir müssen Fehler machen, um das Menschsein zu studieren und uns selbst kennenzulernen. Wenn wir schon alles wüssten, wären wir gar nicht hier. Dann gäbe es keine Herausforderungen, keine Stimmungswechsel, kein Auf und Ab, kein Oben und Unten. Dann wären wir tot, obwohl wir leben. *Fehler haben etwas Sympathisches. Sie erinnern an unsere Zerbrechlichkeit und daran, dass wir Wesen sind, die mit Liebe und Fürsorge behandelt werden müssen.* Sie erinnern uns an unsere Zähigkeit und Kraft. Indem ich ein Versagen eingestehe, mir dafür verzeihe, es verdaue und daran wachse, werde ich noch menschlicher und noch liebenswerter, als ich vorher war. Fehler sind kein lästiges Übel, sondern Boten des Wachstums, die uns mit Geschenken überhäufen. Projekte, die scheitern, Beziehungen, die auseinandergehen, weil wir angeblich alles falsch gemacht haben, sind keine Strafe, sondern ein Aufruf, sich selbst mit ganz neuen Augen zu sehen. Sie laden uns zum Weitermachen ein, öffnen neue Türen und zeigen neue Chancen. Wer weiß, wozu es gut war? Wer weiß, was kommt? *Schenk deinen Fehlern einen Himmel und bade sie in Liebe.*

»Ich mach' mir die Welt, wie sie mir gefällt«

Vor ein paar Monaten rief mich meine Freundin Susanne von
unterwegs an. Ihre Freisprechanlage war kaputt, und so telefonierte sie während der Autofahrt mit dem Handy am Ohr.
Wir wechselten ein paar Worte, dann hörte ich, wie sie an-
gehalten wurde und zwei Polizisten sie ansprachen. Sie legte das Handy ab, aber die Verbindung war noch aktiv. Ich
konnte alles hören, was gesprochen wurde. Wie im Krimi!

Polizist: »Sie haben mit dem Handy telefoniert, das ist ver-
boten.«
Susanne: »Nein, ich habe nicht telefoniert. Ich hatte es nur in
der Hand.«
Polizist: »Hab ganz deutlich gesehen, wie Sie das Handy ans
Ohr gehalten haben.«
Susanne, *überzeugend*: »Ich wollte nur meine Nachrichten
abhören. Aber telefoniert habe ich nicht.«
Polizist: »Das ist auch nicht erlaubt. Das kostet 60 Euro.«
Susanne: »Ich habe nicht mit dem Handy telefoniert!«
Polizist: »Wir haben Sie aber telefonieren sehen. Sie haben
gesprochen.«
Susanne, *wehrt sich*: »Nein, das kann gar nicht sein! Ich habe
nicht telefoniert. Ich kann auch nicht gesprochen haben.
Ich bin ja allein hier im Auto.«
Polizist: »Ich muss Sie bitten auszusteigen. Ihre Papiere, bitte.«
Es dauerte eine Weile, bis die Formalitäten erledigt waren
und Susanne wegfahren durfte. Sie nahm das Handy wieder
ans Ohr, ich war noch immer dran.
»Was war das denn?«, fragte ich.
»Ach, diese Idioten, jetzt muss ich 60 Euro zahlen.«
»Aber du hast doch mit mir telefoniert!«

Susanne hörte gar nicht zu und wetterte: »Ach was, das sind einfach alles Bullenschweine!« Es war ihr bitterernst. Ich musste lachen. Sie war so überzeugend, dass ich beinahe selbst glaubte, nur in meiner Einbildung mit ihr telefoniert zu haben.

Wir laden die Schuld liebend gern bei anderen ab und wollen die Dinge oft nicht sehen, wie sie wirklich sind. Es könnten ja noch andere Leichen im Keller liegen, die wir auch nicht sehen wollen. Und wenn die uns alle auf einmal plötzlich einen Besuch abstatten: nein danke! Deshalb verdrehen oder verneinen wir die Realität, basteln uns eine eigene und sagen: »Das ist die Wahrheit!« Sehen wir unseren Partner, den Polizisten, den Bäckereiverkäufer, wie er ist, oder eher so, wie wir ihn gern haben wollen? Wenn ich mich permanent beschweren muss, habe ich ein Idealbild von den Menschen, dem diese nicht entsprechen. Ich kritisiere, damit sich die Welt gefälligst der Schablone in meinem Kopf anpasst. Die Frage ist: Wie geht es mir, wenn ich gegen die Realität ankämpfe? Ich kann mich winden, mich beklagen und eine Riesengeschichte daraus machen, dass die Menschen, die Dinge und die Gesetze für Handybenutzer im Auto nicht so sind, wie ich sie gern hätte. Doch wenn ich bereit bin zu fühlen, wie es ist, von einem Polizisten zur Verantwortung gezogen zu werden – zu Recht oder zu Unrecht – und zu sagen: »Hallo, liebe vermeintliche Ungerechtigkeit, du bist da, ich fühle es und ich akzeptiere, dass es sich so anfühlt«, ist alles okay. Dann sage ich: »Gut, ich zahle die 60 Euro, ich bin kein Verkehrsstreber, Pech gehabt.« Und die Sache ist erledigt. Oder ich freue mich dran und erlaube mir, dass ich mich gerade tierisch aufrege – auch eine Option. Anschließend kann ich mich wieder mit den Dingen beschäftigen, die mir besser gefallen.

Dieses Pippi-Langstrumpf-Prinzip kann ich auch auf meine

Meinung über mich und andere anwenden. Wenn ich so tue, als sei alles in Ordnung, obwohl ich mit meinem Arbeitskollegen Schwierigkeiten habe, werde ich immer Gründe finden, warum das Arbeitsverhältnis so schlecht ist und dass er dran schuld ist. Er passt nicht in meine ausgedachte Realität, und ich verleugne meine wahren Gefühle und sage mir vielleicht halbherzig:»Ich sollte mit ihm klarkommen!« Oder:»Er muss sich dringend ändern.« Das wird aber nicht viel helfen. Ich kann auch einfach zugeben:»Ja, ich hab ein Problem mit ihm. Ich komme nicht mit ihm klar.« So einfach. Ich bin bereit zu fühlen, wie es sich anfühlt, nicht mit ihm klarzukommen. Kann ich mir das erlauben? Darf diese Empfindung da sein, wo sie schon da ist? Bin ich freundlich zu mir, während ich zugebe:»Ja, der Kollege nervt mich«? Ich muss nicht mal wissen, warum. Wenn ich die Empfindung ohne Vorbehalte gegen mich selbst fühle, könnten andere Empfindungen auftauchen, die den Grund plötzlich klar werden lassen: Angst und daraus resultierend Abwehr, zum Beispiel. Dann bin ich friedlich fühlend mit meiner Ängstlichkeit und meiner Abwehr. Wenn ich meine Ablehnung nicht annehmen kann, nehme ich mich einfach in dem Widerstand an, der das Annehmen verhindert. Dann könnte es sein, dass der»schwierige« Kollege auf einmal eine ganz liebenswürdige Seite bekommt. Und wenn nicht, bin ich auf jeden Fall mit mir selbst im Reinen.

Schön, wenn mir die Welt gefällt, wie sie ist. Sogar meinen Lebenspartner lerne ich richtig kennen, wenn ich ihn anschaue, wie er wirklich ist, und meine Vorstellung von ihm so lange beiseitelasse. Wenn er mir so nicht gefällt, kann ich die alte Schablone gern wieder rausholen und mir auch weiterhin etwas vormachen. Das steht mir frei. Es ist menschlich. Es ist verständlich. Aber der Partner ändert sich dadurch nicht.

Der Kartonkrimi

Neuerdings habe ich eine kuschelige, warme Bettdecke – genau die, die ich schon immer haben wollte. Der Karton, in dem sie geliefert wurde, stand lange Zeit im Flur. Anfangs störte er mich nicht, denn die Freude über die neue Bettdecke war größer. Aber irgendwann stellte sich Unbehagen ein – jedes Mal, wenn ich an diesem Karton vorbeiging. Es war so ein kleines Kratzen in der Magengegend, das mich ein bisschen ärgerlich auf den Karton machte, wie er da so stand und vor sich hin schwieg. Es war begleitet von den Gedanken: »Ich muss ihn in den Keller bringen, vielleicht brauche ich ihn noch mal, falls ich mal umziehe.« Und später: »Ich muss ihn zum Altpapier bringen und vorher in Stücke reißen.« Das fühlte sich noch unbehaglicher an. »Ich sollte endlich mal diesen blöden Karton wegschmeißen.« Beim nächsten Vorbeigehen kamen die Argumente des Möchtegernchefs, die das vorher Gedachte revidierten: »Der kann noch eine Weile hier stehen bleiben. Mich stört er nicht. Ich kann meinen Flur vollstellen, womit ich will.« Diesmal war Trotz da, als hätte mich eine reale Person kritisiert. Ich verteidigte mich in Gedanken vor mir selbst!

Einen Tag später war mir, als würde mich der Karton selbst erinnern. Er sprach! »Du wolltest mich doch in Stücke reißen! Wieso ist das noch nicht passiert? Wieso bist du so unzuverlässig?« Der große »Kartonkrimi« war in vollem Gang. Ich weigerte mich, diese Gefühle von Trotz, Schuldgefühl, Renitenz, Pflichtbewusstsein und Faulheit zu fühlen. Ich überging sie einfach, weil sie mir zu lächerlich vorkamen. Meiner unwürdig. Bei so einer Lappalie lohnt sich das Hinspüren doch gar nicht! Ich weigerte mich aber auch, den Karton zu entsorgen oder – das wäre auch eine gute Möglichkeit gewesen –

auf keinen meiner Gedanken mehr zu hören. Er störte mich, aber ich tat nichts. Ich weigerte mich in alle Richtungen und hatte bald schon morgens schlechte Laune, wenn ich diesen Pappkameraden im Flur stehen sah, wo ich doch so gehofft hatte, er möge sich einfach über Nacht in Luft aufgelöst haben ...

Hoffen nützt in solchen Fällen nichts, positives Denken auch nicht. Und das Annehmen der Gefühle wird umso schwerer, je länger wir es nicht tun. Wenn der Karton im Flur steht, dann bleibt er entweder dort oder ich beobachte erstaunt, wie ich ihn plötzlich entsorge, weil ich den Impuls verspüre oder gerade nichts Besseres zu tun habe. Das Gleiche gilt für Steuererklärungen genau wie für unaufgeräumte Küchen, Garagen und Schreibtische. Oder für Grundsatzgespräche mit weiß Gott wem, die seit ewigen Zeiten anstehen ...

Die Kehrseite der Medaille

Es gab eine Zeit, in der ich glaubte, den Beruf wechseln zu müssen. Die Schauspielerei erschien mir oberflächlich und passte irgendwie nicht mehr zu dem, was ich vom Leben wollte. Dabei war die Arbeit vor der Kamera bis dahin mein absoluter Lebensinhalt gewesen, neben dem alles andere unwichtig war. Jetzt aber fühlte ich mich zu »ehrenvolleren« Aufgaben berufen – vielleicht Sterbebegleitung, eine Yogaausbildung oder irgendetwas anderes Sinnvolles. Karriere schien plötzlich *out* zu sein, jetzt war Demut *in*. Erfolg trug das Etikett »schlecht« und kein Erfolg war jetzt der eigentliche Erfolg! Er war ehrenhafter, ehrlicher, bescheidener – und irgendwie schicker, schlicht: besser! Ich dachte: »Jetzt bin ich ein besserer Mensch, der keinen Erfolg mehr braucht, weil ich ja keinen Erfolg mehr will.« Ich wertete Erfolg als oberflächlich und sah gütig auf diejenigen herab, die erfolgreich waren, weil sie es »noch nötig« hatten, erfolgreich zu sein: »Die Armen! Sie sind ja so unfrei!«

Solange ich das eine unbedingt will und das andere dringend ablehnen muss, bin ich noch immer im gleichen Dilemma. Es ist nur die Kehrseite ein und derselben Medaille.

Was lässt uns Neues anstreben? Zunächst bemerken wir, dass das Alte fad wird. Der Elan nimmt ab. Wir finden Beweise dafür, dass es das Falsche für uns ist, bekommen entsprechende Bestätigung von andern, werden plötzlich unzufrieden mit uns selbst. Wir kriegen »Lust« auf etwas anderes. Abwechslung muss her. Über all dem versäumen wir es meist, uns der Fadheit und ihren Gefühlsfreunden im dunklen Untergrund zuzuwenden. Wenn es mich plötzlich zu etwas »ganz anderem« zieht, woher kommt das? Ist es ein inneres Wissen darum, dass eine Veränderung ansteht? Oder hat der Möchtegernchef einen Verbesserungsvorschlag, mit dem er unser Selbstwertgefühl aufbessern will? Wenn wir ihm glauben, tun wir alles, was er sagt, weil wir uns ja entsprechend *fühlen*. Nachher sagt er: »Siehst du, jetzt machst du was wirklich Sinnvolles! Das ist wirklich besser als das andere, und deshalb bist du jetzt ein guter Mensch, während du vorher ein mittelmäßiger Mensch warst.« Doch bald langweilt er sich wieder und wir empfinden das »Neue« ähnlich wie das »Alte«, weil wir die altbekannten Muster des Wertens mitgenommen haben. Sie funktionieren im »Neuen« genauso wie im »Alten.« *Es genügt also, das anerzogene Denkmuster zu erkennen. Mehr braucht es nicht.* Als neutraler Betrachter sehen wir mit Mitgefühl, was wir glauben und als richtig oder falsch erachten. Wir sehen, was wir fühlen, und sind fähig zu empfinden, was wir fühlen. Wenn du in deinem Leben unzufrieden bist, sei es im Beruf oder in zwischenmenschlichen Beziehungen, gib dir die Möglichkeit, deine Situation genauer anzuschauen.

❋ ❋ ❋

Erlebnis: Klarheit

Erlaube dir, deine Einstellung und deine Gedanken bezüglich der Situation, aus der du weg willst, zu überprüfen. Beurteile nicht, was du denkst. Betrachte deine Meinung, ohne sie als richtig oder falsch zu werten. Frage dich ehrlich: »Welches Bedürfnis habe ich übersehen, dass ich jetzt so denken muss? Woran liegt es, dass diese Situation nicht mehr erträglich oder akzeptabel für mich ist? Vermisse ich Freiraum? Akzeptanz? Eigenständigkeit? Fehlt es mir an Ruhe oder Aufregung? Fühle ich mich nicht genug gehört? Hätte ich gern mehr Macht, Verantwortung oder Freude? Künstlerische Ausdrucksmöglichkeiten?« Was vermisst du?

Denke nicht über die Antworten nach, sondern wende dich den Empfindungen zu, die jetzt auftauchen. Wie fühlt es sich an, wenn diese Bedürfnisse nicht erfüllt werden? Kannst du die Empfindungen einladen? Fühle sie mit aller Warmherzigkeit für dich selbst und öffne dich für sie. Schenke dir Aufmerksamkeit und liebe dich dafür, dass du empfindest, was dir fehlt und wonach du dich sehnst. Du siehst, dass du das die ganze Zeit vermieden und die Lösung im Außen gesucht hast.

Die Lösung ist in dir. Umarme deine Empfindungen, damit sie sich in dir entspannen können. Umarme die Sehnsucht nach Zeit, Aufmerksamkeit, Ausdruck, Macht, Zuhören, Gelassenheit, Liebe, Leichtigkeit, Freude. Du bist ganz bei dir – und es fällt dir nun viel leichter herauszufinden, ob du wirklich eine völlige Veränderung deiner Situation herbeiführen willst. Vielleicht verändert sie sich bereits dadurch, dass du dich deinen bislang versteckten Gefühlen zuwendest. Du kannst jetzt besser für dich sorgen, weil du weißt, was du dir geben musst. Du bist frei zu handeln. Du bist nicht mehr der Sklave deines Denkens.

Keine Angst vor »schlechten« Gefühlen

Rosa hat mit nächtlichen Träumen nichts am Hut. Sie sagt, sie träumt nicht. Und wenn, hat sie den Traum am nächsten Morgen gleich wieder vergessen. Aber in letzter Zeit, seit sie mitten in ihrer Examensarbeit steckt, träumt sie öfter. Sie hat es gewagt, mit vierzig noch einmal ein Studium zu beginnen, und steht jetzt unter dem Druck zu beweisen, dass man es in »ihrem Alter« auch noch zu was bringen kann. In einem ihrer Träume gab sie ihre fertige Examensarbeit einem Passanten auf der Straße zu lesen. Als sie diesen Mann – noch immer im Traum – am nächsten Tag wieder traf, verhielt er sich sehr abweisend und rückte ihre Arbeit nicht mehr raus. Er sagte: »Wieso, ist doch meins« und erklärte ihr nüchtern, dass er sich mit ihrem Examen eine Karriere aufbauen würde. Rosa fiel die Kinnlade runter. Sie rannte hinter dem Mann her, um ihr mühsam, in vielen Monaten erarbeitetes Eigentum wieder zurückzubekommen. Aber der Mann lachte nur und rief, während er hinter der nächsten Ecke verschwand: »Du hättest es mir ja nicht zu lesen geben müssen.« Mit ihm verschwand Rosas Hoffnung auf eine neue berufliche Zukunft.

Rosa ballte die Fäuste. Sie hatte eine unermessliche Wut auf diesen Mann. Ja, sie hatte Mordgelüste! Sie rief um Hilfe, aber da sie niemanden fand, der ihr glaubte, stand sie da wie eine verrückte Lügnerin.

Was könnte dieser Traum bedeuten? Rosa macht sich zu viele Gedanken über ihre Zukunft. Rosa hat ein unübersehbares Problem mit Männern. Rosa hat versteckte Aggressionen. Rosa hat ein Selbstwertproblem. Rosa müsste lernen, sich von äußeren Umständen unabhängiger zu machen. Puh, da hat sie eine Menge, woran sie arbeiten kann. Auf zum nächsten Psychologen!

Wie wäre es, versuchsweise auf sämtliche Interpretationsmöglichkeiten zu verzichten? Denn die sogenannten »schlechten« Gefühle, wie Hass, Ablehnung, Wut, Ekel, Abscheu, Verachtung, und wie sie alle heißen, sind auch nur Gefühle, reines Kraftpotenzial! Sie tun uns nichts. Nicht im Traum und nicht im wachen Zustand. Sie sind genauso willkommen wie Liebe, Leichtigkeit, Entzücken und Gelassenheit. Wenn wir uns ihnen mit aller Hingabe und Bereitwilligkeit annähern, bringen auch sie uns Frieden und neue Energie. *Keine Angst vor schlechten Gedanken! Keine Angst vor schlechten Gefühlen!*

»Aber in einem Traum ist das alles doch nicht real«, sagen wir. »Es ist ja nur ein Traum.« Das stimmt. Aber die Empfindungen, die wir im Traum haben, nehmen wir genauso wahr, wie wir im wachen Zustand wahrnehmen, dass uns ein Hund ans Bein pinkelt. Deshalb laden geträumte Empfindungen genauso zur Freundschaft ein wie Gefühle, die wir im Wachzustand haben. Vielleicht gelingt es dir sogar, dich einer geträumten Empfindung im Traum zu nähern. Nimm dir, bevor du einschläfst, einfach vor, dich selbst – solltest du träumen – im Traum an die Hand zu nehmen und deinen Empfindungen Freundlichkeit zu schenken. Ein Traum ist nicht real, aber wir *empfinden* ihn als real. Ein Angsttraum erinnert uns an die ungesehene Angst in uns, ein Liebestraum an die Liebe, die wir in uns tragen, und auch die kann unsere Freundschaft vertragen. Wenn Liebe zu Liebe kommt, wird sie mehr. Wenn liebende Zuwendung zu Angst kommt, nimmt die Angst ab und wir fühlen uns sicher und wohlig. Auf welche Weise auch immer uns unsere Empfindungen besuchen, und sei es durch die Dielenritze: Sie laden uns zur Freundschaft ein.

Erlebnis: Freundschaft mit den Gefühlen im Traum

Wenn dich ein Traum noch am Tag danach beschäftigt, fühle, was an Empfindungen da ist. Welche Überzeugung kommt da hoch? Ist sie wahr? Ist sie die Wiederholung oder Verstärkung einer Überzeugung, die du auch im wachen Zustand hast? Ist diese wahr? Kannst du sehen, dass es nur ein Gedanke ist? Wie fühlst du dich jetzt, wo du nicht mehr träumst? Gib dem Gefühl Raum, das jetzt da ist. Beschäftige dich einen Moment lang nicht mit dem Sinn deines Traumes oder seiner Deutung, sondern gönne dir, nur mit deinem momentanen Empfinden zu sein. Kannst du dich damit anfreunden? Kannst du fühlen, wie sich diese Empfindung in dir beruhigt und dich im Nachhinein von deinem Traum erlöst?

So betrachtet macht es auf einmal Sinn, dass ich ausgerechnet diesen Traum geträumt habe und keinen anderen: Diese spezielle Empfindung will ohne die begleitende Geschichte gesehen und gefühlt werden, weil sie vielleicht tagsüber nicht zum Zug kam. Indem wir Freundschaft mit diesen Empfindungen schließen, erfahren wir ganz intuitiv, was der Traum für uns bedeuten könnte – falls das dann überhaupt noch von Interesse ist ...

Experiment: Ich bin alle ...

Nimm die Etiketten »Gut« und »Böse« aus dem Traum und stelle dir vor, dass du *alle* Figuren bist, von denen du geträumt hast: der Verfolgte und der Verfolger, der Betrüger und der Betrogene, der Liebhaber und die Geliebte, der Mörder und das Opfer (falls es zu solch heftigen Traumversionen kommt). Du bist der Mann und die Frau, die Alte und das Kind. Spüre der Reihe nach, wie es sich anfühlt, jede dieser Personen zu sein. Wie fühlt sich diese andere Person in deiner Wahrnehmung an? Schließe Freundschaft mit dieser Wahrnehmung, denn du fühlst sie in dir selbst. Dadurch könnte sich die Traumgeschichte verändern und in Wohlgefallen auflösen. Was bleibt zurück?

Das noch kühnere Experiment besteht darin, diese Übung mit den Menschen in deinem Umfeld zu machen. Das wird dir helfen, die andere Person besser zu verstehen und ihre Beweggründe zu begreifen. Denn auch sie ist in ihren Denkmustern verhaftet und versucht, das Beste draus zu machen.

Stell dir im täglichen Leben vor, dass du auch der andere bist: der Passant auf der Straße, die alte Oma, der Polizeibeamte. Versuche es zunächst mit fremden Menschen und wage dich erst dann an Personen aus deinem unmittelbaren Umfeld: deine Schwester, deinen Vater, dein Kind, deine Kollegin, deine Frau, deinen Mann. Vor allem die Menschen, mit denen wir Spannungen und Schwierigkeiten erleben, laden dazu ein, sie zu fühlen.

✻ ✻ ✻

Erlebnis: Mitgefühl – den andern fühlen

Wende dich dir selbst freundschaftlich zu. Betrachte dich und deine angeblichen Schwächen mit Wohlwollen. Niemand ist perfekt. Betrachte dich und alles, was du an dir magst. Sieh deine Stärken und dein Potenzial, dein Leben selbst in die Hand zu nehmen. Du tust immer das Beste. Spüre die Lebenskraft in deinem Inneren, ohne sie beeinflussen zu wollen. Bemerke, wenn du ins Bewerten kommst, und wende dich wieder deinen Wahrnehmungen zu.

Jetzt hole dir eine Person aus deinem Leben, die du besser verstehen willst, vor dein inneres Auge. Stelle dir vor, du »träumst« diese Person. Sie kommt in deinen Tagtraum. Bemerke, wie sofort Urteile und Meinungen aus dem Verstand auftauchen. Höre nicht darauf. Betrachte diese Person mit liebevollem Blick – genau so, wie du dich selbst wahrnimmst. Sieh, wie sich dieser Mensch – wie du – durch das Leben navigiert. Sieh, dass auch er Versuch und Irrtum kennt. Merkst du, dass auch er nicht immer weiß, was richtig und falsch ist – genau wie du. Sieh, dass auch er den Verstrickungen in seinem Kopf ausgeliefert ist und darunter leidet – selbst wenn er es nicht merkt. Sieh, dass auch er sich nach Freiheit und Liebe sehnt und auf seine Weise alles dafür tut. Betrachte ihn, wie er jetzt ist, und fühle, wie er sich fühlt. Heiße die Wahrnehmung willkommen, als sei sie ein Nachbarskind, das zu lange allein war. Sei ganz intim damit.

Schließe Freundschaft mit dieser Empfindung. Beatme sie mit Zärtlichkeit und wiege sie sanft. Die Gefühle des anderen sind die Gefühle, die du von dir selbst kennst. Er ist nicht anders als du ...

Wahrscheinlich wirst du dich nun in Gegenwart dieses Menschen freier und friedlicher fühlen. Wo vorher Bedrohung war, ist jetzt mehr Sicherheit. Wo vorher Misstrauen war, ist jetzt mehr Vertrauen – in dich selbst. Vielleicht kommt Mitgefühl für ihn auf, wo vorher andere Empfindungen vorrangig waren. In jedem Fall ist dein Blick jetzt offener, denn du hast die Scheuklappen abgelegt, die deine Sicht bislang begrenzt haben.

Die Leute, die »Gesellschaft« und andere Phantome

Gute Fotos sind das Aushängeschild eines Schauspielers. Sie sollen seinen Typ herauskehren, man soll sehen, dass er wandlungsfähig ist und für bestimmte Rollen einfach perfekt. Der Blick muss aussagekräftig sein, klar, nicht abwesend, es sei denn, es steckt Absicht dahinter. Die wiederum sollte man aber nicht sehen. Der Künstler soll auf den Fotos authentisch rüberkommen. Oder mysteriös oder sonst wie anziehend. Er soll Neugier bei Produzenten und Castern wecken und – die Fotos sollten im Trend sein. Also, neue super Fotos müssen her! Die Endauswahl meiner super Fotos zeigte ich einer Freundin aus der Filmbranche.

Sie sagte: »Das Armband, das du da anhast, ist ein absolutes No-go.«

Ich war überrascht: »Findest du?«

»Es ist ein Don't-do«, insistierte sie.

»Wieso?«

»Glaub mir, don't do it!«

Sie muss recht haben, dachte ich, denn sie weiß immer, was gerade angesagt ist und wie das Business funktioniert. Da saß ich nun mit meinen neuen Fotos und fühlte mich ziemlich out und ziemlich dumm, weil ich nicht rechtzeitig bemerkt hatte, dass ich ein absolutes »No-go« am Armgelenk trug. Ich war also spießig. Das hatte mir gerade noch gefehlt: In einer Branche, in der man was Besonderes oder wenn schon nichts Besonderes, dann zumindest ganz man selbst sein soll, war ich der Spießer. Die einzige Chance, nicht spießig zu sein, bestand darin, total zu seinem Spießertum zu stehen. Dann war man nämlich wieder cool. Das konnte ich leider nicht, und so wurde ich durch mein No-go-Armband selbst zum wandelnden No-go. Ich schämte mich und hatte Hemmungen, meine neuen Fotos beruflich zu verwenden. Das änderte sich erst, nachdem ich – ebenfalls von außen – eine gegenteilige Meinung gehört hatte.

»Also, wer nur auf das Armband guckt, hat die Fotos nicht verstanden. Da geht's doch um deine Ausstrahlung.«

»Ja, ja, aber Ausstrahlung ist nun mal nicht alles«, gab ich zu bedenken.

»Ich finde das Armband schön«, sagte die Freundin, die es mir geschenkt hatte.

»Aber wenn ich wegen eines No-gos nun meine Traumrolle nicht kriege, das würde mich ganz schön ärgern.« Mehr fiel mir nicht mehr ein. Wer war eigentlich der Übeltäter, der heimlich hinter meinem Rücken Dos und Don'ts, Yes-Gos und No-

Gos erfand und mich nicht darüber informierte, weshalb ich immer wieder weitab vom Trend der Zeit lag? (Das No-go-Armband ist übrigens auf dem Coverfoto zu besichtigen.)

»Das macht man nicht«, »Das geht gar nicht«, »Das ist gesellschaftlich nicht akzeptabel«, »Was sollen die Leute denken?« Seit unserer Kindheit kennen wir diese Sprüche und die entsprechenden ungeschriebenen Gesetze, aber wer stellt sie eigentlich auf? Wer sind »die Leute«? Sind sie Gesandte der »Gesellschaft«? Und wenn ja, wer ist diese »Gesellschaft«? Ich stelle mir die Gesellschaft als eine Art graue Eminenz vor, die in einem Sitzungssaal auf altehrwürdigen Sesseln sitzt und jeden Monat neu festlegt, was gut und was schlecht ist, welche Trends befolgt werden müssen und welche out sind, wie viel wir lächeln müssen und wann wir ernst dreinschauen sollen. Wenn wir uns nicht rechtzeitig informieren, kann es sein, dass wir plötzlich nicht mehr im Trend liegen mit unserer Meinung, unserem Haarschnitt oder unserem Lächeln. Wir müssen also immer hellwach sein, damit wir auf keinen Fall verpassen, was gerade angesagt ist in der Gesellschaft oder zumindest in dem Teil der Gesellschaft, dem wir angehören möchten.

Es scheint, als sei »die Gesellschaft« der Meinung: »Der Mensch an sich ist nicht okay. Er muss verbessert werden, damit er hier reinpasst.« Diese Ansicht vertritt sie schon seit Tausenden von Jahren, und offenbar hat sich bis heute nichts daran geändert. Und wir? Wir fragen uns gar nicht, ob wir wirklich verbessert werden müssen, sondern sagen: »Wenn die Gesellschaft das sagt, hat sie wahrscheinlich recht. Sie muss es ja wissen.« Wir wollen ja auf keinen Fall der Außenseiter sein, das würde ja unangenehm auffallen. Und dann fangen wir an, an uns zu »arbeiten«, damit wir in die Gesellschaft passen und sie uns lieb hat. Dabei sind wir vollkom-

245

men fremdbestimmt. Unser Blick ist nicht mehr auf uns selbst gerichtet, sondern nach außen. Mit Argusaugen verfolgen wir, welche Richtlinien gerade aktuell sind. Sind die alten Schuhe noch im Trend? Ist mein Job hip genug oder mein neuer Freund? Ist meine Meinung angesagt? Kann ich es mir erlauben, diese Haltung zu vertreten, obwohl ich damit ganz allein stehe? Hat das Konsequenzen und kann ich sie tragen? Was, wenn ich keine Meinung habe? Ist das dann ein No-go?

Wenn wir auf keinen Fall dazugehören wollen, ist es nicht anders. Auch dann verfolgen wir, was gerade angesagt ist, und »arbeiten« bewusst dagegen mit dem Ziel, dass die Gesellschaft uns nicht mehr mag und ausschließt.

Das Dumme ist nur, dass die Gesellschaft immer vergisst, uns mitzuteilen, *wann* wir denn nun endlich okay sind und dazugehören oder eben nicht okay und damit ausgeschlossen. Deshalb ackern wir immer weiter, wollen uns verändern, probieren dies oder das, verbiegen uns und passen uns an, um nicht anzuecken. Natürlich bekommen wir auf diese Weise nie die Wertschätzung, die wir so gern hätten. Daraus resultieren unsere Überzeugungen: »Ich werde nicht akzeptiert.« – »Das Leben ist ungerecht.« – »Unsere Gesellschaft ist das Letzte.« – »Mir reicht's, ich werde auswandern.« Oder: »Ich muss mich mehr anstrengen.« *Da keiner die Gesellschaft als Ganzes je zu Gesicht bekommen hat, kommt der Verdacht auf, sie sei vielleicht nur ein Gerücht, in die Welt gesetzt, um uns einzuschüchtern.*

Nehmen wir einmal an, die Gesellschaft sei nur ein Gedanke, den zu glauben wir uns entschieden haben. Dann könnte ich mein Schicksal herausfordern, indem ich so tue, als gäbe es sie gar nicht. Als gäbe es nur mich und dich und uns mit unseren Empfindungen, Wünschen und Taten. Wenn die Gesellschaft nur ein Gerücht ist, das wir fälschlicherweise glauben, ist sie vielleicht völlig machtlos. Dann würden wir bis zum Sankt-Nimmerleins-Tag auf ihre Bestätigung warten, weil sie nicht mal »piep« sagen kann. Und wären frei!

So, wie wir sind, sind wir gemeint. Da, wo wir gerade sind, ist der richtige Standort. Hundertprozentig. Die Renovierungsvorschläge für unsere Eigenarten können wir uns getrost aus dem Kopf schlagen: »Aber eigentlich müsste ich anders sein, reicher, schöner, aggressiver im Auftreten, erfolgreicher, umgänglicher, zurückhaltender.« Wer sagt das? Ist es vielleicht der Glaube an das, was uns in Zeitschriften und anderen Medien als richtig verkauft wird? Wer macht die denn? Kreative Köpfe, die, genau wie wir, mit irgendwas ihren Lebensunterhalt verdienen.

Ja zu dem zu sagen, was im Moment gerade ist, und dazu, wie wir gerade sind, ist die beste Ausgangslage für eine tatsächliche Veränderung. Ich verändere mich von innen heraus, nicht durch äußeren Putz, der nach einiger Zeit sowieso wieder abbröckelt.

Neulich ist wieder ein neues Medium auf den Markt gekommen. Eine Art CD, die noch tausendmal mehr kann und mehr Speicherkapazität hat als alles andere davor. Inzwischen gibt es technische Geräte, deren Namen ich nicht mal aussprechen kann. Ich bin schon heilfroh, wenn ich mit meinem Laptop einigermaßen klarkomme. Ich merke, wie der »Fortschritt« mich überholt und ich auf halber Strecke zurückbleibe: »Komme ich da noch mit? Oder gehöre ich mit meiner begrenzten Auffassungsgabe schon zum alten Eisen?« Ich unterhielt mich mit einigen Bekannten über dieses Thema und merkte, dass ich damit nicht allein dastehe. Wir haben Angst, den Anschluss zu verpassen, sei es an die technischen Möglichkeiten, in zwischenmenschlichen Beziehungen oder an äußere Entwicklungen. Deshalb halten wir uns an die Richtlinien der anderen und vergessen unsere eigenen.

Früher war es ein Zeichen von Rückständigkeit und niederem Stand, im Dialekt zu reden. Heute ist Dialekt »in« und gilt als Persönlichkeitsmerkmal. Vor Jahren ging man noch heimlich zum Psychologen, weil man damit rechnen musste, als geisteskrank hingestellt zu werden. Heute hat jeder seinen Coach, seinen Shrink, seinen Personal-Trainer, von dem er sich Ratschläge holen kann. Jetzt darf ich es öffentlich tun, ja, ich *muss* es sogar tun, um im Trend zu sein. Früher wurden spirituell Interessierte als hirngewaschene Sklaven eines Gurus angesehen. Heute trifft man sich zum lockeren Plausch in der esoterischen Abteilung der Buchhandlung und stellt gemeinsam fest, dass man beim Suchen gar nichts findet, außer sich selbst.

Was sind meine eigenen Werte? Bin ich mir so sehr Freund, dass ich mich nicht mehr selbst verleugnen muss? Stehe ich zu dem, was mir wichtig ist? Oder halte ich damit hinterm Berg, um nicht aufzufallen? Ist mir die Meinung anderer wichtiger als meine eigene? Vielleicht hilft es, sich klarzumachen, dass die Meinung anderer auch nichts weiter ist als das Unterhaltungsprogramm in deren Kopf. Was sie denken, ist ein Resultat ihrer Verstandesmuster, ihrer Überzeugungen und ihrer Lebenserfahrung.

Meine eigenen Werte können für sich stehen und sind so essenziell, dass sie nicht nur mich selbst, sondern auch den Rest der Gesellschaft beflügeln können. Denn wenn ich auf mich selbst höre, erlaube ich anderen, das Gleiche zu tun. Wir bestimmen selbst, was unser »Trend« ist und wo es uns hinzieht. Dann trag doch die Shorts und die weißen Tennissocken zu Sandalen, wenn du dich darin am wohlsten fühlst! Lass die Leute reden! Sie sprechen nur laute Gedanken aus. Und solange wir uns passiv an einem Phantombild namens Gesellschaft orientieren, werden wir nie unsere prachtvollen Flügel ausbreiten und fliegen können.

Erlebnis: Die eigenen Regeln einladen

Frage dich, ob das, was du von dir und andern glaubst, wahr ist. Hinterfrage, ob das, was als »allgemeine Meinung« gilt, wahr ist. Welche Überzeugung hast du von anderen übernommen? Ist sie wahr? Wie verhältst du dich, wenn du das glaubst? Wie fühlst du dich, wenn du das glaubst? Was hält dich davon ab, nach deinen eigenen Wünschen und Richtlinien zu leben? Was hindert dich daran, die Flügel auszubreiten und zu fliegen? Wende dich dem Gefühl zu, das bislang hinter dieser Überzeugung versteckt war. Ist es das Gefühl, zu gut für diese Welt zu sein? Oder zu nichtsnutzig? Das Gefühl, unangenehm aufzufallen? Ist es Angst zu versagen oder Angst, deine eigene Größe nicht auszuhalten? Angst, andere vor den Kopf zu stoßen? Die Befürchtung, unzuverlässig zu sein? Ist es Angst vor Unsicherheit? Angst, aus der Norm zu fallen? Oder die Befürchtung, eventuell gar nichts Besonderes zu sein? Die Sorge, auf einmal tatsächlich gesehen zu werden, wenn du nach deinen eigenen Regeln lebst?

Nimm dich all dieser Wahrnehmungen mit deiner ganzen Aufmerksamkeit und Zartheit an. Heiße das Gefühl willkommen, das gerade da ist und lass die erklärenden Gedanken draußen. Schließe Freundschaft mit ihm. Es möchte deine wohlwollende Zuwendung, so, wie du gerade bist. Was brauchst du wirklich, um nach deinen Regeln leben zu können? Nimm dich deiner Bedürfnisse mit offenem Herzen an. Sie zeigen dir deinen ureigenen Weg, auf dem du Kraft und Energie hast, Dinge so anzugehen, wie sie für dich stimmen.

Intim sein, aber mit wem?

Intimität ist etwas, das wir meist in Bezug zu einem anderen Menschen setzen – als sei sie nur möglich, wenn jemand anderes da ist, mit dem wir sie teilen können. Wenn das der Fall ist, ist es wunderschön. Tatsache ist aber, dass wahre Intimität *nur* in uns selbst stattfinden kann. Die freundliche Art, in der wir uns zugewandt sind, führt uns zur Intimität mit uns selbst. Sie stellt sich nur ein, wenn wir nicht von Gedanken abgelenkt werden und ganz mit uns sind. Wenn ich bei mir bin und es genieße, entsteht eine wohlige Nähe. Wenn ich dann alles, was an Empfindungen aufkommen will, genauso liebevoll behandle, bin ich wahrhaft intim mit mir. In diesem liebevollen Sein bin ich fast von allein intim mit jemand anderem, wenn ich es möchte. Nichts wird ausgespart, keine Empfindung wird verdrängt, kein Gefühl muss gehen.

Ich bin intim mit mir selbst. Und das heißt nicht, dass ich etwa meinen Chef umarmen muss, wenn ich ein geschäftliches Gespräch mit ihm führe. Im Gegenteil, es kann bewirken, dass ich ihm endlich klipp und klar sage, was ich schon immer mal sagen wollte, denn die Angst, die ich bislang vor einer Auseinandersetzung mit ihm hatte, räkelt sich wohlig in meinen Armen wie ein junges Kätzchen und hält mich von nichts mehr ab. Intimität ist selbst bei der Essensbestellung in der Kneipe möglich, beim Ticketkauf am Bahnhof, beim Sprechen, beim Streiten und natürlich beim Lieben.

Normalerweise meinen wir, uns vor dem »gefährlichen anderen« schützen zu müssen, als wäre er ein Bandit, der uns ausrauben will. Wir sind immer ein wenig in Habtachtstellung: »Ist sie mir auch wohl gesonnen? Wie weit kann ich mich zeigen? Ich warte mal ab, was kommt, und verhalte mich entsprechend.« Mit dieser Einstellung, die wir meist gar nicht bemerken, weil wir sie für normal halten, begegnen wir dann unserem Geliebten oder sonst wem. Wir sind voller Misstrauen, das natürlich von »schlechten Erfahrungen« herrührt, und halten unsere Schutzschilde hoch: »Vorsicht zerbrechlich!« Oder: »Nicht berühren! Bissig!« Aus dieser Verteidigungshaltung heraus bitten wir um Intimität, beklagen uns darüber, dass unser Gegenüber »so weit weg« ist, sagen aber gleichzeitig: »Wage ja nicht, näherzukommen.« Wenn der andere dennoch mutig genug ist näherzukommen, wird es uns »zu nah« und wir müssen flüchten. Da ist doch klar, dass der angeblich »gefährliche« andere keinen Durchblick und keine Lust mehr hat. Wir erwarten intime Nähe von einem anderen Menschen und sind enttäuscht, wenn wir sie nicht bekommen. Wir können sie aber gar nicht bekommen, solange wir sie in uns selbst ablehnen. *Intimität ist immer da, aber wir können sie nicht annehmen, weil uns das entsprechende Verbindungsstück fehlt: das Intimsein mit uns selbst.*

Diese Intimität mit sich selbst ist die Brücke zum anderen. Wir stehen auf der einen Seite und rufen hinüber: »Wieso bist du mir nicht nah?« Aber für den andern ist es unmöglich, zu uns zu kommen. Da helfen weder Forderungen noch Selbstvorwürfe, sondern nur das liebevolle Zuwenden zu sich selbst. Das erfordert Mut. Denn es könnte sein, dass wieder mal einige hohläugige Wesen aus dem Keller kriechen, die ich jahrelang versteckt hielt und die trotzdem überlebt haben: die Angst vor Nähe, die Angst, nicht liebesfähig zu sein, die Angst verletzt zu werden, die Angst, jemand könnte herausfinden, dass ich es gar nicht wert bin, geliebt zu werden, die Angst, nicht zu genügen, und die Angst vor den Konsequenzen, falls ich genüge. Und schließlich die Angst, dass keiner mich jemals lieben wird, weil ich der größte Versager bin und dies bislang nur erfolgreich vertuscht habe.

Kann ich mich mir so zuwenden, dass meine Ängste und Sorgen einfach auftauchen dürfen wie einsame Pilger, die für diese Nacht dringend einen Schlafplatz brauchen? Kann ich ihnen meine Herberge anbieten, ohne sie gleich wieder zu verscheuchen, wenn sie sich ihrer schwitzigen Wanderschuhe entledigen wollen? Kurz: *Halte ich mich selbst aus in meiner Fehlbarkeit? – Ja!* Dann ist die Brücke zur Intimität mit mir selbst gebaut – stabil und unzerstörbar.

Mein Bedürfnis, mit jemand anderem intim zu sein, lädt mich immer wieder dazu sein, mit mir selbst intim zu sein. Dann wird jede Begegnung – beim Essen, Diskutieren, Arbeiten oder Lieben – zum Fest. Dafür lohnt es sich, die muffeligen Wanderschuhe unserer einsamen Gefühlspilger immer mal wieder kräftig auszulüften.

Wir reden gern, weil wir uns nach Intimität sehnen. Mit unseren Offenbarungen fordern wir Intimität geradezu ein, vor allem, wenn wir eine tragische Geschichte erzählen, die wir mit vielen dramatischen Details ausgeschmückt haben. Im Austausch mit dem Gegenüber suchen wir einen gemeinsamen Nenner in der Hoffnung, wir seien uns dann mit ihm einig. Und doch haben wir alle schon erlebt, dass wir nach einem solchen Austausch ausgelaugt und irgendwie unzufrieden waren.

Wir könnten zur Abwechslung einmal versuchen, auf die dramatisierende Ausschmückung unserer Geschichte zu verzichten und der anderen Person einfach mitteilen, worum es geht. Wir könnten versuchen, einen Teil unserer Aufmerksamkeit bei unserem Körpergefühl zu lassen, während wir reden, statt wie früher im Rausch der Erzählung und im Gegenüber zu verschwinden. Wir entspannen unseren Blick und den Körper, atmen ein und aus und sprechen.

Und wenn wir die dramatische Story trotzdem loswerden wollen, macht auch das auf diese Weise mehr Spaß. Wir wissen, dass wir mit dieser Geschichte nichts erreichen wollen oder müssen. Auch das ist ein schönes Spiel.

6 Leben in Hülle und Fülle

Manchmal sind die belastenden Situationen, denen wir ausgeliefert sind, so unerträglich, dass wir lieber sterben möchten, als weiterzuleben oder uns gar diesem Schmerz zu öffnen. Der Körper verspannt sich, wir sind nur noch Schatten unserer selbst. Sogar Krankheiten zeigen sich. Wir drehen Zusatzrunden in der Unzufriedenheitsspirale und sind uns ganz sicher, dass es diesmal keinen Ausweg gibt. Und doch – solange wir atmen, leben wir. Solange die Luft den Weg in unsere Lungen findet und wieder hinaus, gibt es Hoffnung! Der Atem hilft uns, weiterzumachen und alle Herausforderungen zu meistern. Er ist die Pipeline zu unseren Gefühlen. Er verbindet uns mit der stetig sprudelnden Quelle, in der alles gut ist.

Erlebnis: Freundschaft mit dem Atem

Sieh mit deinen inneren Augen deinem Atem zu. Betrachte den Luftstrom, wie er langsam und samtig durch deine Nase fließt. Bemerke, wie er durch die Nasenspitze nach innen strömt. Du wirst »beatmet« und dein Körper wird mit Sauerstoff versorgt. Die verbrauchte Luft fließt aus dir hinaus und dein Körper wird von innen her frisch. Dein Atem gibt dir Sauerstoff zum Leben. Sieh, wie er unablässig kommt und geht. Er beklagt sich nicht. Er umsorgt dich. Er denkt nicht. Er zeigt dir den Raum, in dem das Leben pulsiert, sagt: Schau, du lebst, liebst, lachst, weinst. Es gehört alles dazu. Alles ist hier drinnen vorhanden. Spüre, wie verlässlich er ist, und frage ihn, ob er eine Nachricht für dich hat. Lausche zärtlich deinem Atem. Wenn du Widerstand gegen deine Gefühle aufbaust, wenn gar nichts mehr geht, dann hast du immer noch den Atem, der dir sagt: Ich bin da. Ich atme dich an diese Empfindung heran und durch sie hindurch. Ich umspüle deine Empfindung wie ein sanfter Wellenschlag, vertrau mir! Wenn du überlastet bist und aufgeben willst, kannst du immer noch atmen. Egal wie der Atem sich gebärdet, ob er ruhig fließt oder im Stakkato. Spüre ihn, lass dich von ihm berühren. Er ist freundlich in all dem Chaos um dich herum. Er verrät dich nicht. Wenn du nicht mehr kannst – er kann und trägt dich zärtlich flüsternd durch alle Tiefen. Wende dich ihm zu, denn er ist dein Freund. Stelle dich deinem Atem zur Verfügung und erlebe, wie er dich zu deinen Empfindungen bringt und sachte und mit großer Geduld die Verhärtungen in dir auflöst. Vertraue dich ihm an.

Schnaufend durch Dick und Dünn

Wenn es mir gerade nicht gut geht, atme ich bewusster. Das bringt mich in jene Ruhe, in der ich auch klarer denken kann. Bewusstes Atmen relativiert die flirrende Aufregung um unser Drama. Wenn ich aufmerksam atme, habe ich keine Gelegenheit, im Kopf durchzudrehen. *Nur atmen, sonst nichts.*

Es schnauft mich von alleine. Wenn ich atmen kann, kann ich auch leben. Ich muss mich nur zur Verfügung stellen: Hier bin ich! Mehr weiß ich nicht. Das reicht. Wenn ich meinem Atem bewusst zusehe, ihn ein- und ausströmen lasse, kann ich mich entspannen, das Drama entspannen, den Schmerz entspannen. Dann gehe ich in kleinen Schritten weiter. Oder bleibe stehen und ruhe mich aus.

Erlebnis: Freundschaft mit der Enge im Brustkorb

Wenn dir das Atmen schwerfällt und die Brust eng ist, wende dich sorgsam dieser Beklemmung zu, die es deinem Atem erschwert, durch sie hindurchzudringen. Gib der Enge im Brustkorb deine warmherzige Aufmerksamkeit, die sie so dringend braucht. Vielleicht fragst du diese Enge: »Was brauchst du von mir?« Lausche auf das, was als Antwort in dir aufsteigt. Was will die Enge dir sagen? Was braucht sie von dir, damit sie sich lösen kann? Bitte deinen Atem um Geduld und umgarne die beengten Lungen mit einer sanften, heilenden Sommerbrise.

Atme ruhig, wenn es möglich ist. Wenn nicht, bleib bei der Unruhe deines Atems, auch das ist in Ordnung. Schenke ihm Wohlwollen. Stell dir vor, wie sich die Lungen mehr und mehr entspannen und für den neuen, erfrischenden Atemzug bereit machen. Spüre immer wieder liebevoll in die beklemmende Empfindung hinein. Wiege sie in deiner Vorstellung ganz sanft und sei gewiss, dass sie dich daran erinnern möchte, dich mit Hingabe und Liebe um sie zu kümmern.

Fühlen beflügelt

Als ich noch ein kleines Kind war, haben mich meine Eltern immer gefragt: »Wie groß bist du?« Und ich streckte die Kinderärmchen nach oben und strahlte. Meine Eltern antworteten, weil ich es noch nicht konnte: »Sooo groß!«

Als Kinder wussten wir alle noch, wie groß wir sind, doch leider änderte sich das später. Als Erwachsene sind wir der Sprache zwar mächtig und benutzen sie sogar ständig, merken aber nicht, dass wir uns unbewusst möglichst klein machen, damit wir auf diesem Erdball nicht so viel Platz wegnehmen. Nicht selten halten wir uns mit unserem Wissen ebenso zurück wie mit unserem Körper, unserem Humor, unseren Besonderheiten und Talenten, unserer Kraft. Wir glauben es nicht verdient zu haben, deutlich in Erscheinung zu treten oder gar erfolgreich zu sein. Und wenn eine Pizza geteilt wird, nehmen wir den kleineren Teil und sagen: »Ach, ich hab eh wenig Appetit.« Anschließend versuchen wir das eben Gesagte zu glauben, während wir heimlich nach der größeren Hälfte gieren, die gerade im Mund des Gegenübers verschwindet. Oder jemand lebt in einer Beziehung, die seit Jahren nicht mehr stimmt, hält sich klein und sagt: »Das wäre zu viel Aufwand, sich zu trennen. Jetzt haben wir uns gerade die Eigentumswohnung zusammen gekauft. Und irgendwie geht es ja auch mit uns beiden. Ich lache zwar nicht mehr, habe seit zwei Jahren Neurodermitis, wir schlafen und reden kaum noch miteinander, aber sonst ist alles okay. Es wäre unhöflich, jetzt zu gehen.« Das Energieniveau sinkt und die Lebensfreude schwindet. Vielleicht geht es auch gar nicht darum, diese unmöglich aussehende Beziehung zu verlassen. Vielleicht ist es viel einfacher. Vielleicht muss diese Person nur einmal sich selbst anschauen und ihren eigenen Wert entdecken, bevor sie die Verantwortung dafür an die »Umstände« abgibt.

Wir werden alle hier gebraucht, egal in welcher Verfassung, aber gern auch in guter. *Niemand ist nur so oder gar aus Versehen auf diesem Planeten gelandet.* Es kommt auf dich an. Egal, wie gesund oder krank, erfolgreich oder arbeitslos du bist. Unser Wert lässt sich nicht in Erfolg messen. Es geht eher darum, wie nah wir uns selbst sind. Wir können tausend Freunde haben, aber wenn wir uns selbst die Freundschaft gekündigt haben, geben uns all diese Beziehungen wenig. Wir werden immer dazu tendieren, alles Mögliche von ihnen zu erwarten und am Ende doch unbefriedigt sein und leer ausgehen. Letztendlich können andere es uns nie wirklich recht machen, auch wenn sie uns tausendmal sagen, wie wertvoll wir für sie sind. Die Worte dringen zwar an unsere Ohren, finden aber keine Resonanz in uns. Wir werden eher misstrauisch: »Sagt sie die Wahrheit, oder tut sie nur so?« Obwohl wir sie nicht annehmen können, sind wir abhängig von der Zuwendung der anderen, und wenn sie ausbleibt, leiden wir, denn in uns selbst sieht es recht fad aus. Da ist keiner, mit dem wir die rasante, aufregende Freundschaft anfangen könnten, nach der wir uns sehnen.

Und wie kann ich wieder so groß werden, wie ich eigentlich bin? Indem ich aufhöre, mich für das, was ich denke, tue und fühle zu verurteilen. Der schimpfende Rohrspatz in unserm Gehirn macht das zwar die ganze Zeit, aber wir brauchen ja nicht mehr zuzuhören. Mit der Zeit wird er schon merken, dass wir nicht mehr interessiert sind und das Abo längst gekündigt haben. Dann wird er auch geiziger werden mit seinen Vorschlägen und sich freuen, dass er nicht dauernd mit Anklagen antanzen muss, wie früher.

Es reicht nicht, vom Kopf her zu wissen, dass ich ein kostbares Erdenwesen bin. Auch ich habe das hundert Mal gelesen, gehört und eifrig genickt. Ich muss es ganzkörperlich erfahren, erst dann weiß ich es wirklich. Deshalb ist es meine Aufgabe, mich darum zu kümmern, dass es diesem Körper gut geht und ich ihm die besten Lebensmöglichkeiten biete. Er soll lachen, er soll gesund essen, er soll sich sexuell vergnügen dürfen, er soll gefordert sein, er soll wachsen und blühen. Wenn wir uns klein machen, verweigern wir uns dem Leben. Das könnte sich dann so anhören: »Och, ich bin sowieso nicht wichtig, kein Mensch interessiert sich für mich. Da ziehe ich mich zurück.« So eine Haltung bezeichnen wir gern als »Bescheidenheit« und stellen sie als vorbildlich hin, aber das ist sie nicht. Es ist nur unser Möchtegernchef, der auf diese Art etwas Besonderes sein will. Denn unterschwellig sagen wir: »Ihr müsst mir erst mal beweisen, dass ich wichtig bin und ihr mich wollt. So lange halte ich mich vornehm zurück.« Der da oben will recht haben und stachelt uns an, diese trotzige Antihaltung einzunehmen. Aber was er eigentlich sagt, ist: »Ich nehme mich extrem wichtig, indem ich mich zurückhalte. Ich möchte nicht mitspielen, wenn ich keine Extra-Einladung bekomme.« Oder er hält seine Stellung, indem er sie als dezente Zurückhaltung verkauft: »Ich brauche mich nicht zu amüsieren. Ich muss nicht gesehen werden.« Und wir glauben es auch noch. Das ist ein Leben der zweiten Wahl, erhältlich bei jedem Winterschlussverkauf.

Teile dem Kopf mit, dass er seine abgedroschenen Lebensweisheiten ausnahmsweise mal für sich behalten darf, und fühle tiefer. Was will da gesehen werden? Was wollen dir deine Körperempfindungen sagen? Sie zeigen dir den Weg dahin, wo du deine Irrtümer über dich selbst entdecken und herausfinden kannst, wer du in Wahrheit bist. Ich darf so groß sein, wie ich bin. Ich bin keinesfalls so klein, wie ich glaube.

Selbst wenn ich mich so mies fühle, dass ich fast unsichtbar bin und eine Ameise mich zertreten könnte, kann ich dies mit liebevollem Blick betrachten und mich dafür beherzt in den Arm nehmen. Dann bin ich riesig.

Was tun wir nicht alles aus Höflichkeit! Ich habe auf furchtbar formellen und langweiligen Medien-Veranstaltungen schon Vier-Gänge-Menüs in mich hineingestopft, nur weil ich dachte:»Das kannst du nicht machen, jetzt einfach gehen.« Ich war so daran gewöhnt mitzumachen, dass ich gar nicht merkte, dass es mir keinen Spaß macht. Es lag vielleicht daran, dass ich in der Provinz aufgewachsen war, wo ich solche Events nur aus den Hochglanzblättchen mit den vielen Bildern gekannt hatte. Beim Durchblättern der Seiten erschnupperte ich einen Hauch jener schillernden Welt der High Society, zu der ich nie und nimmer gehören würde, weil ich ja viel zu weit weg davon und vor allem zu unwichtig war. Wie erhebend war es, als sich mir die Pforten zu dieser Welt auf einmal wie durch Zauberhand öffneten. Ich durfte eintreten! Ausgerechnet ich! Mein Möchtegernchef im Kopf wertete das als Aufnahme in die First Class der wirklich Wichtigen. Anfangs war es wunderbar, und der Gedanke, nun wirklich dazuzugehören, war so überzeugend, dass ich zunächst gar nicht bemerkte, dass ich mich manches Mal nicht wirklich wohlfühlte. Ich ignorierte diese Wahrnehmung zugunsten des glamourösen Abends. Erst die Toilette wurde zum »Ort der Wahrheit«. Der Blick in den Spiegel verriet Angespanntheit. »Wieso das denn?«, fragte ich mich verwundert. »Du bist dabei, nun freu dich doch!« Und weiter ging's. Erst als ich aus unerfindlichen Gründen keine Themen für das Gespräch mit meinen Tischnachbarn mehr fand und die Unterhaltung wie ein einsam tropfender Wasserhahn vor sich hin plemperte, wurde ich auf mich aufmerksam. Und dann dauerte es immer noch eine Weile, bis ich endlich gehen konnte.

Wenn wir unbewusst durch unser Leben gehen, wollen wir manchmal einfach nicht wahrhaben, dass wir nur noch den Ideen und Vorstellungen aus unserem Kopf folgen und unsere Empfindungen darunter vor sich hinstauben. Es könnte im Umfeld unangenehm werden, wenn wir sie auf einmal blank putzen und betrachten würden. Unser Blick auf die eigenen Bedürfnisse könnte die Harmonie des Alltags plötzlich bedrohen, weil wir die ausgefahrenen Gleise verlassen. Da passt auf einmal nicht mehr alles so zusammen wie früher. Der Blinkwinkel, aus dem wir bislang auf das Gegenüber geschaut haben, kann sich verändern. Unser Verhalten wandelt sich, unsere Einstellungen verrücken sich oder es kommen Themen aufs Tablett, die bislang keine waren. Sind wir bereit, die Konsequenzen zu tragen, die dies mit sich bringt? Der unverstellte Blick auf uns selbst hilft uns, macht stark – und mitfühlend.

Erlebnis: Das Gefühl einladen, das ein anderer auslöst

Nimm deinen Atem bewusst wahr. Lade in deiner Vorstellung die Person oder die Personen ein, mit denen deine Beziehung nicht ganz im Reinen ist. Ist es deine Arbeitskollegin, jemand aus deinem Freundeskreis, deine Partnerin, die Freundin, ein Elternteil? Wer auch immer es ist, empfange ihn oder sie freundlich in deinem Inneren. Wenn es mehrere Personen sind, wende dich erst einmal einer einzigen zu. Sicher merkst du, wie sich deine Gefühlslage verändert, wenn du diese Person vor dir hast. Wende dich dem Gefühl zu, das dieser Mensch in dir auslöst. Beurteile es nicht. Nimm es wohlwollend wahr. Schicke es nicht weg. Gib dir selbst, während du dies fühlst, Liebe und Warmherzigkeit. So fühlst du dich gerade. Versuche nicht, eine Lösung für diesen Zustand zu finden, sondern bleibe achtsam und betrachtend. Das ist wichtig, denn sonst findest du immer wieder Gründe, vor deinem eigenen Empfinden davonzulaufen, das dieser Mensch bei dir auslöst. Es geht jetzt nicht um ihn, sondern um die Versöhnung mit dir selbst.

Frage dein Gefühl, was es von dir braucht und von dieser Person nicht bekommt, und lausche auf die Antwort aus deinem Inneren. Will es akzeptiert werden? Anerkannt oder angehört? Will es Freiraum? Distanz? Eine Aussprache mit dieser Person? Ehrlichkeit? Ruhe? Kannst du bemerken, dass die andere Person dieses Gefühl in dir auslöst, sodass du dich damit anfreunden kannst? Egal, wie der andere sich verhält, das Gefühl, das gerade da ist, braucht dich. Sage deiner Empfindung, dass du dich um sie kümmern wirst, wenn sie sich meldet, und wisse, dass du auf dem richtigen Weg bist.

Das Wunder ist, dass wir, sobald wir uns um unsere eigenen Befindlichkeiten kümmern, auch unser Gegenüber völlig anders sehen können. Das löst zwangsläufig eine klärende Veränderung in unserem Verhalten aus, von der alle profitieren, in welche Richtung auch immer.

Lass dich anschauen

Wie schauen unsere Augen? Wenn wir unser Betrachten auf die Augen lenken, bemerken wir gar nicht, dass unser Blick meist angestrengt ist. Es erscheint uns normal. Die Augen wollen etwas. Sie wollen etwas genau sehen, herausbekommen, ein Problem lösen. Sie bohren sich in etwas, sie klagen an, sie provozieren, sie fragen. Augen sprechen eine Sprache. Sind wir deprimiert, wird unser Blick trüb. Dann scheint es, als ob sich die Augen verschleiern und nach innen kehren. Freuen wir uns, strahlen sie, als hätte sie jemand mit Glanzglasur überzogen. In den Augen kommt unsere Befindlichkeit zum Ausdruck. Sie sind der Spiegel unseres Inneren. Sind wir vom Kopf gesteuert, ist das ebenso in den Augen zu erkennen, wie wenn wir in unserer Mitte ruhen.

In meiner Arbeit als Schauspielerin habe ich festgestellt, wie sehr die Spannung beziehungsweise Entspannung der Augen unsere Befindlichkeit beeinflusst. Ich kann durch den Raum schauen und etwas »wollen«. Dann spüre ich die Anspannung in den Augenmuskeln. Mein Blick wird hart, fordernd, scharf, fokussiert. Sofort fühle ich mich in meiner Rolle entsprechend und wirke dann zum Beispiel aggressiv, herausfordernd, wütend, aktiv, begeistert oder engagiert. Die Aktivität der Augen ist in diesem Fall ein Mittel, um die Rolle zu unterstützen. Im persönlichen Leben ist es genauso. Da spielen wir unsere Rollen allerdings unbewusst und merken gar nicht, wie unser Hang, es genau wissen zu wollen, unsere Meinung bestätigt zu bekommen und alles zu bewerten, seinen Ausdruck über unsere Augen findet und uns viel Kraft kostet.

Möchte ich mehr Gelassenheit und Zentriertheit, so kann ich dies auch dadurch unterstützen, dass ich die Augen entspanne. Dann habe ich nicht nur das Gefühl, dass mein ganzer Körper lockerer wird, sondern sehe auch mehr.

Erlebnis: Entspannen der Augen

Nimm wahr, wie du schaust. Ist dein Blick entspannt? Oder ist er suchend oder fordernd? Oder hart? Stelle dir vor, wie deine Augen in den Augenhöhlen liegen, eingebettet in Muskelbänder. Stelle dir vor, dass sie dort in warmem Wasser baden und lose in dieser Höhle getragen werden. So können sie sich vom vielen Schauen erholen. Lass deinen aktiven Blick los und werde passiv. Bemerke, wie dein Blick weicher wird.

Erlaube deiner Umwelt, den Dingen, dich anzusehen. Nicht du siehst, sondern du wirst angesehen. Wir müssen uns um das Sehen nicht bemühen. Die Augen sehen von selbst, ohne unser Zutun. Das Denken meint auch hier, die Regie führen zu müssen, indem es unseren Blick suchend und angestrengt macht. Aber das ist gar nicht notwendig. Empfange, was in deinem Gesichtsfeld ist. Gesicht und Körper entspannen sich, wenn du die Augen loslässt. Bemerke, dass du durch diesen empfangenden Blick in einen intimen Kontakt mit dem kommst, was du siehst. Lass sämtliche Bewertungen – das ist gut, das ist schlecht – fallen und schau die Dinge an, wie sie gerade sind. Bilde dir keine Meinung über sie. Bleib einfach wach und empfänglich und lass die Welt dich anschauen. Schau dich um und lass zu, dass sich das, was du siehst, in seiner Fülle entfaltet. Genieße das Sosein der Dinge und Menschen ohne Einschränkung.

Unter einem Blick, der empfängt, statt zu wollen, werden Menschen und Dinge schöner. *Ein Stein, dem ich erlaube, mich anzusehen, sieht anders aus als ein Stein, auf den ich meinen definierenden Blick werfe.* Begrenze ich den Stein mit meinem aktiven Blick, so mache ich ein Ding daraus, eine Sache: »Das ist ein Stein. Ende.« Mit entspannten Augen kann ich den Stein anders wahrnehmen: als eine Form von Materie, die, wie ich, der Vergänglichkeit unterworfen ist. Ich kann seine Besonderheit sehen, ja, sogar eine Art Ausstrahlung. Wenn ich mich ansehen lasse, kann eine Kommunikation mit den Dingen stattfinden. Sie sind mehr, als was sie zu sein scheinen. Benenne und werte ich sie, mache ich sie zum Ding – das gilt auch für Menschen – und mein Blick ist entsprechend: »Das ist der Hausmeister Friedrich, der hat bei mir den Wasserhahn ausgewechselt. Das ist gut. Hausmeister Friedrich ist gut.« Oder: »Hausmeister Friedrich ist nie da, wenn man ihn braucht, und ist er da, muss ich ewig auf ihn warten. Er ist schlecht.« Der arme Hausmeister wird vollkommen funktionalisiert. Wenn er das nächste Mal meinen Weg kreuzt und ich ihn mit entspanntem Blick ansehe, kann es passieren, dass ich auf einmal nicht mehr den Hausmeister, sondern einen Menschen aus Fleisch und Blut wahrnehme. Interessant wäre es, den eigenen Lebenspartner einmal auf diese Weise anzuschauen …

Im empfangenden Sehen liegt die Kraft, den Verstand ruhig zu stellen und wirklich zu sehen. Dann spüren wir in den Dingen unser eigenes Potenzial, das nicht kleiner ist als das eines mächtigen Felsens. Wir dürfen unserer Gewohnheit, Dinge und Menschen einzugrenzen, eine Pause gönnen und endlich aufhören, es wissen zu wollen. Wir entspannen unseren Blick und lassen los.

Mir ist aufgefallen, wie selten wir uns gegenseitig in die

Augen schauen. Wir trauen uns nicht, denn nicht zu Unrecht heißt es: »Die Augen sind der Spiegel der Seele.« Wir haben Angst, dass jemand uns erkennt, wie wir nicht erkannt werden wollen. Deshalb meiden wir den direkten Blick. Er ist uns oft einfach zu intim und macht uns, wie wir glauben, angreifbar. Indem ich meinen Blick auf die Umgebung und die Dinge um mich herum entspanne, vertraue ich mich meiner Welt in gewisser Weise an und werde empfänglich für ihre Eindrücke. Nach einiger Zeit kann ich das auch mal mit einem Menschen versuchen. Vielleicht nicht gerade mit dem Gerichtsvollzieher. Oder doch? Wahrscheinlich wäre er genau der Richtige. Er ist es nämlich nicht gewohnt, dass man ihm überhaupt ins Gesicht schaut. Es könnte sein, dass er sich so freut, endlich als Mensch gesehen zu werden, dass er sogar vergisst, seinen Kuckuck auf den Flachbild-Fernseher zu kleben.

Wenn ich ein Gegenüber habe und diese Person das Gleiche macht, nämlich ihren Blick entspannt, findet eine sehr persönliche Begegnung statt. Sie lässt sich, genau wie ich, von der Welt – von mir – ansehen und nimmt weich wahr, was in ihr Blickfeld kommt. Schaut sie mich an, so bemerke ich, wie empfangend meine Augen und mein ganzer Körper sind. Ich bin zugänglich und offen. Ich sehe die Stärke, die Schönheit, die Verletzlichkeit, aber auch die Sehnsucht und die Sorgen meines Gegenübers. Da erübrigen sich die Worte. Wir denken vielleicht: »Er ist auch nicht viel anders als ich. Auch er versucht, glücklich zu sein.«

Wenn genug diskutiert wurde, ist dies manchmal die beste Lösung: die Augen entspannen, aufhören zu reden, mit offenem, weichem Blick einfach nur hier sein und ein- und ausatmen. Ich habe schon erlebt, dass sich eine angespannte Situation dadurch um hundertachtzig Grad gedreht hat.

Zeig dich, wie du bist

Ich erinnere mich an öffentliche Veranstaltungen mit viel Publikum, auf denen mir das Lächeln nach einiger Zeit einfror, weil ich niemanden enttäuschen wollte. Jeder sollte sehen, wie wohlgesonnen ich ihm oder ihr war. Wir lächeln so oft, obwohl wir es gar nicht wollen. Wir möchten den andern signalisieren: »Ich mag dich! Deshalb lächle ich.« Lächeln ist ein Zeichen von Sympathie und Freundlichkeit. Ein ernstes Gesicht könnte Angst machen oder gar suggerieren, dass es mir schlecht geht oder ich das Gegenüber nicht leiden kann.

Aber wie anstrengend ist dieses Lächeln, wenn es nicht spontan aus dem Bauch heraus kommt und wir uns dazu zwingen müssen. Ein gehalten freundliches Gesicht kann richtig wehtun! Die Wangenknochen frieren regelrecht ein, und spätestens auf dem Nachhauseweg fällt das ganze Freundlichkeitsgerüst in sich zusammen wie ein Kartenhaus. Dann erst merken wir die Erschöpfung. Und den darunterliegenden Selbstbetrug. Wir wagen es oft nicht, unser wahres Gesicht zu zeigen, weil wir dann unberechenbarer wären, nicht wirklich einzuschätzen. »Ist sie gut oder schlecht drauf? Und was bedeutet das?« Um diese alte Gewohnheit ändern zu können, muss ich zunächst bemerken, dass es eine Gewohnheit ist.

Erlebnis: Das wahre Gesicht zeigen

Beobachte, wie du dich im Alltag mit Menschen verhältst. Werde wach für deine Angewohnheiten. Kannst du dein wahres Gesicht zeigen? Merkst du, dass du manchmal lächelst, obwohl dir gar nicht danach zumute ist? Oder zeigst du ein ernstes Gesicht, weil du dir Respekt verschaffen willst? Frage dich, welche Absicht du damit verfolgst. Was soll der andere für einen Eindruck von dir bekommen, dass du dich verbiegst und nicht einfach sein lässt, wie du bist? Wie möchtest du von ihm wahrgenommen werden und auf ihn wirken? Willst du als souverän und unantastbar gelten? Willst du vertrauenswürdig erscheinen? Oder willst du dich mit einem Lächeln schützen? Oder mit einem verschlossenen Gesicht? Was soll der andere nicht sehen, dass du dich hinter dieser Maske verstecken musst? Willst du verbergen, dass du dich langweilst, desinteressiert bist oder sogar großes Interesse hast? Versteckst du deine Bedürfnisse? Hast du Angst, der andere könnte eine Schwäche oder eine Stärke an dir entdecken? Bist du vorsichtig, weil du sonst gesehen wirst, wie du bist?

Bewerte deine Antworten nicht, sondern erkenne, dass es Überzeugungen sind. Was musst du damit schützen? Deine Verletzlichkeit? Deine Offenheit? Deine Angst? Dein Wissen und Können? Deine Unfähigkeit? Was fühlst du? Geh mit deiner freundlichen Aufmerksamkeit zu der Empfindung, die sich jetzt zeigt. Du hast sie lange schützen müssen, aber jetzt wird sie gesehen und bekommt deine liebevolle Zuwendung. Sei dein bester Freund, während du wahrnimmst, was du fühlst. Die Empfindung freut sich, dass du sie zärtlich hältst und nicht verdammst. Spüre, wie sie sich beruhigt und entspanne dich mit ihr. Sie hat bewirkt, dass du dich nach außen hin schützen musstest, auf welche Art auch immer. Je mehr du dich mit dieser Empfindung anfreundest, umso weniger musst du dich verstellen. Dir kann nichts passieren, denn du bist ganz bei dir.

Lächeln, wenn ich nicht lächeln will, ist ein Mechanismus, mit dem ich etwas in mir schützen will, das ich selbst noch nicht entdeckt habe, das aber ganz dringend nach meiner nährenden, urteilsfreien Zuwendung sucht. Ernst sein als Methode hat die gleiche Funktion. Da wartet eine nicht hinterfragte Überzeugung auf uns, die ein verkümmertes Gefühl im Rucksack liegen hat. Bin ich neugierig genug auf mich selbst, um dieser Gewohnheit auf die Spur zu kommen? Sonst mache ich noch eine Weile weiter mit dem alten Gesicht: »Guck mal, ich bin ungefährlich! Ich lächle. Lächelst du auch? Bist du auch ungefährlich? Dann passen wir gut zusammen.« So bestätigt jeder jedem, dass er eigentlich harmlos und vertrauenswürdig ist. Nach dem Motto: »Es lohnt sich nicht, mich anzugreifen. Ich bin ganz brav.«

Sind wir wirklich so ungefährlich, wie wir immer gesehen werden wollen? Nein! Wir sind brüllende Löwen, wenn wir zu unserer wahren Natur zurückkehren. Wenn ich lächle, obwohl mir nicht danach ist, bin ich mir untreu, und das tut weh. Eine große Hürde ist bereits genommen, wenn ich das bemerke und mir erlaube, voll und ganz zu spüren, wie es sich anfühlt: die Steifheit im Gesicht, die Verspannung im Körper und sogar im Denken. Darf diese Empfindung sein? Kann ich mich dafür mögen, dass ich jetzt so bin?

Dann wende ich mich mir noch mehr zu. Ich erspüre die Empfindungen, die ich mit meiner Maske schützen muss, fühle sie, gehe ein Stück Weg mit ihnen, höre mit Interesse, was sie mir zuflüstern. Anschließend bin ich frei, das Gesicht zu machen, das ich habe. Ich kenne Tage, an denen ich völlig ernst durch die Gegend laufe und es genieße, niemandem gefallen zu müssen. Da kommt gute Laune auf und plötzlich lache ich. Oder Tage, an denen es mich grundlos von innen lächeln lässt. Ich kann sagen, es lohnt sich, der alten Gefälligkeitstendenz auf die Spur zu kommen und den künstlichen Freundlichkeitsmodus abzuschalten. Die Menschen in unserem Umfeld können es verkraften. Es könnte sogar sein, dass sie uns beneiden und es uns nachmachen. Am Ende gäbe es eine Welt voller authentischer Gesichter und wir wüssten immer, woran wir sind. Was für eine Wonne!

Schmerz lass nach!

Fühlen gut und schön. Aber wenn ich krank bin, bin ich krank. Wenn ich starke Kopfschmerzen habe, funktioniert die ganze »Fühlidee« nicht mehr. Dann bin ich schachmatt. Oder wenn ich Grippe habe – da gehe ich zum Arzt. Fühlen kann ich dann nur, dass ich fix und fertig bin und mich sofort ins Bett legen muss.

Oft haben wir den Eindruck, dass wir uns nur uns selbst zuwenden können, wenn wir »fit« sind, weil wir dann alle Sinne beisammen haben. Aber mit einem matschigen Kopfwehkopf geht gar nichts mehr. Doch gerade dann, wenn wir uns körperlich schwach fühlen, brauchen wir die größte Nachsicht mit und das größte Mitgefühl für uns selbst. Gerade dann sollten wir uns lassen, wie wir sind. *Körperlicher Schmerz ist eine Empfindung, genau wie Gefühle.* Der Schmerz, das Unbehagen und die Krankheit signalisieren uns ja laut und deutlich: »Gib mir deine Zuwendung! Sonst kann ich nicht gesund werden.« Wahrscheinlich werden wir auch durch Medikamente und die passende Therapie gesund, aber vielleicht müssen wir unangenehme Behandlungen über uns ergehen lassen. Gerade dann braucht dieser Körper, der ein Leben lang bei uns ist, unsere Freundschaft.

Die Sprüche des Kollegen im Oberstübchen helfen uns nicht weiter: »Ich habe Grippe. Die kommt drei Tage, bleibt drei Tage und geht drei Tage. Das war schon immer so. Da muss man durch.« Er will uns auf eine Krankheit festnageln und weiß meist schon im Voraus, wie lange wir darunter zu leiden haben. Oder er gibt genaue Prognosen über den Krankheitsverlauf ab. Am liebsten malt er Horrorszenarien und zeigt uns, was alles noch Furchtbares passieren könnte. Doch was, wenn auch das wieder mal nicht stimmt? Wie wäre es, diese scheinbar in Stein gemeißelten Überzeugungen zu hinterfragen? Die Grippe wird so lange dauern, wie sie dauert, eventuell sogar weniger lang, als wir dachten. Wenn wir uns allerdings schon vorher festgelegt haben, wird der Verstand alles tun, damit es so eintrifft, wie er uns prophezeit hat. So können wir natürlich nicht bei unseren momentanen Körperempfindungen sein. Im Gegenteil, wir sind im Kopf, leiden und sind völlig abgeschnitten von uns selbst. Wir lassen den Körper allein, wo er uns doch über die Krankheit um Hilfe bittet.

Erlebnis: Dem Schmerz die Freundschaft anbieten

Wenn du krank bist, dich körperlich unwohl fühlst und Beschwerden hast, erlaube dir, deine Gedanken und Vermutungen über deine Krankheit und die unpassenden Umstände ganz außen vor zu lassen. Es ist jetzt so, wie es ist. Entscheide jetzt, dich deinem Körpergefühl zuzuwenden. Wo ist der Schmerz? Geh in deiner Vorstellung dorthin und verweile mit freundlichem Blick in diesem Bereich. Erlaube deinem Schmerz zu sein, wie er gerade ist. Schiebe ihn nicht weg, verdränge ihn nicht, interpretiere nichts in ihn hinein. Gib ihm den Raum, den er schon einnimmt. Stell dir vor, dass du ihm sogar noch mehr Raum zur Verfügung stellst, damit er nicht mehr so beengt ist und sich besser beruhigen kann.

Sage Ja zu diesem Schmerz und kämpfe nicht gegen ihn an. Wenn du dich im Widerstand gegen ihn befindest, dann erlaube dem Widerstand da zu sein. Auch er will deine Freundschaft. Dann fühlt er sich gesehen und beruhigt sich. Falls du dich ganzkörperlich schlecht fühlst, stell dir vor, wie sich deine Poren entspannen und du dich in all deiner Schwäche, Anspannung und Unruhe, in deinem Schmerz, ja sogar in deiner Ohnmacht der Krankheit gegenüber öffnest.

Gib dir dafür Zeit und bemerke, wie es dir dein Körper dankt, dass du ihn so annimmst, wie er gerade ist: ohnmächtig, schmerzend, schwach. Er kann im Moment nicht anders sein.

Falls dich die alten Gedanken ablenken, kehre immer wieder zu deinem Körpergefühl zurück und streichle die schmerzenden Stellen zärtlich von innen. Lass dich in dieses Empfinden fallen und halte nicht fest, wenn sich dein Zustand verändert. Du nimmst freundschaftlichen Kontakt mit dir selbst auf. Dein Körper spürt deine Zuwendung. Er hat lange darauf gewartet und musste dir die Krankheit schicken, damit du dich endlich um ihn kümmerst. Sage ihm, dass du jetzt für ihn da bist und dich um ihn kümmerst. Sei mit allem, was du in dir fühlst. Lass dich so sein, wie du bist, und wisse: Du bist nicht allein. Du hast dich.

Wenn ich Freundschaft mit dem Schmerz schließe, der ohnehin schon da ist, ist die Möglichkeit einer Verbesserung weit größer, als wenn ich massiv dagegen ankämpfe. Das funktioniert aber nur, wenn ich keinem meiner alteingesessenen Gedanken mehr glaube. Wo kein Widerstand ist, ist vielleicht noch Schmerz, aber ich leide nicht mehr darunter. *Leiden wird nur durch die Geschichte verursacht, die wir an den Schmerz anhängen.* »Warum gerade ich?« – »Ich hab das nicht verdient.« – »Es wird bestimmt nicht besser.« – »Es ist zu viel für mich.« Das sind die Kommentare des Denkens, die alles nur noch schlimmer machen. Der körperliche Zustand selbst hat nichts mit unseren Interpretationen zu tun. Fragen wir doch unseren Schmerz selbst, was los ist:

»Du tust mir weh. Was ist denn los?«
Ich platze fast.
»Ja, ich spüre es in meinem Kopf.«
Ich habe keinen Platz. Du ignorierst mich und schiebst mich weg, sodass ich dauernd um meinen Platz kämpfen muss.
»Ja, weil ich arbeiten muss. Ich bin im Stress.«
Du hast keine Zeit für mich, deshalb bleibe ich jetzt aus Trotz.
»Das merke ich. Aber jetzt schau ich dich an.«
Ja, das tut auch gut, dass du mich nicht schon wieder loswerden willst.
»Was brauchst du?«
Ich möchte mich so gern mal ausruhen, aber du lässt mich nicht. Immer muss ich kämpfen, weil du mich nicht willst.
»Gut, ich werde versuchen, ein wenig menschlicher zu dir zu sein.«
Ja bitte, ich dreh sonst noch durch.
»Ich auch. Ich danke dir, dass du mit mir gesprochen hast.«

Gern geschehen, an mir lag es nicht. Ich sage dir gern, was ich brauche, wenn du es vergisst. Deshalb bin ich ja da.
»Ja, das glaub ich dir aufs Wort. Du kannst dich jetzt ein wenig entspannen.«
Okay.

Auch körperlicher Schmerz lässt mit sich reden, wenn wir ihn damit nicht loswerden wollen. Es könnte sein, dass er dir genau sagt, was du dir selbst geben musst, wo ein Mangel herrscht, wo du Mitgefühl für dich selbst brauchst, vielleicht sogar, welche praktischen Dinge du tun sollst. Vielleicht brauchst du einen Spaziergang, Bettruhe, eine andere Zeiteinteilung, einen Arztbesuch oder eine Massage. Vielleicht sagst du spontan ein paar Termine ab. Dann kannst du dich bei deinem Schmerz bedanken. Er bringt uns zu unserer inneren Ordnung zurück. Und das ist allemal besser, als sich ewig im Denkkarussell zu drehen. *Wenn du deinen festgefahrenen Gedanken über dich und dein Kranksein keinen Glauben schenkst, kann dies dazu beitragen, dass du gesund wirst.*

Nicht schlappmachen!

Neulich überholte ich einen Rennradfahrer auf der Landstraße. Er fuhr sehr schnell und wirkte total durchtrainiert. Dann sah ich, dass er nur ein Bein hatte. Ich konnte meinen Blick fast nicht von ihm losreißen, so erstaunt war ich über die Sicherheit, die er auf seinem Rennrad ausstrahlte. Ihm fehlte nichts, obwohl ein Bein fehlte. Er fuhr besser Rad als ich mit zwei Beinen. Ich fragte mich, wie er wohl zu dieser

Kraft gelangt war. Was mochte er durchgemacht haben an jenem Tag, an dem er das Bein verlor? Irgendwann, nach viel Schmerz und Trauer muss er gemerkt haben, dass es nichts hilft, mit dem Schicksal zu hadern. Dann hat er es angenommen und die Tatsache als Herausforderung sehen können. Seine Schwäche wurde zu seiner Stärke. Ich bin sicher, dass dieser Mann seine Emotionen und seinen Körper nach dem Verlust des Beines auf besonders intensive Weise kennengelernt hat. Die extremen Zeiten haben ihm eine Überlebensausbildung beschert, die ihm keiner mehr wegnehmen kann. Zumindest wirkte er auf seinem Rad sehr lebendig und vor Kraft strotzend. Wenn er sich als Opfer seiner Situation gesehen hätte, wäre er vermutlich dauerhaft im Rollstuhl gelandet. Er hätte an Muskelkraft verloren und wäre vielleicht ein Pflegefall geworden, der rund um die Uhr Betreuung braucht und sich ständig fragt: »Warum gerade ich?« Aber hier auf der Straße war er allein unterwegs! Ich fragte mich: »Was macht er, wenn er das Gleichgewicht verliert?« Sein rechter Fuß steckte in einer Schlaufe am Pedal. Das könnte doch zur Falle werden, wenn er sich nirgendwo halten kann. Solche Gedanken schien dieser Mann sich nicht zu machen. Er strahlte eine Sicherheit aus, dass sich keiner Sorgen um ihn machen musste.

Menschen, die Verantwortung für sich selbst übernehmen, wirken anziehend auf uns. Ihre Freiheit weht zu uns herüber wie der Duft von Freilandrosen. Ich fühlte mich auf mich selbst zurückgeworfen und ein knackiger Gedanke sprang mir entgegen: »Bring dich doch auch mal in Form!« Dieser Rennfahrer war für mich eine Aufforderung, das eigene Leben als Herausforderung zu sehen, die anzunehmen einem Abenteuer gleicht. Wenn wir aufhören, an dem, was bereits geschehen ist, herumzumeckern, ist unsere Power, die bislang ins Beschweren ging, frei für andere Ziele. Denn das, worauf ich meine Aufmerksamkeit richte, wird größer. Es rückt in den Mittelpunkt, egal, ob es die Beschwerde, zum Beispiel über eine Krankheit, ist oder die Liebe zu mir und meinen Emotionen, die mir hilft, eben diese Krankheit zu überstehen. *Aufmerksamkeit ist immer gleich und leidenschaftslos. Sie unterscheidet nicht zwischen besser und schlechter. Der Vorgesetzte der Aufmerksamkeit bin ich, nicht der Möchtegernchef in meinem Kopf.* Wenn er begreift, dass es jemanden gibt, auf den er hören kann und der ihm klare Anweisung gibt, beugt er sich voller Freude. Und der, dem er gehorcht, bin ich.

»Hallo Möchtegernchef, du jammerst jetzt nicht mehr! Es hat keinen Sinn, weißt du.«

Okay, ich merke, du willst nicht, wie ich will.

»Da hast du wieder mal gut aufgepasst! Vertrau mir, ich schlage jetzt eine Richtung ein, die dir ungewohnt ist. Es kann sein, dass du dich vernachlässigt fühlst.«

Muss das sein? Das macht mir Angst.

»Brauchst du nicht zu haben. Du bekommst andere Aufgaben, bei denen du gar nicht mehr um meine Aufmerksamkeit kämpfen musst. Du wirst zu meinem Willen befördert. Freu dich drauf. Ich rufe dich, wenn ich dich brauche.«

Das glaub ich nicht, du willst mich ganz fies abservieren!

»Klar, dass du Angst hast, du bestehst ja aus Angst und Kontrolle. Vertrau mir einfach. Ich hau dich nicht in die Pfanne, sondern mache eine kostbare, nährende Kraft aus dir.«

Du redest von Teamarbeit?!

»Wieso nicht? Wenn du dich mir anschließt und mich als deinen Boss anerkennst, hast du auch was davon. Und ich werde nicht mehr an dir rummäkeln.«

Ich überleg es mir.
»Aber nicht zu lange, das ist ein einmaliges Sonderangebot.«
Na gut, wenn du plötzlich so sicher bist, bleibt mir ja nichts anderes übrig. Ich vertraue dir. Gebongt!
»Herzlichen Glückwunsch!«

Der Möchtegernchef merkt, dass da etwas geschieht, was funktioniert, denn sein Chef – das bist du – fühlt sich besser. Da leuchtet auch ihm ein, dass es einen Bereich gibt, in dem er keine Kompetenzen hat und wo es besser ist, auf die innere Führung zu vertrauen.

Erlebnis: Die Regie übernehmen

Gib dir selbst Zuwendung und schließe die Augen. Erkenne die Bewertungen deiner Situation und bemerke, wie du ihnen die ganze Zeit geglaubt hast. Aber es sind nur Gedanken. Jetzt kannst du selbst die Regie in deinem Lebensfilm übernehmen. Öffne dich der Empfindung, die dich daran hindert, so zu handeln und zu leben, wie du möchtest. Lade die Empfindung ein, die dich bislang in deinen Vorhaben gebremst und deine Klarheit getrübt hat. Sie will dir etwas Gutes tun. Sie will, dass du mit dir selbst in Einklang kommst, damit du wieder mehr Kraft hast und klarer siehst. Um welches Gefühl handelt es sich? Angst oder Zögern, Zweifel? Mutlosigkeit? Konkurrenzangst? Freunde dich mit diesem Gefühl an, jage es nicht weg.

Spüre jetzt, welche noch nicht befriedigten Bedürfnisse mit dieser Empfindung zu tun haben. Was brauchst du? Zuspruch? Ermutigung? Freundlichkeit? Geduld? Frieden? Kraft? Wie fühlt es sich an, dieses Bedürfnis zu haben? Öffne dich dem Gefühl, dass dir etwas fehlt, und höre es an. Was brauchst du, um dich besser und sicherer zu fühlen? Würdest du gern handeln? Was brauchst du, um handeln zu können?

Sei zart, während du die Empfindung freundlich beatmest und umgarnst wie ein sanfter Wind und gib ihr die Wärme, die sie braucht. Schließe Frieden mit dem, was du fühlst. Wisse, dass du der Meister deines Lebens bist. In Freundschaft mir dir selbst kannst du jeden Weg gehen. Du bist nicht allein, du hast dich. Öffne nun langsam die Augen. Achte im Alltag auf deine Bedürfnisse und Leidenschaften und schenke dir viel Freundlichkeit.

Bin ich zu Hause?

Seit ein paar Wochen stehe ich ständig unter Strom. Das wohlige Bauchgefühl des Friedens ist selten zu spüren. Die innere Sicherheit kommt immer nur auf eine Stippvisite vorbei, wenn überhaupt. Ich fühle mich nicht zu Hause. Der Möchtegernchef stellt dumme Fragen: »Wenn ich das Gefühl habe, nicht in mir und nicht bei mir zu sein, bin ich dann im Kopf? Wenn ich nicht entspannt im Hier und Jetzt bin, läuft dann alles falsch?«

Und dann bin ich wieder erleichtert, denn die Basis im Innern ist ja immer da. *Die innere Sicherheit verlässt mich nicht, auch nicht, wenn ich sie nicht spüre.* Es gibt eine Zeit der Arbeit, der Hektik, des Tuns, der Schnelligkeit, des Planens und des Rechnens, eine Zeit des konzentrierten Denkens und eine Zeit des Ruhens. Während wir im Alltag alles Mögliche erledigen, von einem Termin zum andern hetzen, das Haus bauen, die Küche putzen und den Keller aufräumen, befinden wir uns mitten in diesem Tun und Treiben. Wie sollen wir da losgelöst und tief entspannt durch die Gegend schweben? Es geht nicht, weil es nicht angesagt ist. Wenn ich putze, putze ich. Wenn ich singe, singe ich. Und wenn ich es ganz und gar tue, mit meiner gesamten Aufmerksamkeit, bin ich sowieso bei mir. *Ich kann gar nicht woanders sein als bei mir.*

Ich schmelze aber keineswegs immer im Feuer meines inneren Friedens, auch wenn der Möchtegernchef, der inzwischen gelernt hat, dass »Frieden« angestrebt werden soll, dies vielleicht erwartet. Wenn ich mich mit meinem Partner streite, wird es mir nicht möglich sein, innere Wärme zu empfinden. Dann muss ich nämlich streiten und kann kein friedvolles Engelsgesicht aufsetzen. Ist es okay zu streiten, solange ich streite? Ist es in Ordnung zu bemerken, dass ich an Frieden gerade gar nicht interessiert bin, weil ich fast platze vor Ärger? Und trotzdem ist er da, der Frieden. Untendrunter, oft nicht spürbar.

Durch die Freundlichkeit, mit der wir uns selbst begegnen, passiert es immer öfter, dass wir plötzlich unerwartet in unsere friedliche Basis »fallen«. Das geschieht meist dann, wenn wir gar nichts verändern wollen: bei einem entspannten Spaziergang oder in der Schlange im Supermarkt, wo wir sonst Schweißausbrüche vor Ungeduld bekommen hätten. Plötzlich ist es uns einfach zu »dumm«, uns künstlich aufzuregen, wenn es gerade so ist, wie es ist. Sich aufzuregen ist den Kraftaufwand nicht mehr wert. Da ist er: der Frieden! Wir haben ihn gar nicht kommen hören. Wir werden auf einmal »geizig« mit unseren Urteilen und Bewertungen, weil es viel schöner und entspannter ist, sich »wertfrei« zu fühlen. Die innere Basis wird immer stärker und die Kaliber, die der Möchtegernchef auffahren muss, um uns aus der Reserve zu locken, müssen immer größer werden, damit wir ausrasten. Und manchmal scheint es, als seien wir den Umständen weniger gewachsen, weil die Herausforderungen immer größer werden. Wir sagen: »Es sollte doch jetzt besser gehen. Aber ich fühle mich immer mehr gefordert.« Ja, das stimmt. Weil wir reif dafür sind und noch weiter in unsere Selbstbestimmung hineinwachsen. *Daran erkennen wir unser Wachstum: inwieweit wir auf die starren Vorgaben des Kontrollfreaks reagieren müssen oder nicht mehr zu reagieren brauchen.*

Wir erkennen es auch daran, dass uns bestimmte Situationen, die uns nicht guttun und die uns das Denken früher schmackhaft gemacht hat, gar nicht mehr interessieren. Wir begeben uns einfach nicht mehr in diese Gefahrenzonen, weil es uns da nicht mehr hinzieht. Ich sage auf einmal völlig undramatisch: »Ach das! Nein, mir war nicht danach.« Und wenn ich doch hineingeraten bin, nehme ich mich fürsorglich an die Hand und sage: »Wir zwei schaffen das.« Es fühlt sich gut an, so mit sich im Schleudergang zu sein.

Früher haben wir uns von den dramatischen Geschichten anderer völlig in Bann ziehen lassen. Wir waren so fasziniert, dass wir gleich ein paar Extrarunden im Beschwerdekarussell mitgedreht haben – aus reiner Sympathie sozusagen. Jetzt bleiben wir draußen und betrachten die Sache neutral und mitfühlend. Wenn ich nicht mitkreise, kann ich die andere Person viel besser zum Aussteigen bewegen. Ich kann aber auch zulassen, dass sie im Karussell bleibt. Ich kann nicht wissen, was für sie das Beste ist.

Wir können sicher sein: Das, wonach wir uns sehnen, ist immer hier. Sogar, wenn wir meilenweit von uns entfernt sind.

Ich will nicht nett sein

»Dieses Getue mit den Gefühlen, das passt irgendwie nicht zu mir. Ich will meine Ausbrüche haben und auch mal über die Stränge schlagen. Am Ende soll ich noch Vegetarier werden oder im Zölibat leben. Wenn ich nichts mehr darf, nur damit ich glücklich werde, das ist doch total langweilig! Auf so ein blässliches Glück kann ich gern verzichten.« Das sagt der Möchtegernchef im Oberstübchen, der nun verständlicherweise um seine Existenzberechtigung bangt. Er hat ein schreckliches Bild von dieser gewaltlosen Vorgehensweise. Sie läuft seinem Plan, alles im Griff haben zu wollen, zuwider. Aber wir können ihn beruhigen: *Ich muss nicht lieb sein, ich muss nicht nett sein.* Ich darf mich sogar als schlecht hinstellen, wenn ich das brauche. Ich darf auch größenwahnsinnig sein. Ich kann ungeduldig mit mir und andern sein. Ich darf mich unter Druck setzen. Ich darf mein Leben als einen Haufen Mist ansehen. Genauso darf ich es als das kostbarste Gut wertschätzen. Oder als die abenteuerliche Heldenreise. Alles ist erlaubt! Es gibt keine Regeln für das Leben. Ich darf unglücklich sein, und das Beste: Ich kann dieses Unglück sogar genießen! Dann geht es mir nämlich gut beim Leiden. Es darf mir abgrundtief schlecht gehen, wenn ich darauf bestehe. Ich darf mich mit meiner Aufmerksamkeit an den Windmühlenrädern meiner quälenden Gedanken festbeißen, statt nett zu meinen Empfindungen zu sein. Alle Meinungen, Urteile und Bewertungen stehen mir jederzeit zur Verfügung. Ich darf mit ihnen spielen, aber ausgeliefert bin ich ihnen nicht.

»Das ist doch nur wieder eine von diesen Selbstfindungsmethoden, die auf Dauer nicht funktioniert«, sagt der gescheite Kollege aus dem Oberstübchen. Und wir sind uns sicher, dass wir keine Methode durchhalten, und mögen tun wir sie auch nicht. In ein paar Monaten ist sowieso wieder was anderes angesagt. Dann heißt es, ein Glas Eierlikör vor dem Einschlafen sei die beste Methode. *Mich anzunehmen, wie ich bin, ist keine Methode. Es ist das Einzige, was ich überhaupt tun kann.* Ich muss mit mir auskommen, solange ich lebe. Ob ich mir in dieser Zeit das Leben zur Hölle mache oder den Himmel auf Erden entdecke, steht mir frei. Und wenn ich mich selbst schon nicht lieben kann, wie ich bin, kann ich auf alle Fälle sicher sein, dass das Leben mich liebt. Sonst hätte es so eine wie mich niemals auf diesem Planeten abgeworfen. Wenn Gott allmächtig ist und allwissend, wird er gewusst haben, was er sich angetan hat, als er uns erschuf. Und Jesus sagt sogar, er geht los und sucht nach jedem einzelnen verlorenen Schaf. Da wird er uns ja wohl auch finden, zumal wir hin und wieder ganz schön laut blöken. Aber – und da bin ich sicher – er hat uns schon längst gefunden. Wir haben es nur noch nicht gemerkt!

Das Ende vom Anfang

Inzwischen sind ein paar Monate vergangen und ich habe vier weitere »Scheibenwisch-Geräusch-Reparaturversuche« bei meiner Autowerkstatt hinter mir. Die Frontscheibe wurde behandelt, damit die Wischer besser drüberrutschen. Sie haben die Apparatur erneuert, die die Wischerblätter zum Wischen antreibt, und die Wischerblätter an sich, sogar zum zweiten Mal. Am Schluss bekam ich eine funkelnagelneue Frontscheibe. Man versichert mir, dass die Scheibenwischer jetzt einwandfrei funktionieren müssten. Ich bin skeptisch und sage zum Automechaniker: »Erst muss ich die Regenprobe machen, dann glaube ich es.« Er nickt frohgemut: »Ansonsten kommen Sie einfach nochmal vorbei.« Noch ein achtes Mal? Man sagt mir anerkennend, dass es so einen Härtefall wie mich nur ein Mal in zwei Jahren gibt und entlässt mich mit meinem Gefährt in den Straßenverkehr. Zwei Tage später regnet und schneit es. Ich fahre auf der Autobahn, schalte die Wischer ein und: Sie quietschen nicht mehr. – Nicht mehr an der üblichen Stelle. Aber! Nun stimmt irgendwas mit der Wischereinstellung nicht: Sie rubbeln am *Ende* der Wischerbewegung. Ja, es ist eine Mischung zwischen Hoppeln, Schrubbeln und lautem Quietschen, ein völlig neues Geräusch. In meinem Kopf rattert es wie in einem Uhrwerk: Ist das normal? Das ist nicht normal! Nie und nimmer ist das normal. Wie hört sich ein normales Wischergeräusch eigentlich an? Ich weiß es nicht mehr. Aber das hier, das ist nicht normal. Niemals. Ich sitze im Auto und kriege zum x-ten Mal einen Schweißausbruch: »Es ist zu viel, zu viel Ärger, zu viel Autoproblem, zu viel vom gleichen Mist. Mir reicht es.« Ich bin enttäuscht, wütend, allein – alles auf einmal. Und es schneit im April. Ich werde noch einmal in der Werkstatt antanzen müssen. Und überhaupt: Wieso passiert *mir* das? Solche Situationen sollten bei mir überhaupt nicht mehr vorkommen! Bei mir, die ich eine erfahrene »Übende« des Fühlens bin! Das Leben hat noch nicht begriffen, dass ich dieses Generve nicht brauchen kann. Oder sollte ich in meiner Entwicklung etwa »schon weiter« sein, sodass mir das Ganze gar nichts ausmachen dürfte? Nein, es darf mir was ausmachen, weil es mir nämlich bereits gewaltig was ausmacht!

Bis zum heutigen Tag ist das Wischerproblem nicht gelöst. Aber ich habe mir sagen lassen, dass es jetzt wahrscheinlich nur noch eine klitzekleine Kleinigkeit ist, die behoben werden muss ... Die Anspannung in der Magengegend ist nicht wegzumeditieren. Darf sie sein? Nein? – Okay. Ist es okay, dass ich dieses scheußliche Gefühl nicht will? – Ja! Mal sehen, ob ein Ende abzusehen ist. Wenn nicht, wird das Leben einfach weitergehen und mich rückhaltlos mitnehmen. Mit oder ohne quietschenden Scheibenwischer.

Here comes the sun and I say: it's alright.

Beatles

Von Herzen Dank an: Eckhard Graf für den guten Blick, Dr. Juliane Molitor für das fruchtbare High-Speed-Lektorat, Dr. Caroline Dräger für den Tipp, Eveline Hörand, Sabine Sinn, Margit Tetz, Ingrid Weber, Dominique Lorenz, Isaac Shapiro für die faszinierenden Erforschungen des Menschseins und allen, die mich ohne es zu wissen zu diesem Buch inspiriert haben.

In großer Verbundenheit bedanke ich mich bei meinem Freund und Lehrer Samarpan, der mir mit liebevoller Sturheit gezeigt hat, wo Frieden, Glück und Freiheit zu finden sind.

Kontakt: www.mariabachmann.de